Kleine Spiele im Fußballtraining

Allgemeine Hinweise:

Aus Gründen der besseren Lesbarkeit wird bei Personenbezeichnungen die männliche Sprachform verwendet. Gemeint ist sowohl die männliche als auch die weibliche und die diverse Form.

Das vorliegende Buch wurde sorgfältig erarbeitet. Dennoch erfolgen alle Angaben ohne Gewähr. Weder die Autoren noch der Verlag können für eventuelle Nachteile oder Schäden, die aus den im Buch vorgestellten Informationen resultieren, Haftung übernehmen.

Sollte diese Publikation Links auf Webseiten Dritter enthalten, so übernehmen wir für deren Inhalte keine Haftung, da wir uns diese nicht zu eigen machen, sondern lediglich auf deren Stand zum Zeitpunkt der Erstveröffentlichung verweisen.

MIRKO BRAUN
STEFANIE BASLER

Kleine Spiele im FUSSBALLTRAINING

150 kreative Spielformen für Technik- und Taktiktraining

MEHR **TEAMGEIST** UND **SPIELINTELLIGENZ** FÜR **E- BIS A-JUNIOREN**

Meyer & Meyer Verlag

Kleine Spiele im Fußballtraining

Bibliografische Information der Deutschen Nationalbibliothek
Die Deutsche Nationalbibliothek verzeichnet diese Publikation in der Deutschen Nationalbibliografie; detaillierte bibliografische Daten sind im Internet über https://www.dnb.de abrufbar.

Auckland, Beirut, Dubai, Hägendorf, Hongkong, Indianapolis, Kairo, Kapstadt, Manila, Maidenhead, Neu-Delhi, Singapur, Sydney, Teheran, Wien
Member of the World Sport Publishers' Association (WSPA)
Gesamtherstellung: Print Consult GmbH, München

MIX
Papier | Fördert gute Waldnutzung
FSC® C084279

ISBN 978-3-8403-7903-1
E-Mail: verlag@m-m-sports.com
www.dersportverlag.de

Inhalt

Vorwort ... 8

Legende ... 10

1 Einleitung ... 12

1.1 Die 11 Spielleitlinien ... 13

2 Trainingspraxis ... 16

Trainingseinheit 1 (Technikschwerpunkte: Passen und Dribbeln) ... 18
Trainingseinheit 2 (Technikschwerpunkte: Passen und Dribbeln) ... 22
Trainingseinheit 3 (Technikschwerpunkte: Passen, Dribbeln sowie Ballan- und -mitnahme) ... 25
Trainingseinheit 4 (Technikschwerpunkte: Dribbeln und Torschuss) ... 28
Trainingseinheit 5 (Technikschwerpunkte: Passen und Torschuss) ... 31
Trainingseinheit 6 (Technikschwerpunkte: Passen, Dribbeln und Torschuss) ... 34
Trainingseinheit 7 (Technikschwerpunkte: Passen und Torschuss) ... 37
Trainingseinheit 8 (Technikschwerpunkte: Passen und Torschuss) ... 40
Trainingseinheit 9 (Technikschwerpunkte: Passen, Dribbeln und Torschuss) ... 43
Trainingseinheit 10 (Technikschwerpunkte: Passen, Dribbeln und Torschuss) ... 46
Trainingseinheit 11 (Technikschwerpunkte: Passen und Torschuss) ... 49
Trainingseinheit 12 (Technikschwerpunkte: Passen und Torschuss) ... 52
Trainingseinheit 13 (Technikschwerpunkte: Passen, Ballan- und -mitnahme sowie Torschuss) ... 55
Trainingseinheit 14 (Technikschwerpunkte: Passen und Torschuss) ... 58
Trainingseinheit 15 (Technikschwerpunkte: Passen und Torschuss) ... 61
Trainingseinheit 16 (Technikschwerpunkte: Passen, Dribbeln und Torschuss) ... 65
Trainingseinheit 17 (Technikschwerpunkte: Passen und Dribbeln) ... 68
Trainingseinheit 18 (Technikschwerpunkte: Passen und Dribbeln) ... 71
Trainingseinheit 19 (Technikschwerpunkte: Passen und Dribbeln) ... 74
Trainingseinheit 20 (Technikschwerpunkte: Passen, Dribbeln und Torschuss) ... 78
Trainingseinheit 21 (Technikschwerpunkte: Passen und Torschuss) ... 81
Trainingseinheit 22 (Technikschwerpunkte: Passen und Torschuss) ... 84
Trainingseinheit 23 (Technikschwerpunkte: Passen und Torschuss) ... 87
Trainingseinheit 24 (Technikschwerpunkte: Passen und Dribbeln) ... 90
Trainingseinheit 25 (Technikschwerpunkte: Dribbeln und Torschuss) ... 93
Trainingseinheit 26 (Technikschwerpunkte: Dribbeln und Torschuss) ... 96
Trainingseinheit 27 (Technikschwerpunkte: Passen und Dribbeln) ... 99
Trainingseinheit 28 (Technikschwerpunkte: Passen und Dribbeln) ... 102
Trainingseinheit 29 (Technikschwerpunkte: Dribbeln und Torschuss) ... 105

Trainingseinheit 30 (Technikschwerpunkte: Passen und Dribbeln) ... 108
Trainingseinheit 31 (Technikschwerpunkte: Passen und Dribbeln) ... 111
Trainingseinheit 32 (Technikschwerpunkte: Dribbeln und Torschuss) ... 114
Trainingseinheit 33 (Technikschwerpunkte: Passen und Dribbeln) ... 117
Trainingseinheit 34 (Technikschwerpunkte: Passen und Dribbeln) ... 120
Trainingseinheit 35 (Technikschwerpunkte: Passen und Dribbeln) ... 123
Trainingseinheit 36 (Technikschwerpunkte: Passen und Torschuss) ... 126
Trainingseinheit 37 (Technikschwerpunkte: Passen, Dribbeln und Torschuss) ... 129
Trainingseinheit 38 (Technikschwerpunkte: Passen, Dribbeln und Torschuss) ... 132
Trainingseinheit 39 (Technikschwerpunkte: Passen und Dribbeln) ... 135
Trainingseinheit 40 (Technikschwerpunkte: Passen und Torschuss) ... 138
Trainingseinheit 41 (Technikschwerpunkte: Passen und Dribbeln) ... 141
Trainingseinheit 42 (Technikschwerpunkte: Passen und Dribbeln) ... 144
Trainingseinheit 43 (Technikschwerpunkte: Passen und Dribbeln) ... 147
Trainingseinheit 44 (Technikschwerpunkte: Passen und Dribbeln) ... 150
Trainingseinheit 45 (Technikschwerpunkte: Passen und Dribbeln) ... 153
Trainingseinheit 46 (Technikschwerpunkte: Passen und Dribbeln) ... 156
Trainingseinheit 47 (Technikschwerpunkte: Passen und Dribbeln) ... 159
Trainingseinheit 48 (Technikschwerpunkte: Passen und Dribbeln) ... 162
Trainingseinheit 49 (Technikschwerpunkte: Passen und Dribbeln) ... 165
Trainingseinheit 50 (Technikschwerpunkte: Passen und Dribbeln) ... 168

3 Teambildende und kooperative Spiele ... 172

Spiel 1: Eisschollen ... 173
Spiel 2: Decke drehen ... 174
Spiel 3: Roboter-Parcours ... 175
Spiel 4: Drillings-Fußball ... 176
Spiel 5: Ball- und Leibchenhüter ... 177
Spiel 6: Blinde Kuh ... 178
Spiel 7: Bienenkönig ... 179
Spiel 8: Piraten ... 180
Spiel 9: Knobeln mit Balltransport ... 181
Spiel 10: Pinguine ... 182
Spiel 11: Lokführer ... 183
Spiel 12: Alle durch den Ring ... 184

Anhang ... 186

1 Literaturverzeichnis ... 186
2 Bildnachweis ... 186

Vorwort

Als ich die Anfrage bekam, ob ich ein Vorwort für das Buch *Kleine Spiele im Fußballtraining* verfassen möchte, war für mich direkt klar, dass ich dies aus unterschiedlichen Gründen gerne tun werde. Stefanie Basler und Mirko Braun habe ich im Rahmen des Talentförderprogramms des DFB als Coaches im DFB-Stützpunkt Mümmelmannsberg in Hamburg kennengelernt. Wenn ich drei Aspekte benennen müsste, die sie in der Ausübung ihrer Tätigkeit stets auf eine besondere Art und Weise auf dem Fußballplatz vorleben, dann wären es das Faible für kleine sowie intensive Fußballspiele, das Erkennen der Wichtigkeit einer guten Beziehungsqualität zu ihren Spielerinnen und Spielern und die individuelle fußballerische Förderung dieser.

Egal ob Kinder, Jugendliche oder junge Erwachsene, alle wollen permanent in Aktion sein. Durch viele erzielte Tore, erfolgreiche Abwehraktionen sowie zahlreiche Ballaktionen entwickeln sie immer mehr Freude an diesem so wunderschönen Sport. Neben der emotionalen Komponente bieten kleine Spielformen auch zahlreiche sportinhaltliche Vorteile. Nicht grundlos plädiert beispielsweise U20-Nationaltrainer Hannes Wolf dafür, jene regelmäßig in die Trainingseinheiten einzubauen. So sind die vielen Entscheidungsmomente und Kontaktzahlen für die Ausbildung kreativer und kompetenter Spielerinnen und Spieler essenziell. Technischtaktische Trainingsschwerpunkte und ihre Auslöser lassen sich mittels einer hohen Wiederholungsanzahl gezielt trainieren. Durch verschiedene Steuerungselemente (Felder, Regeln, Teamgrößen etc.) können dabei unterschiedliche Komplexitäten je nach Leistungsniveau der Kinder generiert werden. Für das Training von den Bambinis bis zur A-Jugend gehören kleine Spielformen damit zur Basis.

Neben den Kompetenzen in der direkten Interaktion mit den talentierten Spielerinnen und Spielern am DFB-Stützpunkt, die Stefanie Basler und Mirko Braun zweifelsohne zu ihren Stärken zählen dürfen, stellen kleine Spielformen ein wichtiges Element für eine gelungene Trainings- und Lernatmosphäre dar. Durch die vielen Ballaktionen, Richtungswechsel und Erfolgserlebnisse steigt der Spaßfaktor eines Trainings, der in jeder Trainingseinheit vorhanden sein sollte. Die erzeugte positive Dynamik hilft, Lerninhalte noch effektiver zu vermitteln. Des Weiteren ist sie grundlegend dafür, ein offenes Lernklima zu schaffen. Dadurch ist es allen Beteiligten erlaubt, konstruktive Einschätzungen zu äußern, miteinander zu wachsen sowie eine tiefere Beziehungsqualität aufzubauen. Diese Beziehungsqualität ist von elementarer Bedeutung für die individualisierte fußballerische Ausbildung von jungen Menschen. Fußball ist als Teamsportart zu definieren. So ist es das Ziel, gemeinsam als

Team stärker zu werden, um möglichst viele Erfolge miteinander zu teilen. In der Ausbildung junger Fußballerinnen und Fußballer sollte neben beispielsweise gemeinsamen Werten und Teamgeist das Individuum im Vordergrund stehen. Durch eine gelungene Beziehungsqualität aller Akteure kann eine Fußballtrainerin/ein Fußballtrainer gesammelte Informationen nutzen, um diese individualisiert zu vermitteln. Als Vermittlungsinstrument dient neben dem Coaching die gewählte Trainingsform. Kleine Spielformen bieten, wie oben beschrieben, zahlreiche Vorteile: viele Wiederholungen in technischtaktischen Kontexten, viele Erfolgserlebnisse, viel Freude und eine vereinfachte Steuerung der Komplexität für den Coach. Ein zuvor noch nicht erwähnter Vorteil ist das Coaching. In kleinen Spielformen ist es möglich, noch detaillierter die Fußballerinnen und Fußballer zu begleiten und sie in ihrem fußballerischen Verhalten positiv zu bestärken oder ihnen Hilfestellungen zu geben. Es fällt dem Coach leichter, zu erkennen: Welche Informationen und welches Coaching braucht welche Spielerin/welcher Spieler in welcher Situation? Ein schöner Nebeneffekt davon ist, dass dadurch auch der Coach weitere Schritte in seiner Entwicklung macht und somit ein gemeinsames Lernen stattfindet. Durch diese Form der spielerzentrierten Trainingsgestaltung werden optimale Bedingungen für ein freudvolles Lernen geschaffen.

Kleine Spiele im Fußballtraining bietet viele spannende kleine Trainingsformen und vollständige Trainingseinheiten, die in allen Altersklassen und unter Berücksichtigung von unterschiedlichen Leistungsniveaus durchgeführt werden können. Nicht ohne Grund trainieren die Kinder am DFB-Stützpunkt Mümmelmannsberg jeden Montag mit viel Freude bei Stefanie Basler und Mirko Braun. Zusammen geben sie der Leserin/dem Leser spannende und innovative Trainingshilfen mit, die sich schnell und einfach anwenden lassen. Somit bieten die Trainingsformen nicht nur direkte Hilfen für das Training, sondern sie regen auch die Fantasie eines Coaches an und verleiten dazu, weitere Ideen zu entwickeln.

Moritz Scharf

Ehem. DFB-Stützpunktkoordinator im Hamburger Fußball-Verband e. V. (2022-2023)
Verbandssportlehrer im Hessischen Fußball-Verband e. V.

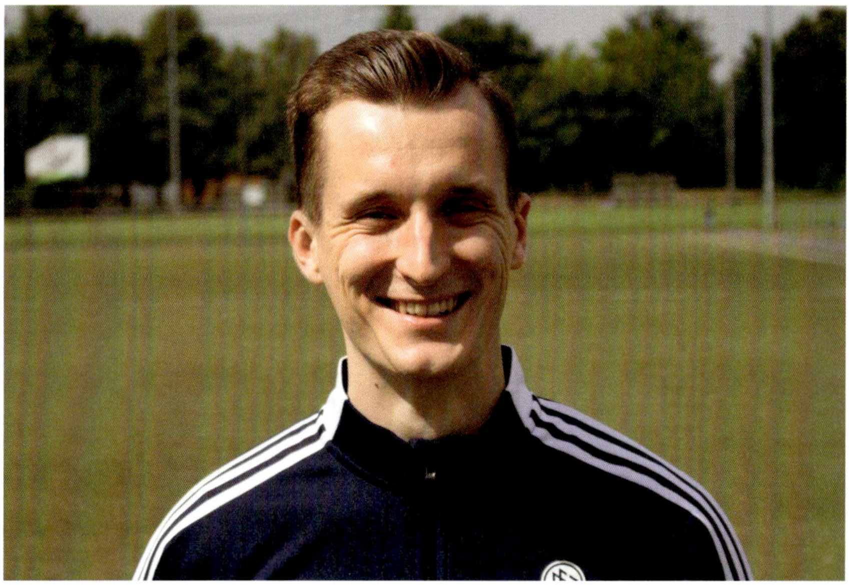

Legende

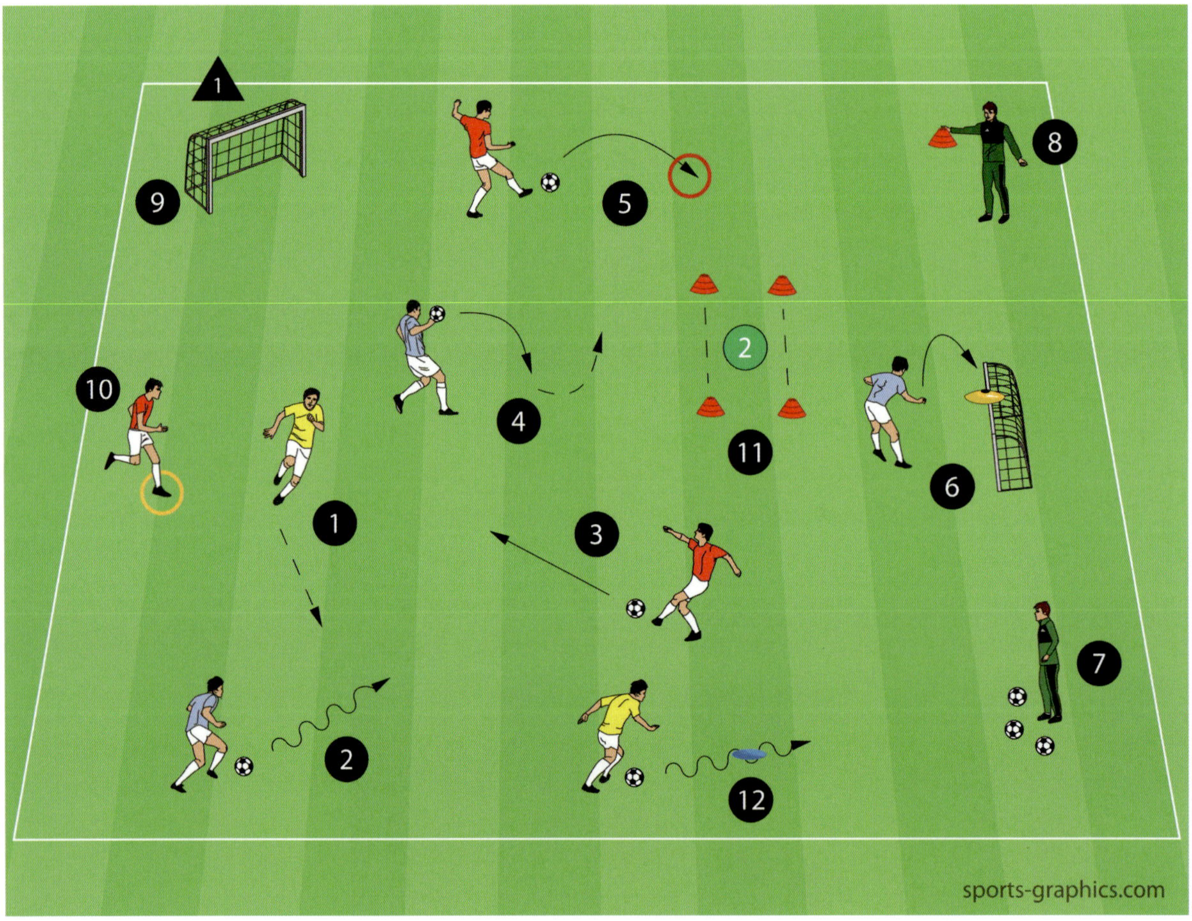

Legende

1: Laufweg (gestrichelte Linie)

2: Dribbling (geschwungene Linie)

3: Passweg (durchgezogene Linie)

4: Der Spieler wirft einen Ball auf den Boden (durchgezogene Linie), der anschließend hochspringt (gestrichelte Linie).

5: Der Spieler lupft einen Ball in einen Ring (durchgezogene Linie).

6: Der Spieler dreht ein Leibchen über die Torlatte (durchgezogene Linie).

7: Der Trainer steht bereit, um Ersatzbälle einzuspielen.

8: Der Trainer gibt ein visuelles Signal.

9: Minitor mit Nummerierung

10: Der Spieler betritt einen Ring.

11: Für einen Torabschluss aus der Zone zwischen den beiden Hütchen erhält das Team zwei Punkte.

12: Der Spieler dribbelt über ein Leibchen/über einen Floor-Marker.

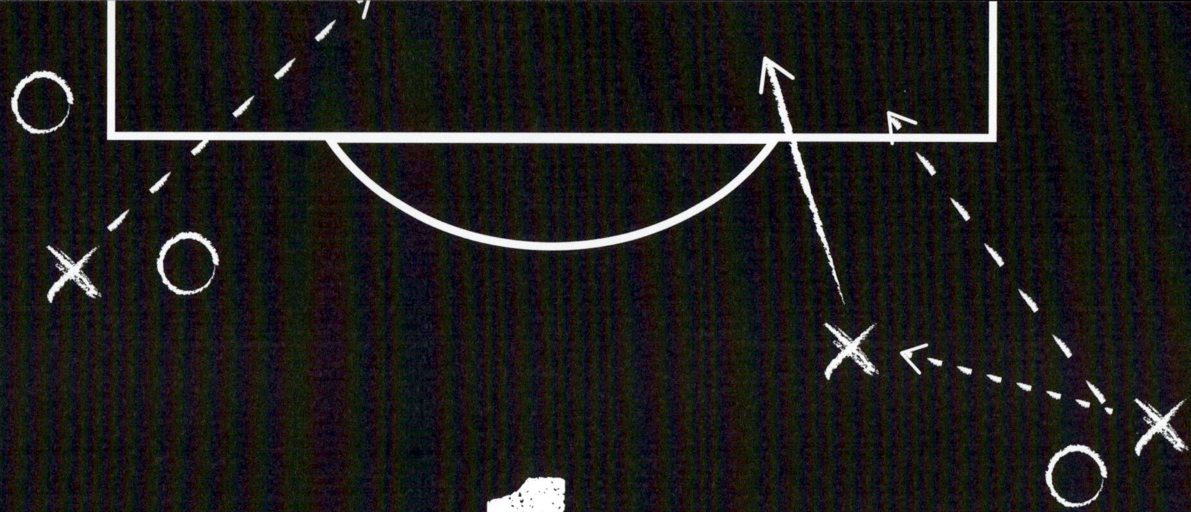

1 Einleitung

Auch in dem zweiten Buch von *Kleine Spiele im Fußballtraining* liegt der Fokus auf dem vielseitigen Spielen in kleinen innovativen Spielformaten, wodurch das Erlernen aller essenziellen technischen und taktischen Elemente im Fußball ermöglicht wird. Das vorliegende Buch orientiert sich an den Grundprinzipien des Lernens und stellt zielgruppengerechte Spielformen vor, die auf den bekannten elf ausgewählten Spielleitlinien beruhen und ein individuelles sowie mannschaftstaktisches Spielerverhalten implizieren. Die Spiele wecken Interesse, Freude und Motivation bei den Spielern und haben deshalb eine hohe Bedeutung für den Trainingsprozess.

Die Funktionalität des Buches liegt in den strukturierten Trainingseinheiten, die eine sofortige Anwendung im eigenen Training ermöglichen. Die vorgestellten Fußballspiele zeichnen sich stets durch einen hohen Wettkampfcharakter sowie einen koordinativen, polysportiven und kognitiven Ansatz aus. Im Training ist der Fokus auf die detailorientierte Spiel- bzw. Bewegungsausführung zu legen.

„Das Ziel lautet demnach, das freie Spiel, das im Alltag mehr und mehr wegfällt, im organisierten Sport zu simulieren, um darüber einen ähnlichen Effekt zu erzielen. Wir bieten Spielvariationen an, die unterschiedliche und wichtige Fähigkeiten schulen. Wenn du im Training auf zwei Feldern vier gegen vier spielst, hat jedes Kind 200 Mal den Ball. Bei acht gegen acht auf einem Feld nur 50 Mal. Was macht da wohl mehr Spaß?" (Hannes Wolf, 2023, https://www.kicker.de/ich-hoere-nie-dribbel-dribbel-dribbel-942111/artikel, Stand: 01.08.2023)

1.1 Die 11 Spielleitlinien

Die aus dem ersten Buch bereits bekannten elf Spielleitlinien sind die Basis für die nachfolgenden Spiele und dienen als Coachingschwerpunkte. Sie sind zielgerichtet formuliert, geben den Spielern klare Handlungsanweisungen und beinhalten eine explizite Sach- und Appellebene. Die Spielleitlinien folgen unserem Grundgedanken des Coachings, der im theoretischen Input des ersten Buches *Kleine Spiele im Fußballtraining* bereits detailliert erläutert wurde. Alle Spielleitlinien lassen sich auch auf jeden einzelnen Spieler individuell beziehen.

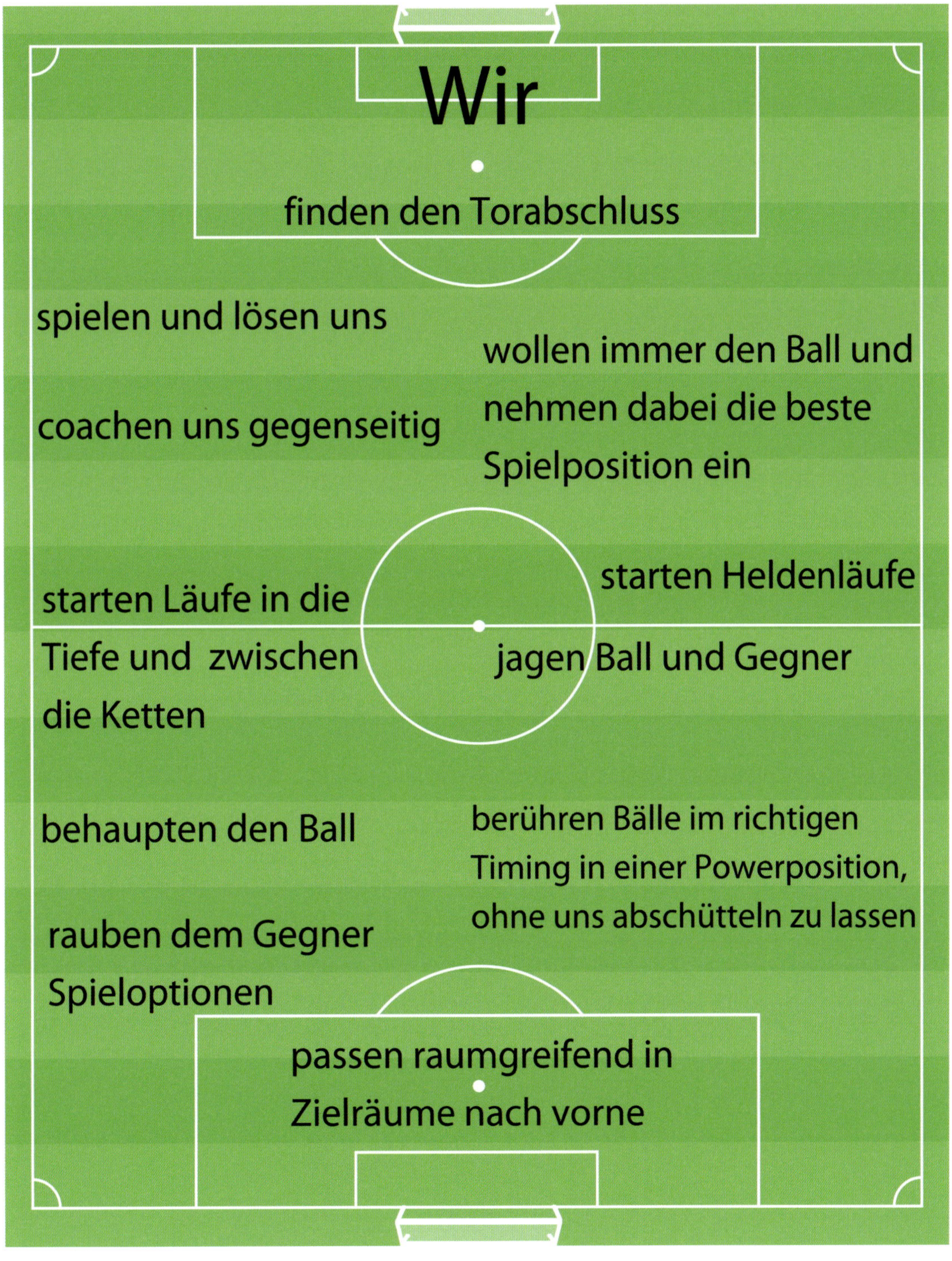

WIR

1. **Wir passen raumgreifend in Zielräume nach vorne:** Wir wollen situativ in die Tiefe spielen und in torgefährliche Räume vordringen - Tiefe vor Breite.

2. **Wir jagen Ball und Gegner**: Voller Power und im Kollektiv. Wir überfallen den Gegner clever, mit System und Struktur. Wir sprinten mehr und sind schneller als der Gegner.

3. **Wir behaupten den Ball:** Wir gewinnen jeden Zweikampf und setzen beide Füße und unseren Körper geschickt ein (Armeinsatz - halte dir den Gegner vom Leib).

4. **Wir berühren Bälle im richtigen Timing in einer Powerposition, ohne uns abschütteln zu lassen:** Wir üben Druck auf den Ball aus.

5. **Wir rauben dem Gegner Spieloptionen (zum Beispiel Passräume):** Wir sprinten Räume clever zu und üben Druck auf Ball und Gegner aus.

6. **Wir starten Heldenläufe:** Wir verteidigen unser Tor und wollen den Ball.

7. **Wir wollen immer den Ball und nehmen dabei die beste Spielposition/Positionierung ein:** Wir scannen das Spielfeld, denken und schauen in alle Richtungen. Wir überwinden den Gegner, indem wir das Zentrum bedrohen. Wir starten mutige Aktionen mit Ball.

8. **Wir starten Läufe in die Tiefe und zwischen die Ketten:** Wir erkennen Tiefe und Zwischenräume, bedrohen im Rücken des Gegners Räume unerkannt. Wir sind unsichtbar für den Gegner, wenn wir Bälle bekommen wollen, oder binden Gegner, um Räume zu öffnen.

9. **Wir finden den Torabschluss:** Wir wollen Tore schießen! Wir schießen scharf und gezielt. Wir visieren die Ecken des Tors an. Wir differenzieren zwischen „geknalltem" Spannstoß und „gesetztem" Innenseitenschuss.

10. **Wir spielen und lösen uns:** Wir passen den Ball und sprinten in einen neuen Raum. Wir sind immer aktiv und anspielbar. Wir reißen das Spiel an uns und sind ballhungrig. Wir setzen Lauffinten geschickt ein und irritieren den Gegner.

11. **Wir coachen uns gegenseitig:** Wir unterstützen uns verbal auf dem Spielfeld, lernen voneinander und erreichen gemeinsam unsere Ziele. Wir kommunizieren immer positiv und zielgerichtet. Wir übernehmen Verantwortung und treten als Team auf.

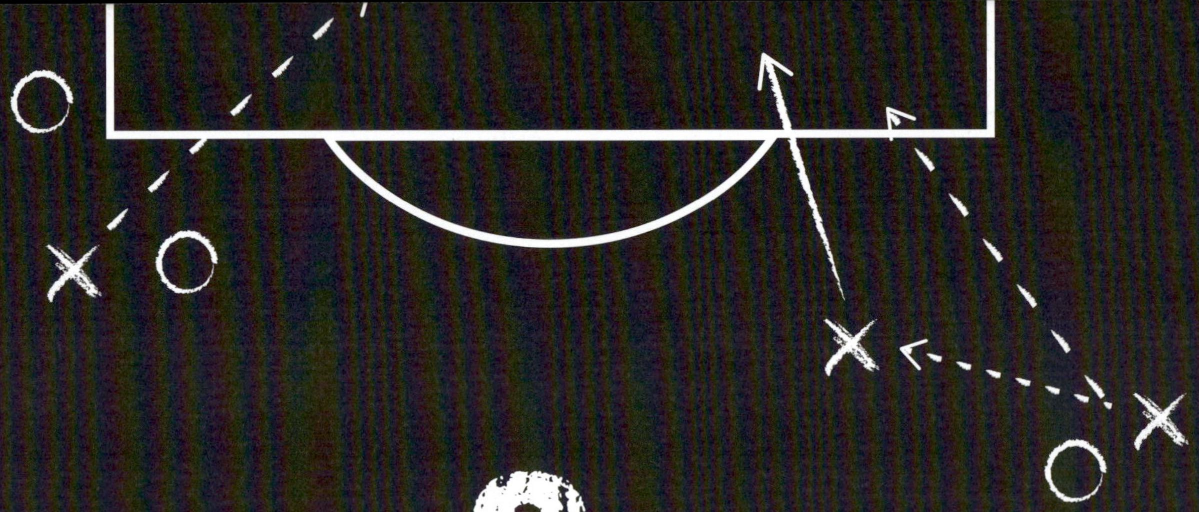

2 Trainingspraxis

Inhalt

Trainingseinheit 1: Passen und Dribbeln

Trainingseinheit 2: Passen und Dribbeln

Trainingseinheit 3: Passen, Dribbeln sowie Ballan- und -mitnahme

Trainingseinheit 4: Dribbeln und Torschuss

Trainingseinheit 5: Passen und Torschuss

Trainingseinheit 6: Passen, Dribbeln und Torschuss

Trainingseinheit 7: Passen und Torschuss

Trainingseinheit 8: Passen und Torschuss

Trainingseinheit 9: Passen, Dribbeln und Torschuss

Trainingseinheit 10: Passen, Dribbeln und Torschuss

Trainingseinheit 11: Passen und Torschuss

Trainingseinheit 12: Passen und Torschuss

Trainingseinheit 13: Passen, Ballan- und -mitnahme sowie Torschuss

Trainingseinheit 14: Passen und Torschuss

Trainingseinheit 15: Passen und Torschuss

Trainingseinheit 16: Passen, Dribbeln und Torschuss

Trainingseinheit 17: Passen und Dribbeln

Trainingseinheit 18: Passen und Dribbeln

Trainingseinheit 19: Passen und Dribbeln

Trainingseinheit 20: Passen, Dribbeln und Torschuss

Trainingseinheit 21: Passen und Torschuss

Trainingseinheit 22: Passen und Torschuss

Trainingseinheit 23: Passen und Torschuss

Trainingseinheit 24: Passen und Torschuss

Trainingseinheit 25: Dribbeln und Torschuss

Trainingseinheit 26: Dribbeln und Torschuss

Trainingseinheit 27: Passen und Dribbeln

Trainingseinheit 28: Passen und Dribbeln

Trainingseinheit 29: Dribbeln und Torschuss

Trainingseinheit 30: Passen und Dribbeln

Trainingseinheit 31: Passen und Dribbeln

Trainingseinheit 32: Dribbeln und Torschuss

Trainingseinheit 33: Passen und Dribbeln

Trainingseinheit 34: Passen und Dribbeln

Trainingseinheit 35: Passen und Dribbeln

Trainingseinheit 36: Passen und Torschuss

Trainingseinheit 37: Passen, Dribbeln und Torschuss

Trainingseinheit 38: Passen, Dribbeln und Torschuss

Trainingseinheit 39: Passen und Dribbeln

Trainingseinheit 40: Passen und Torschuss

Trainingseinheit 41: Passen und Dribbeln

Trainingseinheit 42: Passen und Dribbeln

Trainingseinheit 43: Passen und Dribbeln

Trainingseinheit 44: Passen und Dribbeln

Trainingseinheit 45: Passen und Dribbeln

Trainingseinheit 46: Passen und Dribbeln

Trainingseinheit 47: Passen und Dribbeln

Trainingseinheit 48: Passen und Dribbeln

Trainingseinheit 49: Passen und Dribbeln

Trainingseinheit 50: Passen und Dribbeln

Trainingseinheit 1

Technikschwerpunkte: Passen und Dribbeln

Spielleitlinien der Trainingseinheit:

- Wir wollen immer den Ball und nehmen dabei die beste Spielposition ein
- Wir coachen uns gegenseitig
- Wir sind immer aktiv und anspielbar
- Wir scannen das Spielfeld, denken und schauen in alle Richtungen

Aufwärmspiel

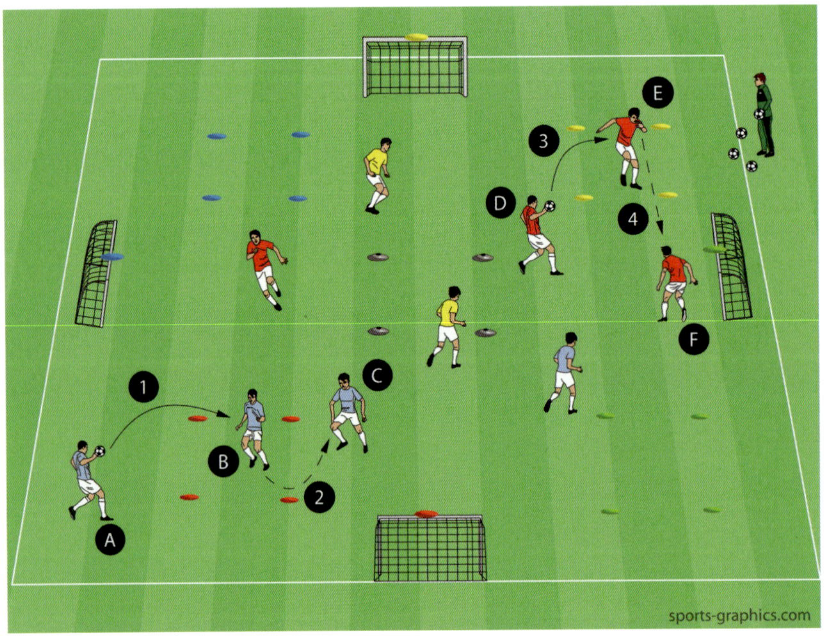

Aufbau/Organisation: 10–14 Spieler, 2 Teams, 4 Minitore, Leibchen, Floor-Marker, Minibälle. An den Minitoren sind Leibchen mit den 4 Farben der äußeren Quadrate befestigt.

Spielziel: In diesem Handballspiel agiert das blaue Team gegen das rote Team. Die beiden neutralen Spieler (hier gelb) gehören immer dem ballbesitzenden Team an. Die Spieler des ballbesitzenden Teams werfen sich den Miniball untereinander zu. Das verteidigende Team versucht, den Miniball zu erobern. Es kann ein Punkt erzielt werden, indem der Miniball zu einem Mitspieler, der in einem Quadrat steht, geworfen wird und der Miniball dann mit einem „Aufsetzer" aus dem Quadrat herausgespielt und durch einen weiteren Mitspieler gefangen wird.

Beispiel: Der blaue Spieler wirft den Miniball zu seinem Mitspieler, der in dem roten Quadrat steht (siehe A, B und 1). Anschließend wirft Spieler B, der in dem Quadrat steht, den Miniball auf den Boden, um ihn als Aufsetzer aus dem Quadrat heraus zu spielen (siehe B und 2). Fängt ein weiterer Mitspieler nun den Miniball, so erhält das blaue Team einen Punkt (siehe C). Verliert das ballbesitzende Team bei dem Versuch, einen Punkt zu erzielen, den Miniball, so muss das Spielziel bei anschließender Balleroberung neu erfüllt werden. Welches Team erzielt in fünf Minuten die meisten Punkte?

Variation 1: Der Miniball wird weiterhin in das Quadrat zu einem Mitspieler geworfen. Der Spieler, der in dem Quadrat steht, muss den Miniball nun mit der Handinnenfläche aus dem Quadrat schlagen. Im Anschluss muss ein dritter Mitspieler den Ball weiterhin auffangen.

Beispiel: Der rote Spieler wirft den Miniball zu seinem Mitspieler, der in dem gelben Quadrat steht (siehe D, E und 3). Spieler E schlägt dann den Ball direkt aus der Luft - mit der Handinnenfläche - aus dem Quadrat (siehe 4). Spieler F ist bereit, um den Miniball aufzufangen. Wird der Miniball gefangen, bevor er den Boden berührt, erhält das Team einen Punkt.

Variation 2: Der Miniball wird weiterhin in das Quadrat zu einem Mitspieler geworfen. Der Spieler, der in dem Quadrat steht, muss den Miniball nun mit einem Kopfball aus dem Quadrat spielen. Wird der Miniball von einem dritten Mitspieler gefangen, bevor er den Boden berührt, so erhält das Team einen Punkt.
Variation 3: Berührt der Ball während des Spiels den Boden, so spielt der Trainer einen neuen Ball für das gegnerische Team ein.

Hauptteil

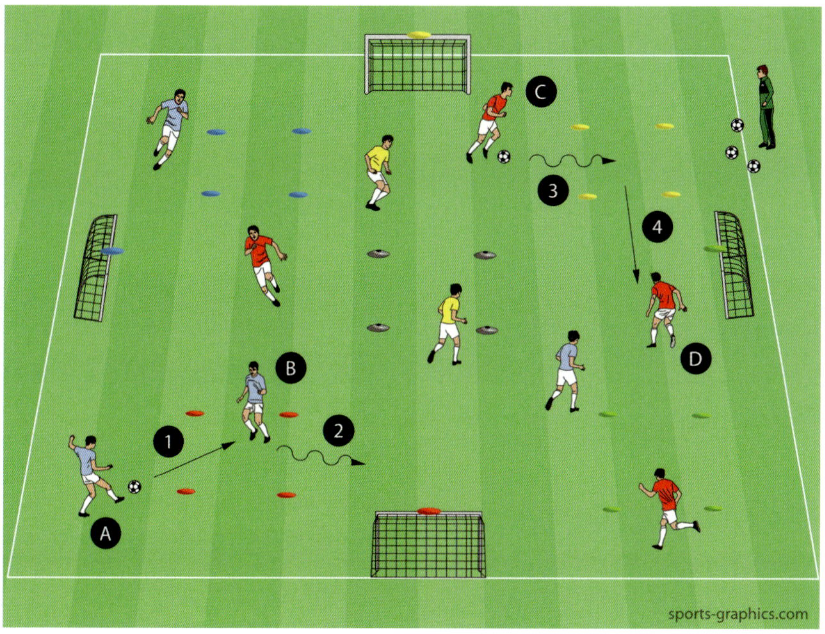

Aufbau/Organisation: 10-14 Spieler, 2 Teams, 4 Minitore, Leibchen, Floor-Marker, Bälle. An den Minitoren sind Leibchen mit den 4 Farben der äußeren Quadrate befestigt.

Spielziel: In dieser Spielform agieren zwei Teams gegeneinander. Die beiden neutralen Spieler (hier gelb) gehören immer dem ballbesitzenden Team an. Die Spieler des ballbesitzenden Teams spielen sich den Ball untereinander zu und versuchen, zu punkten. Das verteidigende Team will den Ball erobern. Es wird ohne Feldbegrenzung gespielt. Bei Bedarf spielt der Trainer einen neuen Ball ein. Das angreifende Team kann einen

Punkt erzielen, indem ein Mitspieler, der in einem Quadrat steht, angespielt wird, dieser dann aus dem Quadrat heraus dribbelt (siehe A, B und 1 bzw. 2) und anschließend ein Tor erzielt. Die Farbe des bespielten Quadrates entscheidet, welche Minitore freigeschaltet sind. Es ist immer das Minitor geschlossen, das die Farbe des bespielten Quadrates trägt. (Hinweis: Das graue Quadrat in der Mitte des Spielfeldes darf noch nicht bespielt werden.)

Beispiel (siehe A, B und 1 bzw. 2): Nach dieser Aktion sind die Minitore geöffnet, an denen ein blaues, grünes oder gelbes Leibchen befestigt ist. Da das rote Quadrat bespielt worden ist, darf auf das rote Minitor nicht abgeschlossen werden. Trifft die angreifende Mannschaft das richtige Tor, so erhält sie einen Punkt. Der Trainer spielt nach dem Torerfolg einen neuen Ball von außen ein. Verliert das ballbesitzende Team vor einem erfolgreichen Torabschluss den Ball an das verteidigende Team, so gibt es keinen Punkt und das Spielziel ist bei anschließender Balleroberung neu zu erfüllen. Welches Team erzielt in zehn Minuten die meisten Punkte?

Variation 1: Nun darf auch das graue Quadrat in der Mitte des Spielfeldes bespielt werden. Wird in dem grauen Quadrat das Spielziel erfüllt, so darf auf alle vier Minitore abgeschlossen werden.
Variation 2: Nun muss zuerst in das Quadrat hinein gedribbelt werden und dann aus dem Quadrat ein Pass zu einem Mitspieler gespielt werden. Weiterhin gilt, dass immer die Tore des nicht bespielten Quadrates freigeschaltet sind.

Beispiel (siehe C, D und 3 bzw. 4): In dieser Aktion dribbelt Spieler C in das gelbe Quadrat (siehe 3) und spielt anschließend einen Pass zu seinem Mitspieler (siehe D und 4). Das ballbesitzende Team darf folglich auf die Minitore abschließen, an denen ein blaues, grünes oder rotes Leibchen befestigt ist.

Abschlussspiel

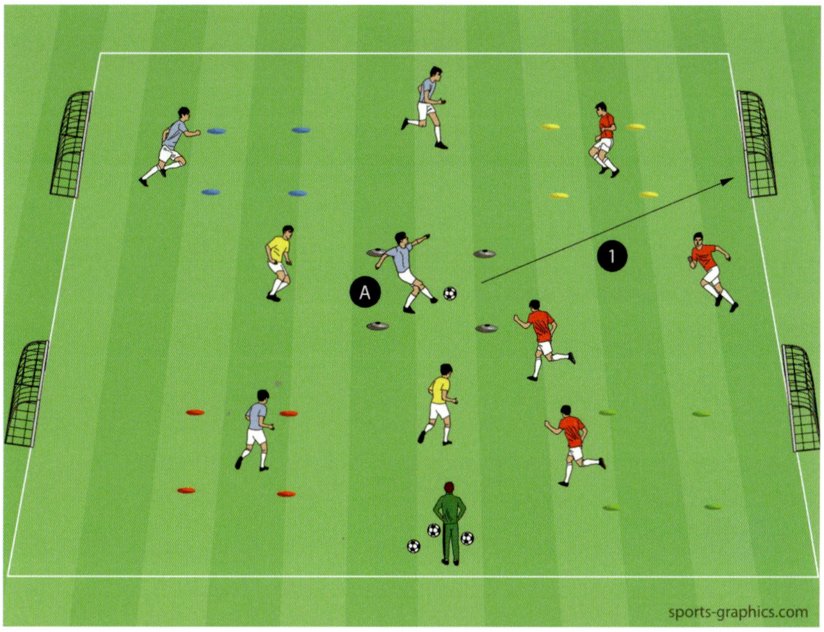

Aufbau/Organisation: 10-14 Spieler, 2 Teams, 4 Minitore, Leibchen, Floor-Marker, Bälle.

Spielziel: In dieser Spielform agieren zwei Teams gegeneinander. Die beiden neutralen Spieler (hier gelb) gehören immer dem ballbesitzenden Team an. Die Spieler des ballbesitzenden Teams spielen sich den Ball untereinander zu und versuchen, zu punkten. Das verteidigende Team will den Ball erobern. Jedes Team darf auf zwei Minitore abschließen. Ansonsten wird frei gespielt. Das ballbesitzende Team kann folglich einen Punkt erzielen, indem erfolgreich auf eines der beiden gegnerischen Minitore abgeschlossen wird. Es lässt sich ein Zusatzpunkt erzielen, indem das ballbesitzende Team aus einem der Quadrate ein Tor erzielt (siehe A und 1). Der Trainer spielt nach einem Torerfolg einen neuen Ball von außen ein. Welches Team erzielt in zehn Minuten die meisten Punkte?

Variation 1: Es kann ein Zusatzpunkt erzielt werden, indem eines der Quadrate, vor dem Torerfolg, durchdribbelt wird.

Variation 2: Keine Extraregeln. Komplett freies Spiel.

Trainingseinheit 2

Technikschwerpunkte: Passen und Dribbeln

Spielleitlinien der Trainingseinheit:

- Wir wollen immer den Ball und nehmen dabei die beste Spielposition ein
- Wir coachen uns gegenseitig
- Wir sind immer aktiv und anspielbar
- Wir behaupten den Ball

Aufwärmspiel

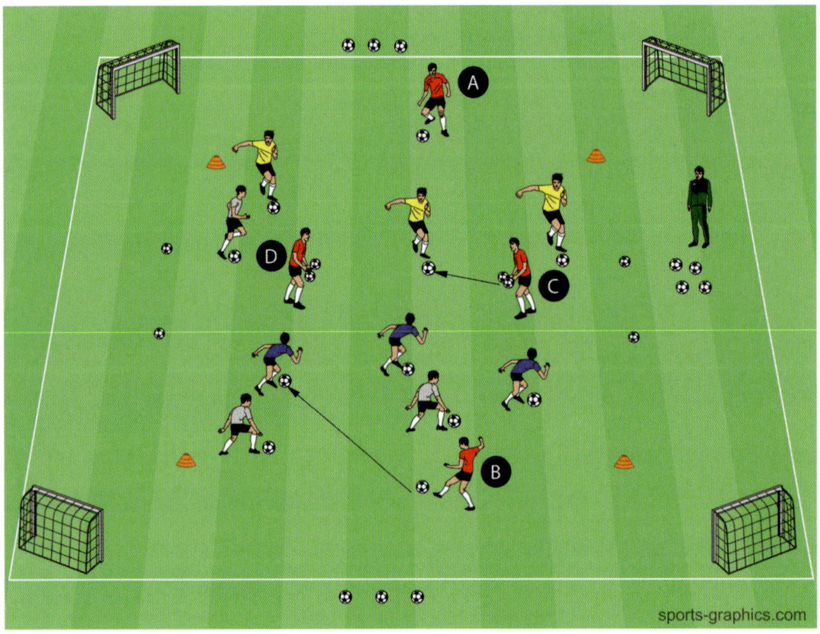

Aufbau/Organisation: 12-16 Spieler, 4 Teams, 4 Minitore, Leibchen, Bälle, Minibälle, Hütchen.

Spielziel: In dieser Spielform agiert das Läuferteam (hier blau, grau, gelb) gegen das Jägerteam (hier rot). Zwei der roten Spieler (siehe C und D) haben jeweils zwei Minibälle in der Hand und befinden sich im orangen Viereck. Das Ziel ist es, die Bälle der anderen Teams (Läufer), die frei im Viereck dribbeln, abzuwerfen (siehe C). Zwei weitere rote Spieler (siehe A und B) versuchen, die Bälle der blauen, gelben und grauen Spieler von außen flach abzuschießen (siehe B). Wie viele Bälle schafft das rote Jägerteam, in zwei Minuten abzuschießen bzw. mit den Minibällen abzuwerfen? Es werden mehrere Runden gespielt.

Variation 1: Aufgabenwechsel. Es wird ein neues Jägerteam bestimmt.
Variation 2: Die Jäger müssen nun immer eine neue Farbe mit ihren Minibällen/Bällen abwerfen bzw. abschießen.

Beispiel: Wenn der rote Spieler B den Ball von einem blauen Spieler abschießt, muss er danach einen Ball von einem gelben oder grauen Spieler treffen, um einen Punkt zu erzielen.

Variation 3: Die Jäger (Außenspieler) schießen „volley" aus der Hand auf die Bälle der Läufer. Es darf maximal auf Kniehöhe geschossen werden.

Variation 4: Die Jäger (Außenspieler) rollen ihren Ball aus der Hand auf die Bälle der Läufer. Der Ball muss den Boden berühren.

Hauptteil

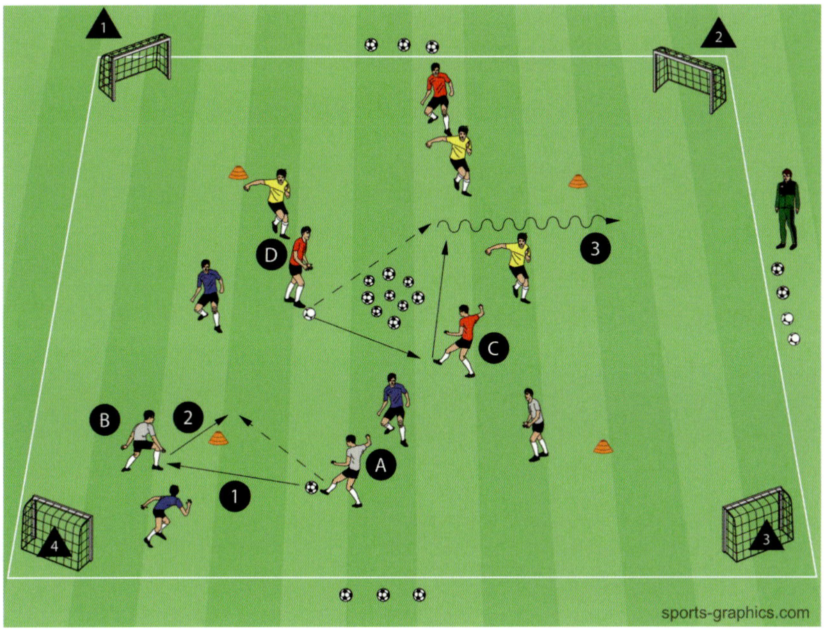

Aufbau/Organisation: 12-16 Spieler, 4 Teams, 4 Minitore, Leibchen, Hütchen, Bälle.

Spielziel: In dieser Spielform spielen jeweils zwei Teams gegeneinander. Das graue Team spielt gegen das blaue Team und das rote Team gegen das gelbe Team. Die Spieler des ballbesitzenden Teams spielen sich den Ball untereinander zu und versuchen, zu punkten. Das verteidigende Team will den Ball erobern. Das angreifende Team kann durch einen Doppelpass an einem orangen Hütchen (siehe A, B, 1 und 2) oder einen Doppelpass am Balldepot im Zentrum (siehe D und C) die Minitore öffnen. Es öffnen sich immer zwei bzw. drei Minitore.

Beispiel: Das graue Team spielt einen Doppelpass (siehe A, B, 1 und 2) und öffnet mit diesem Doppelpass die drei entfernten Minitore 1, 2 und 3.

Wird ein Doppelpass am zentralen Balldepot gespielt, sind die beiden Minitore geöffnet, die nah an der Linie stehen, über die das orange Viereck per Dribbling verlassen wird.

Beispiel: Das rote Team spielt einen Doppelpass (siehe D und C). Spieler D dribbelt nun aus dem Viereck (siehe 3). Ein Torabschluss auf die Minitore 2 und 3 ist nun möglich. Wird erfolgreich auf eines der Minitore abgeschlossen, so bleibt der Torschütze im Ballbesitz. Welches Team erzielt in fünf Minuten die meisten Treffer? Es werden mehrere Runden gespielt.

Variation 1: Gegnerwechsel. Es müssen nun pro Team zwei Doppelpass-Aktionen gespielt werden, um die Minitore zu öffnen.
Variation 2: Gegnerwechsel. Es kann nun auch ein Doppelpass um die Minitore gespielt werden. Es sind wieder die drei entfernten Minitore geöffnet.

Abschlussspiel

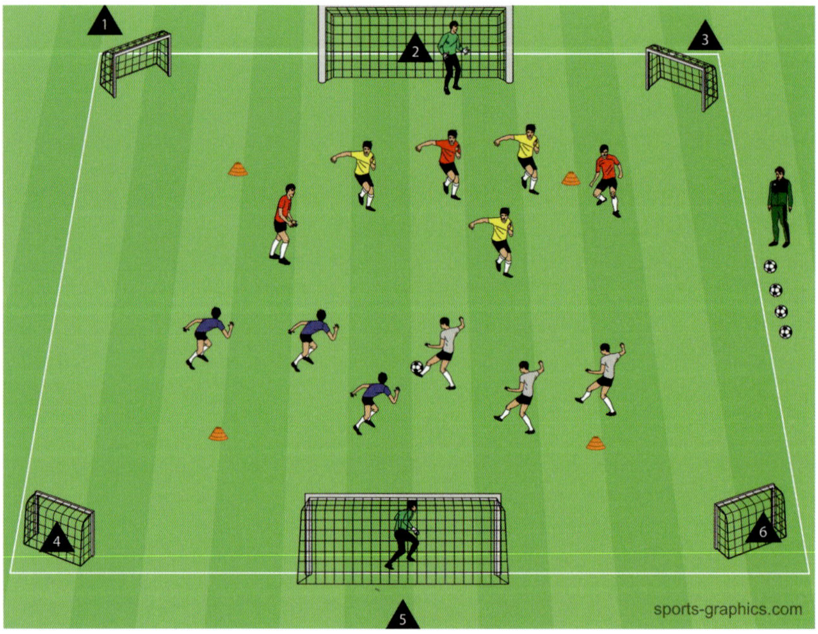

Aufbau/Organisation: 12-16 Spieler, 2 Teams, 4 Minitore, 2 Tore, Leibchen, Hütchen, Bälle.

Spielziel: In dieser Spielform spielen jeweils zwei Teams zusammen. Das graue Team spielt mit dem blauen Team zusammen und greift die Tore 1, 2 und 3 an. Das gelbe Team spielt mit dem roten Team zusammen und greift die Tore 4, 5 und 6 an. Bei einem Torerfolg bleibt das erfolgreiche Team im Ballbesitz und bekommt von seinem Torhüter einen neuen Ball zugespielt. Welches Team erzielt in zehn Minuten die meisten Tore?

Variation 1: Tore, die nach einem Doppelpass um ein Hütchen erzielt werden, verdoppeln die Torwertung.
Variation 2: Teamwechsel. Es spielen zwei neue Teams zusammen. Die Teams greifen wieder drei Tore an und verteidigen entsprechend auch drei Tore. Der Torhüter darf die Minitore ebenfalls verteidigen.
Variation 3: Teamwechsel. Es spielen zwei neue Teams zusammen. Freies Spiel auf die Tore.

Trainingseinheit 3

Technikschwerpunkte: Passen, Dribbeln, Ballan- und mitnahme

Spielleitlinien der Trainingseinheit:

- Wir wollen immer den Ball und nehmen dabei die beste Spielposition ein
- Wir jagen Ball und Gegner
- Wir sind immer aktiv und anspielbar
- Wir behaupten den Ball

Aufwärmspiel

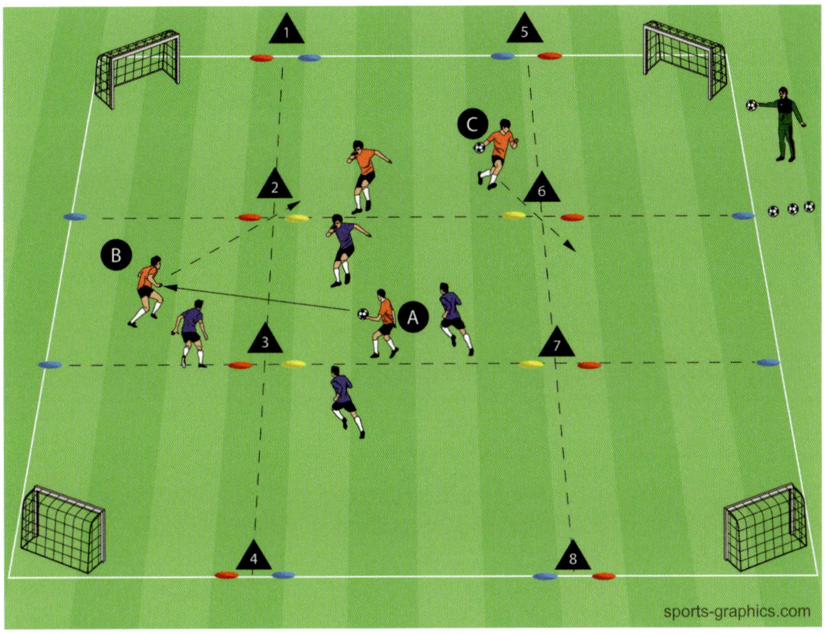

Aufbau/Organisation: 8-16 Spieler, 2 Teams, 4 Minitore, Leibchen, Floor-Marker, Minibälle.

Spielziel: In diesem Handballspiel agiert das blaue Team gegen das orange Team. Die Spieler des ballbesitzenden Teams werfen sich den Miniball untereinander zu. Das verteidigende Team versucht, den Miniball zu erobern. Es lässt sich ein Punkt erzielen, indem der ballbesitzende Spieler eines der bunten Floor-Marker-Tore (1-8) durchläuft. Es ist möglich, die Tore von beiden Seiten zu durchlaufen. Der ballbesitzende Spieler kann von der gegnerischen Mannschaft getickt werden, dann wechselt sofort der Ballbesitz. Der erste Pass ist nach einem Ballbesitzwechsel frei, es darf kein Angriff auf den Passgeber erfolgen. Der ballführende Spieler darf den Miniball maximal vier Sekunden halten.

Variation 1 (Seitenwechsel): Die Tore müssen in dieser Spielrunde immer im Wechsel von der jeweils anderen Seite durchlaufen werden.

Beispiel: Spieler B durchläuft das Tor 2 von der zentrumsnahen Seite. Der nächste Treffer muss nun von der anderen Seite (siehe C und 6) erzielt werden.

Variation 2 (Farbwechsel): Die Tore sind nun im Farbwechsel zu durchlaufen.

Beispiel: Spieler C durchläuft das Tor 6 mit der Farbkombination Gelb-Rot. Der nächste Punkt muss auf einem Tor mit der Farbkombination Rot-Blau erspielt werden.

Variation 3: Der ballführende Spieler darf den Ball nur noch für drei Sekunden in der Hand halten.

Hauptteil

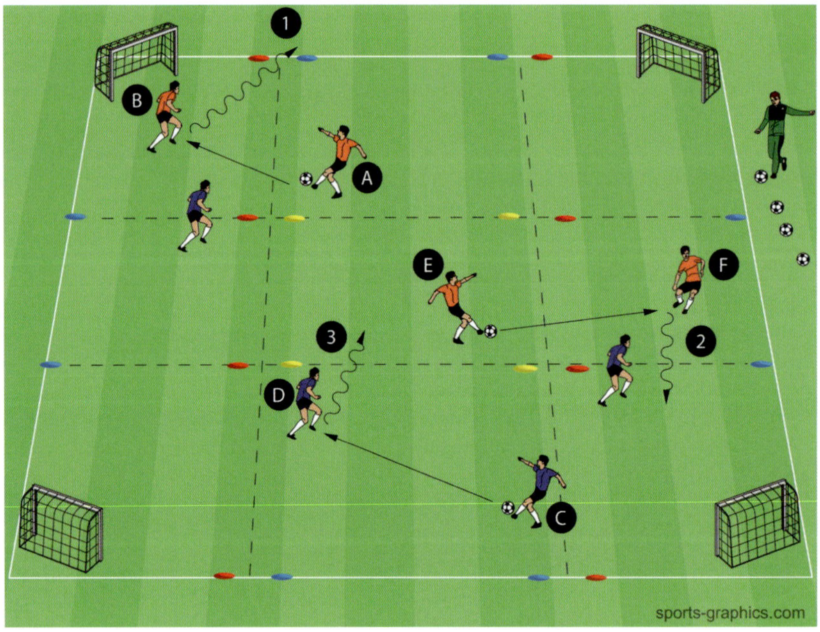

Aufbau/Organisation: 8–16 Spieler, 2 Teams, 4 Minitore, Leibchen, Floor-Marker, Bälle.

Spielziel: Die Teams spielen weiterhin auf die Floor-Marker-Tore 1-8 (siehe A, B und 1) und zusätzlich auf die größeren rot-blauen Linientore (siehe E, F und 2). Die Floor-Marker- und Linien-Tore lassen sich von beiden Seiten durch den ballbesitzenden Spieler mit dem ersten Kontakt bespielen. Für jedes abgespielte Floor-Marker- oder Linien-Tor erhält das ballbesitzende Team einen Punkt. Nach sechs erspielten Punkten auf die Floor-Marker- oder Linien-Tore, kann auf die Minitore abgeschlossen werden. Nach einem Minitortreffer spielt der Trainer einen neuen Ball ein. Es werden nun sechs weitere Punkte auf die Floor-Marker- oder Linien-Tore erspielt. Welches Team erzielt in zehn Minuten die meisten Tore? Es werden mehrere Runden gespielt.

Variation 1: Die gelben Linien lassen sich nun auch mit dem ersten Kontakt bespielen (siehe C, D und 3). Diese zählen doppelt (zwei Punkte). Nach sechs erspielten Punkten auf die Floor-Marker- oder Linien-Tore kann wieder auf eines der vier Minitore abgeschlossen werden.
Variation 2: Es müssen acht Punkte auf die Floor-Marker- oder gelben Linien-Tore erzielt werden, um anschließend auf die Minitore abschließen zu können.

Abschlussspiel

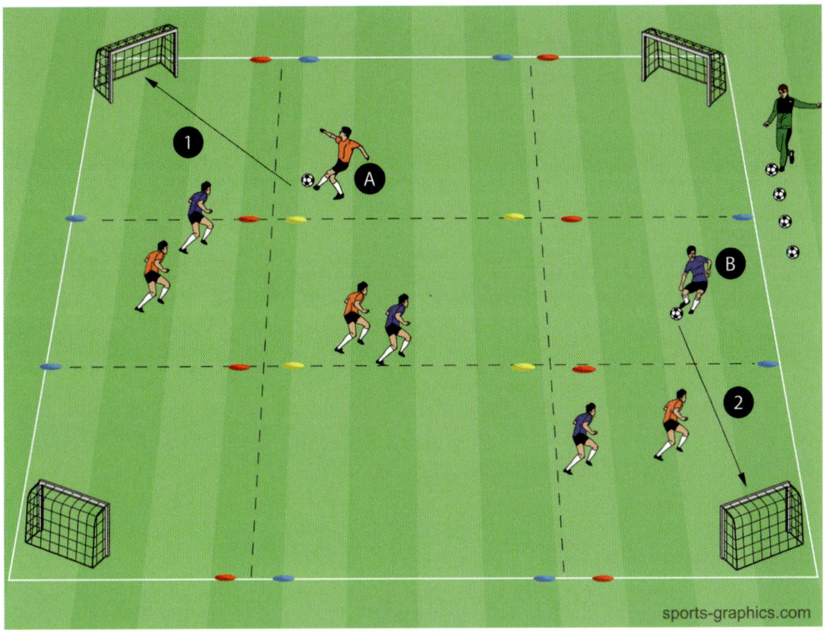

Aufbau/Organisation: 8–16 Spieler, 2 Teams, 4 Minitore, Leibchen, Floor-Marker, Bälle.

Spielziel: In dieser Spielform agieren zwei Teams gegeneinander. Die Spieler des ballbesitzenden Teams spielen sich den Ball untereinander zu. Das verteidigende Team versucht, den Ball zu erobern. Es kann ein Punkt erzielt werden, indem auf eines der vier Minitore erfolgreich abgeschlossen wird. Dabei zählen Tore, die aus der Zone direkt vor einem Minitor geschossen werden, nicht. Ein Tor lässt sich nur aus einer entfernten Zone erzielen (siehe A und 1 bzw. B und 2). Welches Team erzielt in zehn Minuten die meisten Tore? Es werden mehrere Runden gespielt.

Variation 1: Ein Tor kann nur aus der Zone direkt vor einem Minitor erzielt werden.
Variation 2: Freies Spiel auf alle vier Minitore.
Variation 3: Freies Spiel auf zwei Minitore mit fester Spielrichtung.

Trainingseinheit 4

Technikschwerpunkte: Dribbeln und Torschuss

Spielleitlinien der Trainingseinheit:

- Wir sprinten mehr und sind schneller als der Gegner
- Wir starten Heldenläufe
- Wir lösen uns. Wir setzen Lauffinten geschickt ein
- Wir behaupten den Ball

Aufwärmspiel

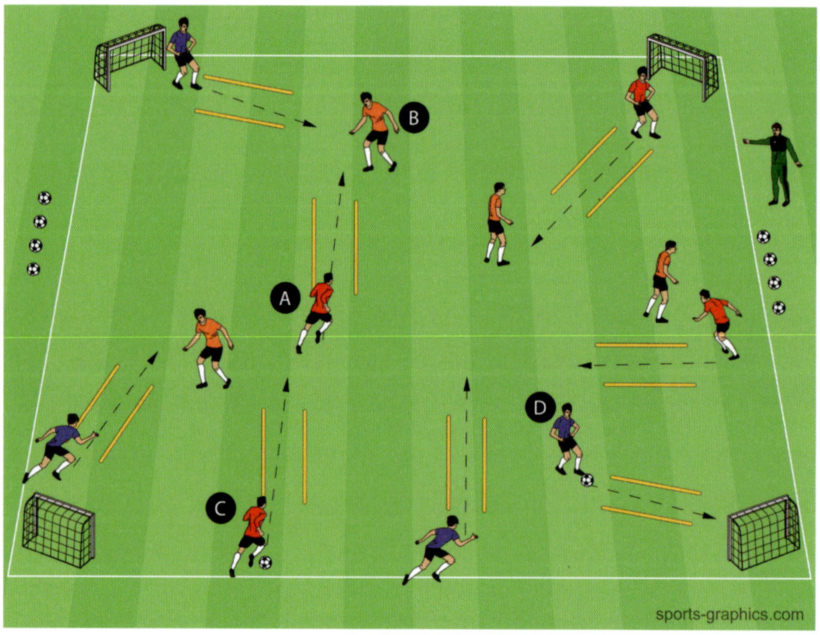

Aufbau/Organisation: 9-15 Spieler, 3 Teams, 4 Minitore, Leibchen, Stangen, Minibälle, Bälle.

Spielziel: In dieser Spielform agieren die Läuferteams (hier Blau und Rot) gegen das Jägerteam (hier Orange). Das Ziel ist es, durch die Stangentore zu sprinten (siehe A), ohne von den orangen Jägern (siehe B) getickt zu werden. Jeder erfolgreiche Lauf durch die Stangentore zählt einen Punkt für die Läufer. Hat ein Spieler sechs Stangentore durchsprintet, besetzt er ein Minitor. Wird ein Läufer getickt, führt dieser an einem Minitor eine athletische Aufgabe (z. B. Liegestütz) durch und kann dann anschließend wieder im Feld Punkte erspielen. Welcher Spieler ist am schnellsten und hat zuerst sechs Stangentore durchlaufen? Wer wird 2. Sieger und 3. Sieger? Wer von den Jägern hat am meisten Spieler getickt? Es werden mehrere Runden gespielt.

Variation 1: Es wird ein neues Jägerteam bestimmt, dessen Spieler nun mit einem Ball in der Hand die Läufer abwerfen müssen. Die Läufer haben einen Ball am Fuß und dribbeln durch die Stangentore (siehe C und D).

Variation 2 (Teamwettkampf): Es wird ein neues Jägerteam bestimmt. Welches Läuferteam ist am schnellsten? Alle Spieler eines Teams sammeln sich nach sechs erfolgreichen Sprints pro Spieler an einem Minitor.

Hauptteil

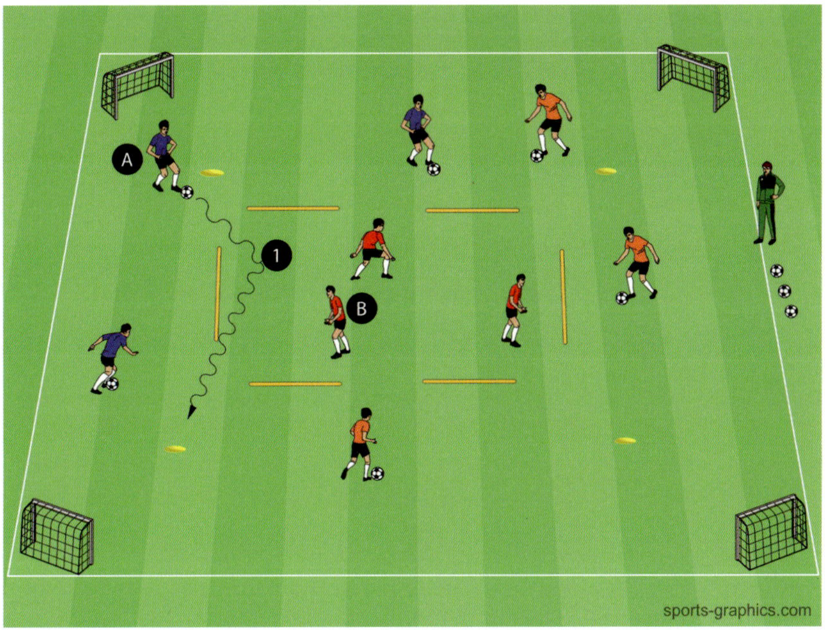

Aufbau/Organisation: 9–15 Spieler, 3 Teams, 4 Minitore, Leibchen, Floor-Marker, Stangen, Bälle.

Spielziel: In dieser Spielform agiert das Dribbelteam (Orange und Blau) gegen das Jägerteam (Rot). Das blaue und das orange Team haben jeweils einen Ball am Fuß. Die Spieler des blauen und des orangen Teams können einen Punkt erzielen, indem sie zwischen den Stangen rein- und wieder rausdribbeln (siehe A und 1). Das rote Team versucht, die innere Zone zwischen den Stangen zu verteidigen. Wird ein Ball durch das verteidigende Team erobert, darf auf die Minitore abgeschlossen werden, um so einen Punkt zu erzielen.

Beispiel: Der blaue Spieler dribbelt zwischen den Stangen rein und wieder raus (siehe A und 1). Somit erhält der Spieler einen Punkt. Wenn ein roter Spieler (siehe B) den Ball in der gelben Stangenzone erobert, kann dieser sofort auf eines der vier Minitore abschließen. Wenn er das Tor trifft, erhält er einen Punkt. Welcher Spieler sammelt in zwei Minuten die meisten Punkte? Welcher Jäger sammelt in zwei Minuten die meisten Punkte? Es werden mehrere Runden gespielt.

Variation 1: Jägerwechsel. Die Läufer (Dribbler) können nun einen Punkt erzielen, indem sie zwischen den Stangen rein- und wieder rausdribbeln und dann vor der gelben Schusszone, die mit den gelben Floor-Markern markiert ist, erfolgreich auf ein Minitor abschließen. Welches Team erzielt in zwei Minuten die meisten Punkte? Die Punkte der einzelnen Spieler werden addiert. Welcher Jäger sammelt in zwei Minuten die meisten Punkte?
Variation 2 (Überzahl-Unterzahl-Spielform): Es spielen nun zwei Teams gegen das dritte Team. Das Ziel ist weiterhin, zwischen den Stangen rein- und wieder rauszudribbeln, um dann auf ein Minitor abzuschließen. Die Unterzahlspieler dürfen sich nun frei im Feld bewegen. Erobert das Team in Unterzahl den Ball, so dürfen die Spieler sofort auf ein Minitor abschließen, und die Mannschaft, die den Ballverlust verursacht hat, spielt in Unterzahl als Verteidiger weiter. Das bisher verteidigende Team wird zum angreifenden Team.

Abschlussspiel

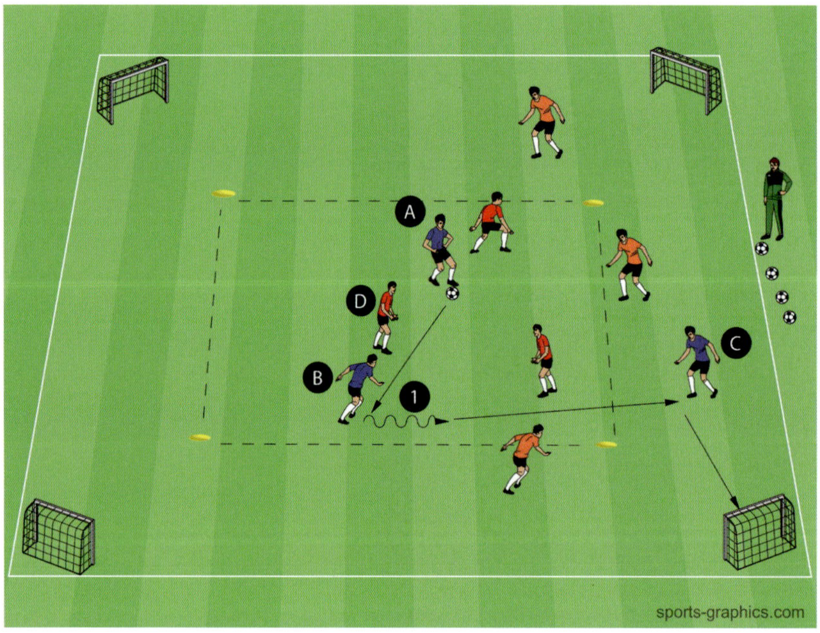

Aufbau/Organisation: 9-15 Spieler, 3 Teams, 4 Minitore, Leibchen, Floor-Marker, Bälle.

Spielziel: In dieser Spielform agieren zwei Teams (Blau und Orange) gegen das dritte Team (Rot). Die Spieler des ballbesitzenden Teams spielen sich den Ball untereinander zu und versuchen, Tore zu schießen. Das verteidigende Team (Rot) will den Ball erobern und darf bei Ballgewinn sofort auf alle vier Minitore abschließen. Die Tore des Unterzahlteams zählen doppelt. Die Spieler des Überzahlteams haben im zentralen gelben Viereck maximal drei Ballkontakte. In der minitornahen Zone müssen die Spieler des Überzahlteams direkt spielen. Nach einem Torerfolg spielt der Trainer einen neuen Ball ein. Welches Team erzielt in fünf Minuten die meisten Treffer? Es werden mehrere Runden gespielt.

Variation 1: Es wird ein neues Team bestimmt, das in Unterzahl spielt. Die Kontaktbegrenzung bleibt weiterhin bestehen.

Variation 2 (2 Teams): Freies Spiel ohne Zusatzregeln mit fester Spielrichtung. Jedes Team kann folglich nur noch auf zwei Minitore abschließen und verteidigt die anderen beiden Minitore.

Trainingseinheit 5

Technikschwerpunkte: Passen und Torschuss

Spielleitlinien der Trainingseinheit:

- Wir jagen Ball und Gegner
- Wir passen raumgreifend nach vorne
- Wir finden den Torabschluss
- Wir passen raumgreifend in Zielräume nach vorne

Aufwärmspiel

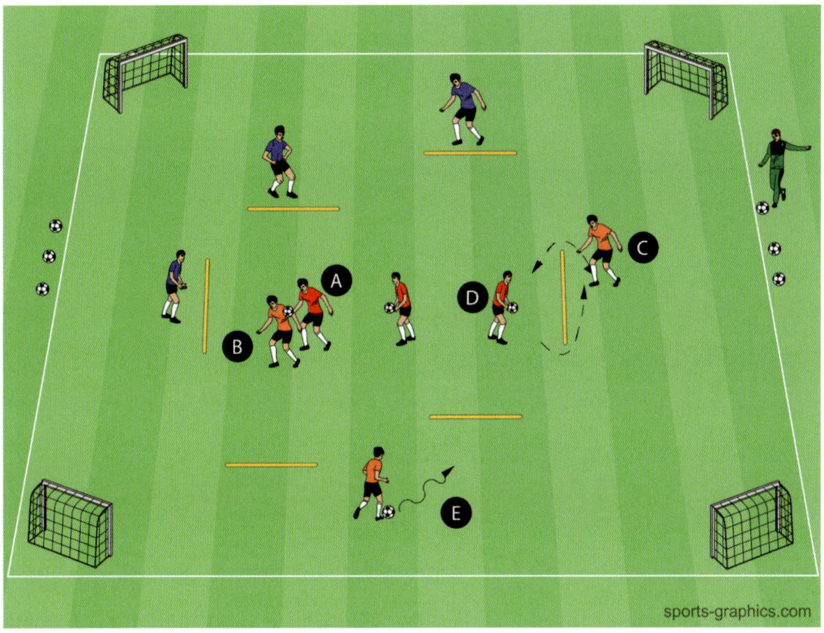

Aufbau/Organisation: 8-16 Spieler, 3 Teams, 4 Minitore, Leibchen, Stangen, Minibälle, Bälle.

Spielziel: In dieser Spielform agieren immer zwei Teams gemeinsam gegen das dritte Team. Die Jäger (hier das rote Team) haben jeweils einen Miniball in der Hand und versuchen, die Läufer (orange und blau) am Rücken (siehe A und B) oder an den Knien zu ticken. Der Miniball ist hierbei fest in der Hand, und darf nicht geworfen werden. Die Stangen sind Tabuzonen und können nur umlaufen (siehe C und D) und nicht überlaufen werden. Ist ein Spieler fünfmal getickt worden, verlässt er das Spielfeld und hält einen Ball hoch. Sind alle Läufer getickt, so ist das Spiel beendet. Wie lange brauchen die Jäger, um alle Spieler zu ticken? Es werden mehrere Runden gespielt.

Variation 1: Jäger- und Läuferwechsel.

Variation 2: Jäger- und Läuferwechsel. Alle Läufer haben einen Ball am Fuß (siehe E).

Variation 3: Jäger- und Läuferwechsel. Alle Läufer und Jäger haben einen Ball am Fuß.

Hauptteil

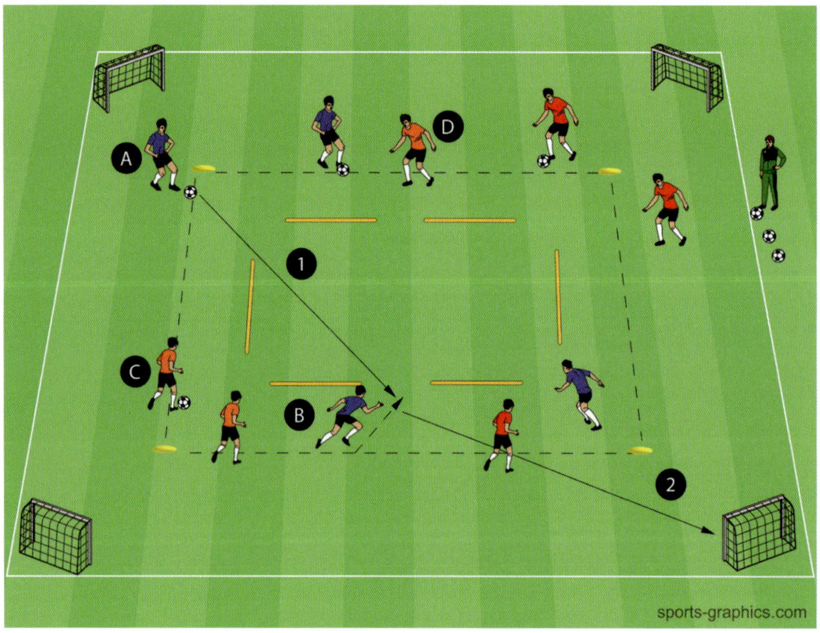

Aufbau/Organisation: 8-16 Spieler, 2er-Teams, 4 Minitore, Leibchen, Stangen, Floor-Marker, Bälle.

Spielziel: In dieser Spielform agieren immer zwei Spieler in einem Team zusammen. Das 2er-Team kann einen Punkt erzielen, indem ein Pass zum Mitspieler durch das Stangenquadrat gespielt wird (siehe A, B und 1). Der Ball darf dabei keine Stange berühren, sonst zählt der Pass nicht als Punkt. Welche drei 2er-Teams erzielen zuerst acht Punkte? Das schnellste Team erhält fünf Punkte, die Zweiten drei Punkte und das drittplatzierte Team einen Punkt. Es werden mehrere Runden gespielt.

Variation 1: Die drei schnellsten Teams besetzen nach ihren acht erspielten Punkten eines der vier Minitore. Das Team, das als erstes gemeinsam an einem Minitor steht, erhält die fünf Punkte. Das zweitschnellste Team erhält weiterhin drei Punkte und das drittschnellste Team einen Punkt.

Variation 2 (Beidfüßigkeit): Die Pässe werden mit beiden Füßen gespielt. Welche drei Teams haben zuerst acht Punkte erspielt?

Variation 3 (Pass + Torabschluss): Das Spielziel ist nun, sechs Pässe und sechs erfolgreiche Torabschlüsse im Team zu erspielen. Die Torschüsse erfolgen vor den gelben Floor-Markern innerhalb der gelben Schusszone (siehe A, B und 2). Nach jedem Pass durch das Stangenquadrat folgt somit ein Torabschluss. Der Torschütze holt anschließend seinen Ball aus dem Tor und dribbelt wieder in das Spielfeld, um den nächsten Punkt zu erspielen.

Abschlussspiel

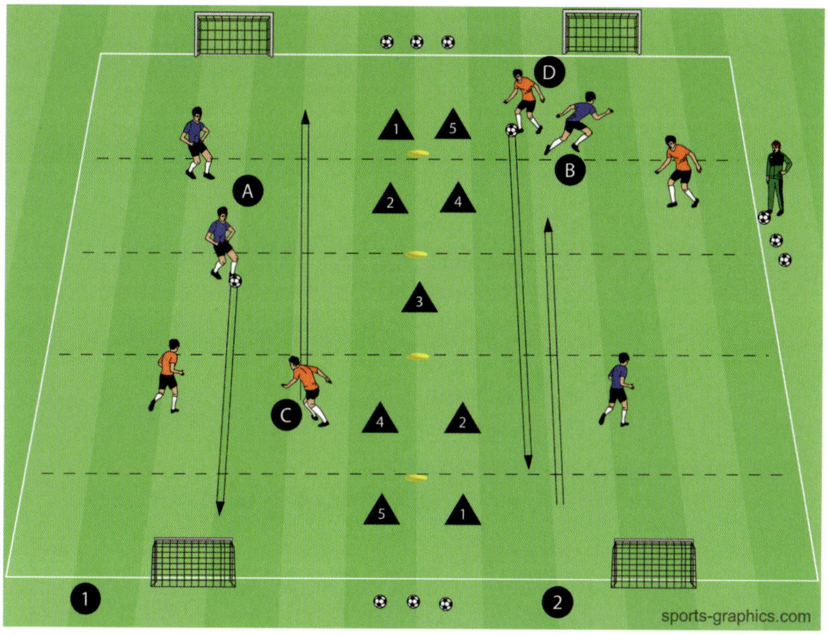

Aufbau/Organisation: 8–16 Spieler, 2 Teams, 4 Minitore, Leibchen, Floor-Marker, Bälle.

Spielziel: In diesem Abschlussspiel spielen zwei Teams gegeneinander. Es wird dabei in zwei Spielfeldern im 2-vs.-2-Duell auf jeweils ein Minitor gespielt. Die durch die gelben Floor-Marker markierten Schusszonen 1–5 stellen in Spielrichtung die jeweilige Torwertung dar. Je näher am Minitor der Torabschluss erfolgt, desto höher ist die Wertung. Weitschüsse werden mit einer geringeren Torwertung gezählt. Welches Team schießt in fünf Minuten die meisten Tore? Es werden mehrere Runden gespielt.

Beispiel: Spieler D erzielt aus der entferntesten Zone einen Treffer. Folglich wird das Tor mit einem Punkt gewertet. Wenn der blaue Spieler B den Ball von Spieler D erobert und aus dieser Zone das Tor trifft, so wird das Tor mit fünf Punkten gewertet. Trifft Spieler A aus der mittleren Zone auf das Minitor, wird das Tor mit drei Punkten gewertet. Die Punkte der blauen Spieler aus Spielfeld 1 und Spielfeld 2 sowie die Punkte der orangen Spieler aus Spielfeld 1 und Spielfeld 2 werden am Ende des Spiels addiert.

Variation 1: Der Trainer stellt neue Teams zusammen.
Variation 2: Die Wertung der Tore wird umgedreht.
Variation 3: Freies Spiel auf jeweils zwei Minitore mit fester Spielrichtung.

Trainingseinheit 6

Technikschwerpunkte: Passen, Dribbeln und Torschuss

Spielleitlinien der Trainingseinheit:

- Wir behaupten den Ball und rauben dem Gegner Spieloptionen
- Wir finden den Torabschluss
- Wir wollen immer den Ball und nehmen die beste Spielposition ein
- Wir behaupten den Ball

Aufwärmspiel

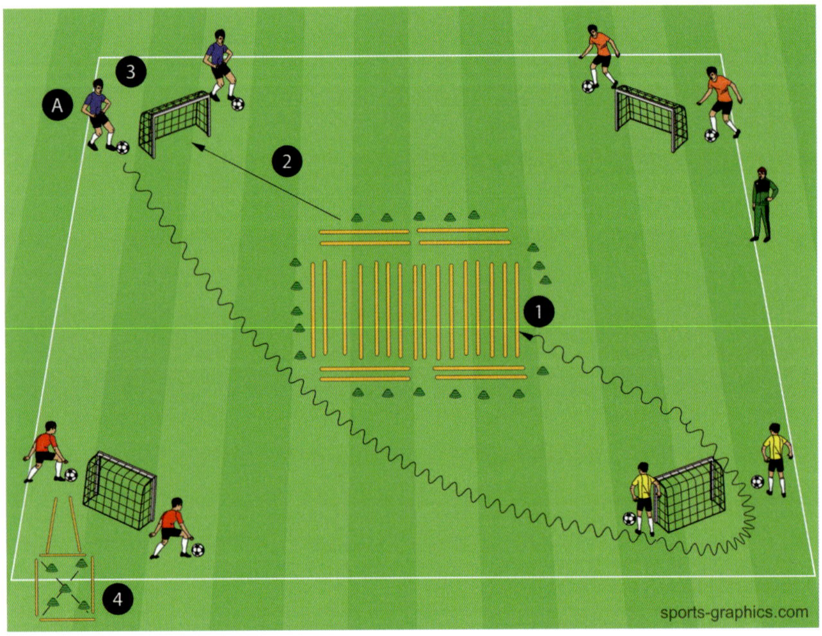

Aufbau/Organisation: 8–16 Spieler, 4 Teams, 4 Minitore, Leibchen, 24 Stangen, Hütchen, Bälle.

(Hinweis: Solltest du nicht so viele Stangen im Verein haben, kann das „Haus" auch nur mit vier Stangen gebaut werden und das Dach aus weiteren Hütchen oder Leibchen.)

Spielziel: In dieser Spielform spielen alle Teams gegeneinander. Der erste Spieler von jedem Team startet zeitgleich mit den anderen in das Spielfeld, dribbelt um das gegenüberstehende Minitor (siehe A), dann ins Zentrum und nimmt sich eine Stange (siehe 1). Anschließend dribbelt der Spieler zu seinem Tor, schließt ab (siehe 2) und legt die Stange hinter seinem eigenen Tor ab (siehe 3). Sein Mitspieler dribbelt los, wenn der Torschütze am eigenen Minitor angekommen ist. Hinter dem Tor wird nun das „Haus vom Nikolaus" nachgebaut, bestehend aus sechs Stangen und fünf Hütchen (siehe 4). Welches Team hat zuerst das „Haus vom Nikolaus" gebaut? Es werden mehrere Runden gespielt.

Variation 1 (Beidfüßigkeit + Finte): Die Spieler dribbeln mit beiden Füßen (mindestens vier Fußwechsel) und führen auf ihrem Weg zwei unterschiedliche Finten aus.
Variation 2 (Torabschluss): Die Spieler schießen mit dem Vollspann auf das Minitor.

Hauptteil

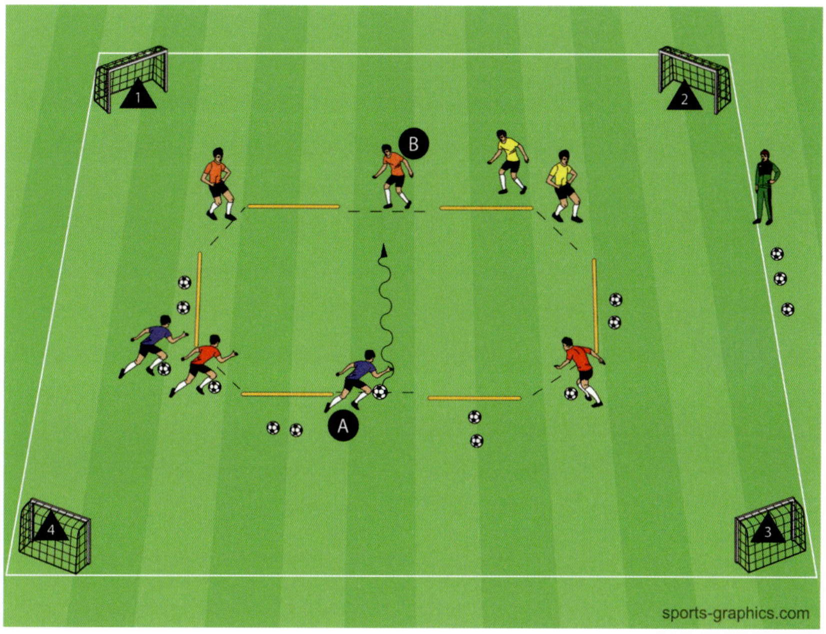

Aufbau/Organisation: 8-16 Spieler, 4 Teams, 4 Minitore, Leibchen, 6 Stangen, Bälle.

Spielziel: Die Angreifer (blaue und rote Spieler) fordern die Verteidiger (gelbe und orange Spieler) heraus. Der ballbesitzende Spieler (siehe A) ruft einen Namen der gegenüberstehenden Verteidiger und dribbelt diesen zielgerichtet an. Der Verteidiger rückt sofort vor und verteidigt seine Linie, von der er gestartet ist (siehe B). Das Ziel des Angreifers ist es, über die Linie des Gegenspielers zu dribbeln. Schafft der Angreifer dies, erhält er einen Punkt. Nach einem erfolgreichen Liniendribbling kann auf ein nahestehendes Minitor abgeschlossen werden. Welcher Spieler gewinnt die meisten Duelle? Welches Team gewinnt die meisten Duelle?

Beispiel: Spieler A ruft den Namen des orangen Spielers B. Jetzt startet das 1-vs.-1-Duell. Gewinnt der blaue Spieler A sein Duell und dribbelt erfolgreich über die Linie zwischen den gelben Stangen, so erhält er einen Punkt und kann auf die Minitore 1 oder 2 abschließen. Erobert der Verteidiger B den Ball, darf dieser kontern und die Startlinie von Spieler A überdribbeln, um einen Punkt zu erzielen. Anschließend darf er auf die Minitore 3 und 4 abschließen.

Variation 1: Wechsel der Aufgabe. Das orange und das gelbe Team sind nun die Angreifer.
Variation 2: Die Spieler erhalten erst einen Punkt, wenn sie nach dem Liniendribbling erfolgreich auf ein Minitor abschließen. Schießt der Angreifer daneben, erhält dieser somit keinen Punkt.

Abschlussspiel

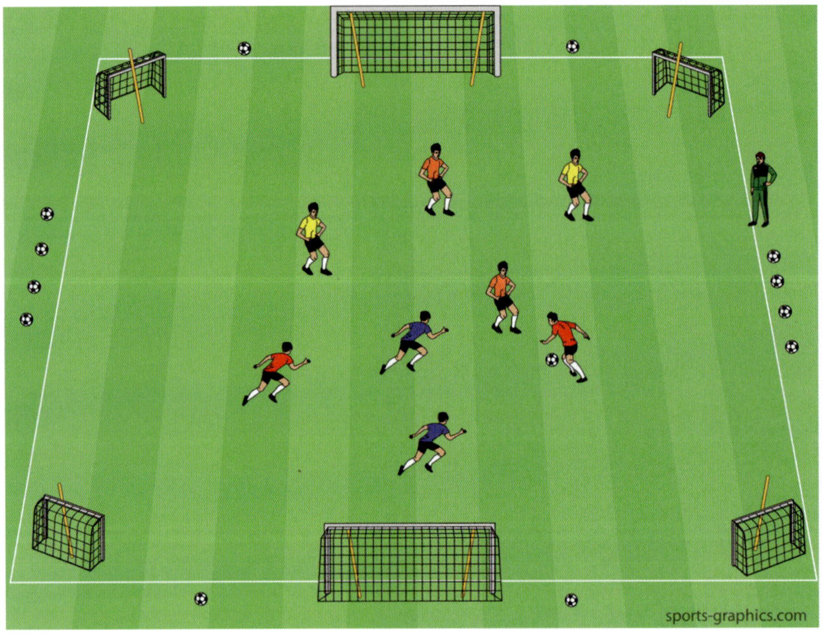

Aufbau/Organisation: 8-16 Spieler, 4 Teams, 2 Tore, 4 Minitore, Leibchen, 8 Stangen, Bälle.

Spielziel: In dieser Spielform spielen zwei Teams (Rot mit Blau und Gelb mit Orange) auf jeweils zwei Minitore und ein Tor gegeneinander. Die Spieler des ballbesitzenden Teams spielen sich den Ball untereinander zu und versuchen, Tore zu schießen. Das verteidigende Team will den Ball erobern. Das angreifende Team kann einen Punkt erzielen, indem in ein Minitor getroffen wird, ohne dass die gelben Stangen berührt werden. Ebenso ist es möglich, in die Ecken (zwischen Pfosten und Stange) des Tores zu schießen. Auch hierbei darf man die Stange nicht berühren. Wird eine Stange umgeschossen, so erhält das gegnerische Team den Ballbesitz. Hierfür spielt der Trainer einen neuen Ball ein. Welches Team schießt in zehn Minuten die meisten Tore? Es werden mehrere Runden gespielt.

Variation 1: Die Stangen müssen nun abgeschossen werden. Das Ziel ist es, alle vier gegnerische Stangen umzuschießen. Welches Team schießt zuerst alle Stangen um?
Variation 2: Freies Spiel auf die Tore mit Torhütern und fester Spielrichtung.

Trainingseinheit 7

Technikschwerpunkte: Passen und Torschuss

Spielleitlinien der Trainingseinheit:

- Wir rauben dem Gegner Spieloptionen
- Wir wollen immer den Ball und nehmen die beste Spielposition ein
- Wir behaupten den Ball und rauben dem Gegner Spieloptionen
- Wir passen raumgreifend in Zielräume nach vorne

Aufwärmspiel

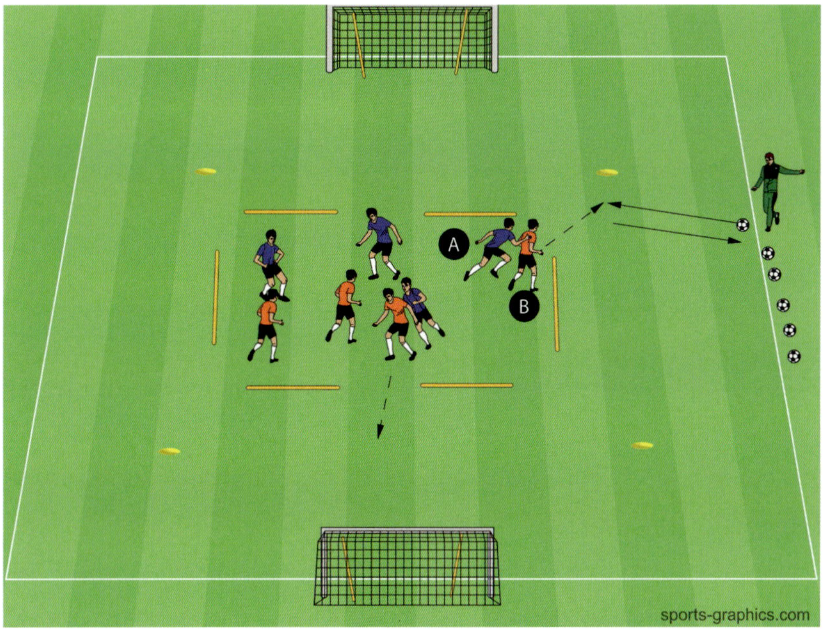

Aufbau/Organisation: 8–12 Spieler, 2 Teams, 2 Tore, Leibchen, Floor-Marker, Stangen, Bälle.

Spielziel: In diesem Spiel agieren zwei Teams gegeneinander. Das blaue Team versucht, die orangen Spieler aus dem Stangenquadrat herauszuschieben (nicht schlagen oder schubsen!). Die orangen Spieler versuchen, dies zu verhindern.

Beispiel: Spieler A versucht, Spieler B aus dem Stangenquadrat zu schieben. Wird ein oranger Spieler rausgeschoben, so führt er eine athletische Aufgabe (z. B. fünf Liegestütz) durch. Danach läuft er zurück in das Stangenquadrat. Wie viele Spieler kann das blaue Team in drei Minuten aus dem Stangenquadrat herausschieben? Welcher Spieler wurde am wenigsten herausgeschoben? Es werden mehrere Runden gespielt.

Variation 1: Aufgabenwechsel. Wird ein Spieler rausgeschoben, führt dieser drei „Burpees" durch und läuft dann zu seinem Trainer und spielt einen Doppelpass mit ihm (siehe B). Anschließend läuft er wieder in das Spielfeld.
Variation 2: Herausgeschobene Spieler führen eine athletische Aufgabe durch, holen sich anschließend einen Ball beim Trainer ab und schießen auf die Ecken (zwischen Stange und Pfosten) der Tore. Anschließend läuft der Spieler wieder zurück in das Spielfeld. Welcher Spieler wurde am wenigsten herausgeschoben?

Hauptteil

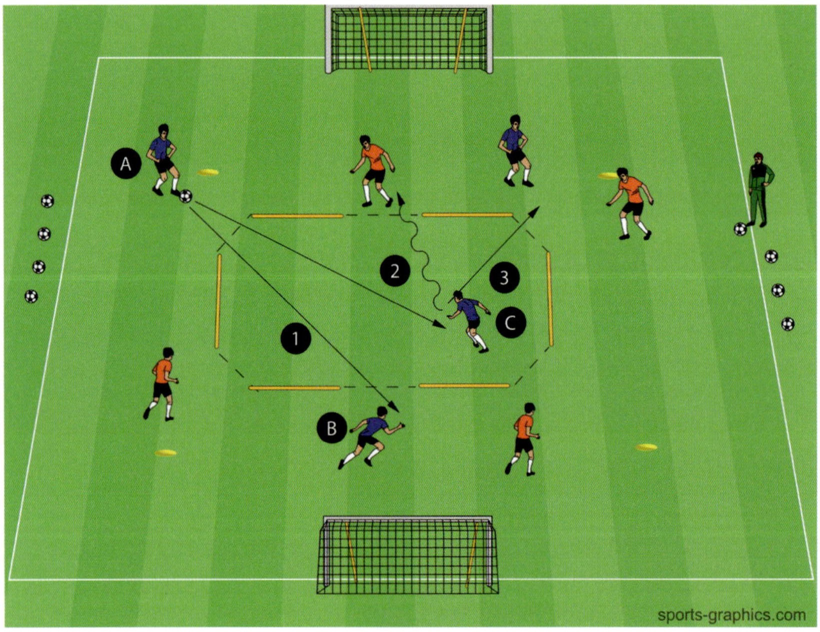

Aufbau/Organisation: 8-12 Spieler, 2 Teams, 2 Tore, Leibchen, Floor-Marker, Stangen, Bälle.

(Hinweis: Es kann mit neutralen Spielern gespielt werden.)

Spielziel: In dieser Spielform agieren zwei Teams gegeneinander. Die Spieler des ballbesitzenden Teams spielen sich den Ball untereinander zu und versuchen, zu punkten. Das verteidigende Team will den Ball erobern. Das angreifende Team kann die Tore freischalten, indem ein Pass über zwei Linien des Stangensechsecks gespielt wird (siehe A, B und 1) oder indem ein Pass zu einem Mitspieler in dem Sechseck gespielt wird und dieser über eine andere Linie aus dem Stangensechseck rausdribbelt (siehe A, C und 2). Anschließend kann man beide Tore angreifen und auf die Ecken (zwischen Stange und Pfosten) abschließen. Gelingt dies, erhält das angreifende Team einen Punkt. Nach einem Torerfolg spielt der Trainer einen neuen Ball ein. Welches Team erzielt in zehn Minuten die meisten Tore? Es werden mehrere Runden gespielt.

Variation 1: Eine weitere Option, um die Tore zu öffnen, ist, dass man einen Mitspieler aus dem Sechseck anspielt (siehe A und 2 bzw. C und 3).
Variation 2: Auf das Tor muss innerhalb des gelben Quadrates, das mit den gelben Floor-Markern markiert ist, abgeschlossen werden.
Variation 3: Erzielt ein Team fünf Punkte direkt hintereinander, so hat es das Spiel sofort gewonnen („Knock-out").

Abschlussspiel

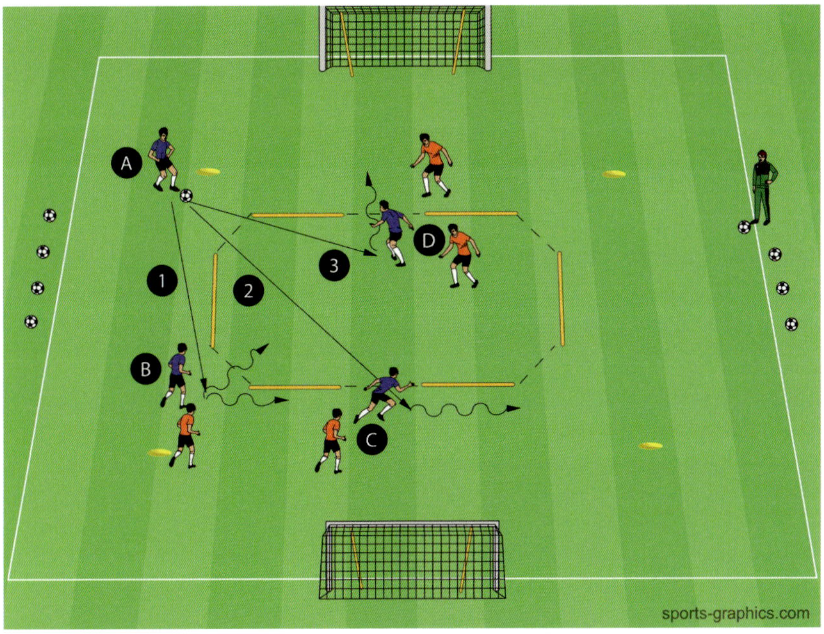

Aufbau/Organisation: 8-12 Spieler, 2 Teams, 2 Tore, Leibchen, Floor-Marker, Stangen, Bälle.

(Hinweis: Es kann mit neutralen Spielern gespielt werden.)

Spielziel: In dieser Spielform agieren zwei Teams gegeneinander. Die Spieler des ballbesitzenden Teams spielen sich den Ball untereinander zu und versuchen, zu punkten. Die verteidigende Mannschaft will den Ball erobern. Das angreifende Team kann die Tore freischalten, indem ein Spieler nach einem Zuspiel direkt mit dem ersten Kontakt an einer Stange entlangdribbelt (siehe A, C und 2) oder indem er nach einem Zuspiel direkt in das Stangensechseck dribbelt (siehe A, B und 1). Anschließend kann auf beide Tore angegriffen und auf die Ecken der Tore (zwischen Stange und Pfosten) abgeschlossen werden. Gelingt dies, erhält das angreifende Team einen Punkt. Nach einem Torerfolg spielt der Trainer einen neuen Ball ein. Welches Team erzielt in zehn Minuten die meisten Tore? Es werden mehrere Runden gespielt.

Variation 1: Es gibt nun eine dritte Option, um die Tore zu öffnen. Es kann nun auch mit dem ersten Kontakt aus dem Sechseck herausgedribbelt werden (siehe A, D und 3).
Variation 2: Es wird mit zwei Torhütern gespielt. Man nimmt die Stangen aus den Toren.
Variation 3: Wird ein Tor – nach dem Erreichen des Spielziels – aus dem gelben Quadrat erzielt, welches mit den gelben Floor-Markern markiert ist, zählt das Tor doppelt.
Variation 4: Freies Spiel auf die Tore mit einer Spielrichtung. Die Stangen werden hierfür aus dem Feld geräumt.

Trainingseinheit 8

Technikschwerpunkte: Passen und Torschuss

Spielleitlinien der Trainingseinheit:

- Wir behaupten den Ball und rauben dem Gegner Spieloptionen
- Wir finden den Torabschluss
- Wir wollen immer den Ball und nehmen die beste Spielposition ein
- Wir coachen uns gegenseitig

Aufwärmspiel

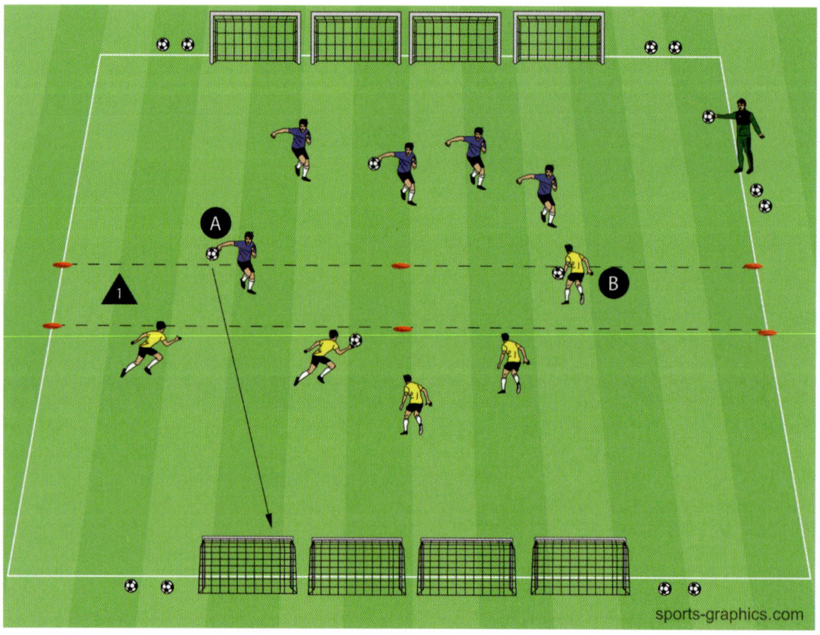

Aufbau/Organisation: 8-12 Spieler, 2 Teams, 8 Minitore, Leibchen, Floor-Marker, Bälle.

Spielziel: In diesem Handballspiel agieren zwei Teams gegeneinander. Der ballbesitzende Spieler kann einen Punkt erzielen, indem er den Ball aus der rot markierten Wurfzone (siehe 1) in eines der vier gegnerischen Minitore wirft (siehe A und B). In der roten Wurfzone kann der ballführende Spieler von einem gegnerischen Spieler, der keinen Ball in der Hand hat, getickt werden. Wird der angreifende Spieler getickt, muss der ballbesitzende Spieler den Ball fallen lassen, und der gegnerische Spieler (Ticker) darf den Ball nehmen. Es sind immer sechs Bälle gleichzeitig im Spiel. Fehlt ein Ball, spielt der Trainer einen neuen Ball ein. Welches Team erzielt in drei Minuten mehr Tore? Es werden mehrere Runden gespielt.

Variation 1: Die sechs Bälle sind nun am Fuß. Man kann jetzt in die rote Zone dribbeln und dann auf die vier gegnerischen Minitore abschließen. Der ballführende Spieler kann wieder getickt werden, um den Ballbesitz für den Verteidiger zu erspielen.

Variation 1.1: Die Minitore werden weiter auseinandergestellt.

Variation 2: Tore erzielt man per Volley-Schuss auf die gegnerischen Minitore.

Variation 3: Tore werden rückwärts - per Wurf durch die Beine - auf die gegnerischen Minitore erzielt.

Hauptteil

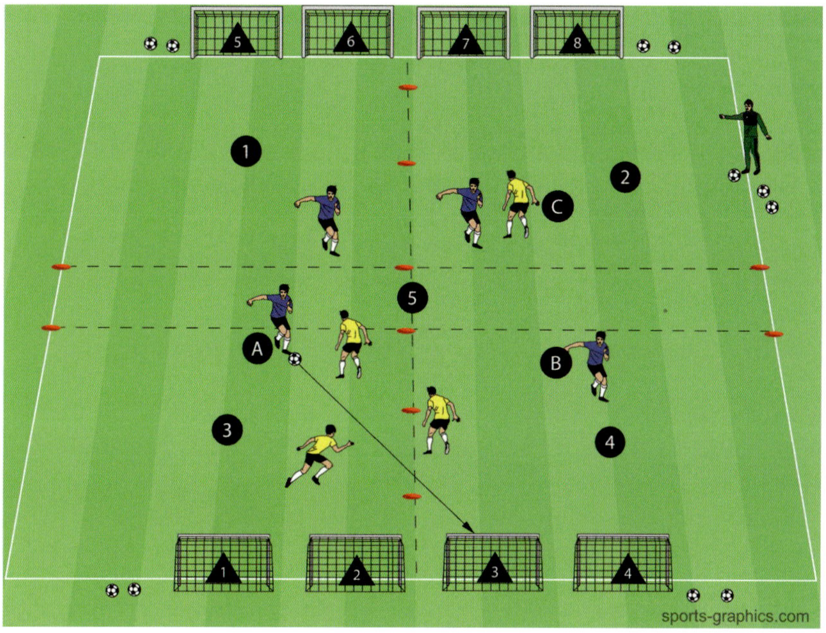

Aufbau/Organisation: 8-12 Spieler, 2 Teams, 8 Minitore, Leibchen, Floor-Marker, Bälle.

(Hinweis: Es kann mit neutralen Spielern gespielt werden.)

Spielziel: In dieser Spielform agieren zwei Teams gegeneinander. Die Spieler der ballbesitzenden Mannschaft spielen sich den Ball untereinander zu und versuchen, zu punkten. Das verteidigende Team will den Ball erobern. Das angreifende Team kann einen Punkt erzielen, indem ein Spieler diagonal auf die Minitore trifft (siehe A). Tore zählen nur, wenn man sie aus der tornahen Zone 1-4 (in Spielrichtung gesehen) schießt. Welches Team erzielt in zehn Minuten mehr Tore? Es werden mehrere Runden gespielt.

Beispiel: Der blaue Spieler A kann auf die Minitore 3 und 4 einen Treffer erzielen. Der blaue Spieler B kann auf die Minitore 1 und 2 einen erfolgreichen Treffer erzielen.

Variation 1: Alle acht Minitore sind für beide Mannschaften bespielbar. Tore können weiterhin nur diagonal erzielt werden.

Variation 2: Tore aus der mittleren, rot markierten Schusszone (5) erhalten eine doppelte Punktwertung. Tore können auch aus dieser Schusszone nur diagonal erzielt werden.

Abschlussspiel

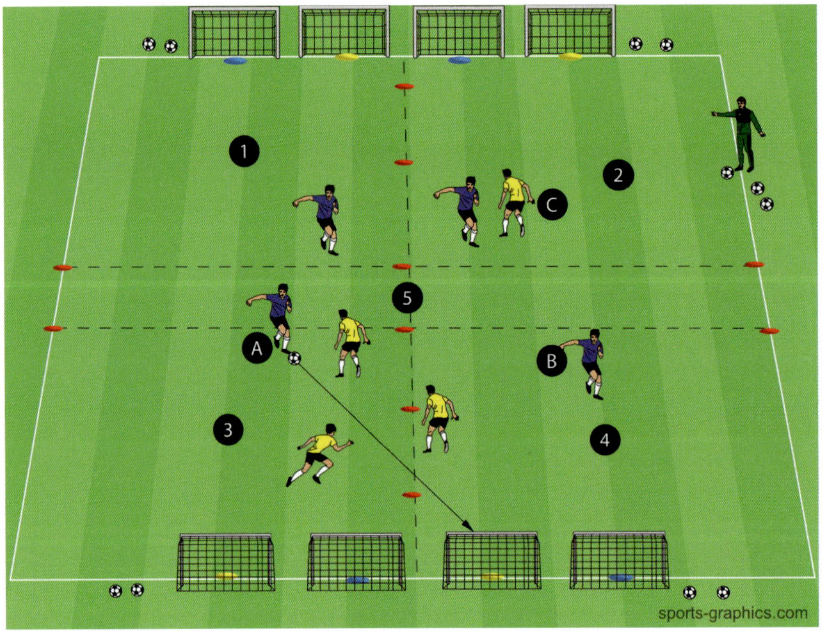

Aufbau/Organisation: 8-12 Spieler, 2 Teams, 8 Minitore, Leibchen, Floor-Marker, Bälle. In den Minitoren liegen Floor-Marker mit den entsprechenden Farben.

Spielziel: In dieser Spielform agieren zwei Teams gegeneinander. Die Spieler der ballbesitzenden Mannschaft spielen sich den Ball untereinander zu und versuchen, zu punkten. Das verteidigende Team will den Ball erobern. Das angreifende Team kann einen Punkt erzielen, indem ein Spieler diagonal auf die Minitore trifft. Tore können nur aus der tornahen Zone 1-4 (in Spielrichtung gesehen) und auf der gegnerischen Farbe (siehe A) erzielt werden. Die Tore sind entsprechend mit Floor-Markern markiert. Welches Team erzielt in zehn Minuten mehr Tore? Es werden mehrere Runden gespielt.

Variation 1: Tore aus der mittleren, rot markierten Schusszone (5) erhalten eine doppelte Punktwertung. Das Tor muss aus dieser Zone nicht diagonal erzielt werden.
Variation 2: Wird ein Tor aus der torentfernten Zone geschossen, so zählt das Tor doppelt.
Variation 3: Freies Spiel auf die Tore mit einer Spielrichtung.

Trainingseinheit 9

Technikschwerpunkte: Passen, Dribbeln und Torschuss

Spielleitlinien der Trainingseinheit:

- Wir behaupten den Ball und rauben dem Gegner Spieloptionen
- Wir finden den Torabschluss
- Wir wollen immer den Ball und nehmen die beste Spielposition ein
- Wir spielen und lösen uns

Aufwärmspiel

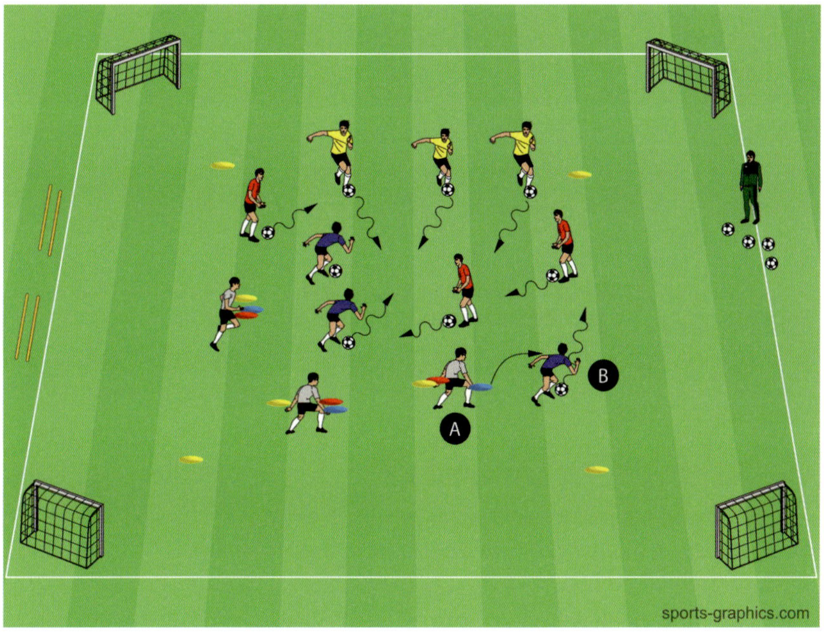

Aufbau/Organisation: 12-16 Spieler, 4 Teams, 4 Minitore, 4 Stangen, Leibchen, Floor-Marker, Bälle.

Spielziel: In dieser Spielform agiert ein Team (Ticker) gegen die anderen drei Teams. Die grauen Spieler (Ticker) haben jeweils drei Leibchenfarben (die Farben der drei gegnerischen Teams) in der Hand. Mit den Leibchen versuchen die Ticker, die Läufer abzuwerfen, um einen Punkt zu erzielen. Wichtig ist, dass die Ticker die Läufer mit ihrer Farbe abwerfen müssen. Die Läufer haben alle einen Ball am Fuß und dribbeln im gelb markierten Feld vor den Tickern weg. Verlässt ein Läufer das Spielfeld, ist das automatisch ein Punkt für den jagenden Ticker.

Beispiel: Der graue Spieler A sprintet zum blauen Spieler B und wirft ihn mit einem blauen Leibchen ab. Trifft er, bekommt der Ticker einen Punkt. Der abgeworfene Spieler B dribbelt nun zu seinem Trainer und klatscht einmal bei ihm ab. Auf dem Rückweg ins gelb markierte Feld führt der Spieler eine Finte aus und nimmt dann wieder am Spiel teil. Wie viele Spieler wirft das graue Team in zwei Minuten ab? Welcher Läufer wurde am wenigsten abgeworfen? Es werden mehrere Runden gespielt.

Variation 1: Aufgabenwechsel. Neue Ticker bestimmen.

Variation 2: Das Dribbling der Läufer wird mit dem zweitbesten Fuß ausgeführt.
Variation 3: Es wird immer ein Spieler eines anderen Teams abgeworfen. Der Ticker darf nicht zweimal hintereinander Spieler aus dem gleichen Team abwerfen.

Beispiel: Der graue Spieler A hat den blauen Spieler B mit dem blauen Leibchen abgeworfen. Folglich muss der nächste Spieler, der von dem Ticker abgeworfen wird, aus dem gelben oder roten Team sein.

Hauptteil

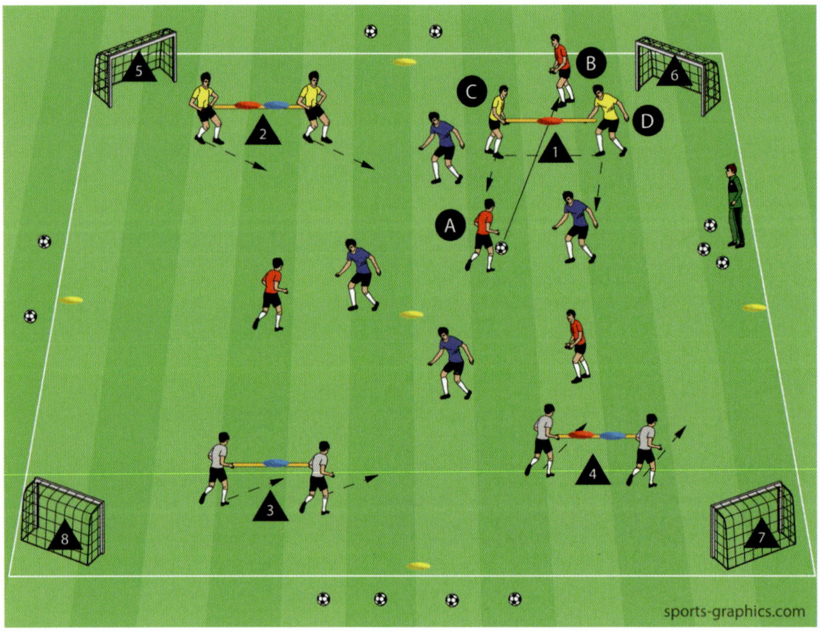

Aufbau/Organisation: 12-16 Spieler, 4 Teams, 4 Minitore, 4 Stangen, Leibchen, Floor-Marker, Bälle.

(Hinweis: Es kann mit neutralen Spielern gespielt werden.)

Spielziel: In dieser Spielform agieren zwei Teams (Rot und Blau) gegeneinander. Die Spieler des gelben und roten Teams bilden die beweglichen Stangentore (siehe C und D). Die Spieler mit den beweglichen Stangentoren bewegen sich fortlaufend sowie kreuz und quer durch das Spielfeld. Das ballbesitzende Team spielt sich den Ball untereinander zu und versucht, zu punkten. Das verteidigende Team will den Ball erobern. Das angreifende Team kann einen Punkt erzielen, indem ein farblich passend markiertes Stangentor (1-4) durchpasst wird (siehe A, B und 1). Welches Team erzielt in fünf Minuten mehr Punkte? Es werden mehrere Runden gespielt.

Variation 1: Aufgabenwechsel. Die Spieler, die das bewegliche Stangentor gebildet haben, spielen gegeneinander (Grau gegen Gelb). Die Spieler des blauen und roten Teams bilden die beweglichen Stangentore.
Variation 2: Ist ein Stangentor durchspielt, kann auf ein entferntes Minitor, das in einem anderen Spielfeldviertel steht, abgeschlossen werden. Die Spielfeldviertel sind mit den gelben Floor-Markern markiert. Ist das Tor erfolgreich getroffen, so erhält das Team einen Punkt.

Beispiel: Das rote Team durchspielt ein Stangentor (siehe A, B und 1). Nun kann auf die Minitore 5, 7 und 8 abgeschlossen werden, um einen Punkt zu erzielen. Nach einem erfolgreichen Torabschluss spielt der Trainer einen neuen Ball ein.

Abschlussspiel

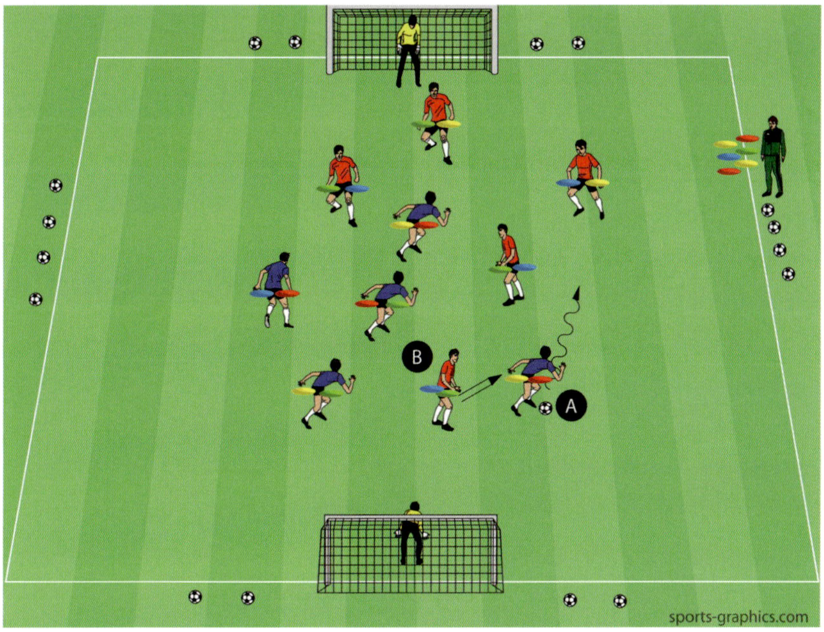

Aufbau/Organisation: 12-16 Spieler, 2 Teams, 2 Tore, Leibchen, Bälle.

Spielziel: In dieser Spielform agieren zwei Teams gegeneinander. Die Teams dürfen auf beide Tore schießen, um einen Punkt zu erzielen. Die Spieler der ballbesitzenden Mannschaft spielen sich den Ball untereinander zu und versuchen, zu punkten. Das verteidigende Team will den Ball erobern. Alle Spieler haben zwei Leibchen seitlich am Hosenbund befestigt. Wie beim „Flagfootball" kann dem gegnerischen Spieler ein Leibchen herausgezogen werden (siehe A und B). Jeder Spieler hat somit zwei Leben. Hat ein Spieler keine Leibchen (Leben) mehr, läuft er aus dem Spielfeld und hält einen Ball hoch. Der Trainer gibt das Signal, wann der Spieler wieder in das Spiel eingreifen darf. Dafür holt der Spieler sich zwei neue Leibchen vom Trainer ab.

Variation 1: Es kann nur noch bei dem ballführenden Spieler das Leibchen herausgezogen werden.
Variation 2: Keine Zusatzregeln. Freies Spiel auf die Tore mit einer Spielrichtung.

Trainingseinheit 10

Technikschwerpunkte: Passen, Dribbeln und Torschuss

Spielleitlinien der Trainingseinheit:

- Wir behaupten den Ball und rauben dem Gegner Spieloptionen
- Wir finden den Torabschluss
- Wir wollen immer den Ball und nehmen die beste Spielposition ein
- Wir jagen Ball und Gegner

Aufwärmspiel

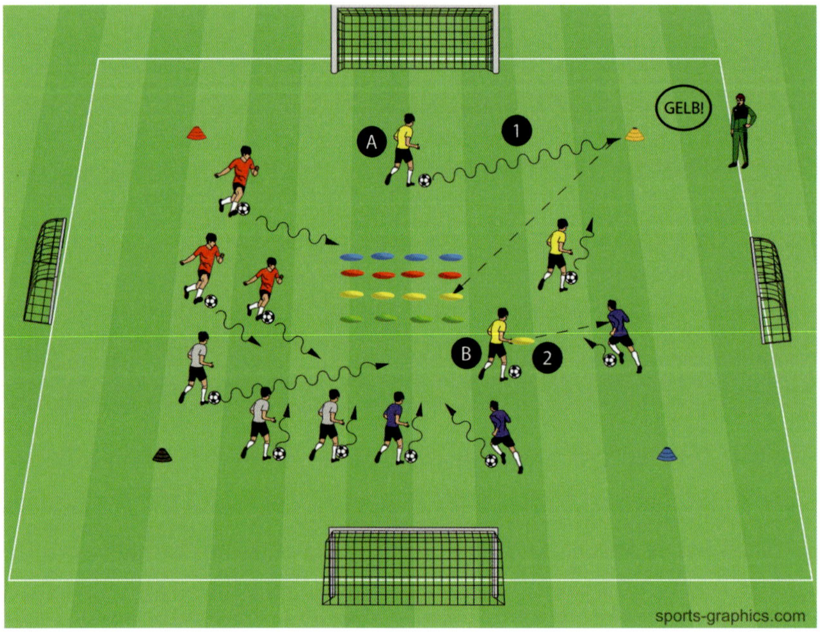

Aufbau/Organisation: 8-14 Spieler, 4 Teams, 2 Tore, 2 Minitore, Leibchen, Floor-Marker, Hütchen, Bälle.

Spielziel: In dieser Spielform haben alle Spieler einen Ball am Fuß und dribbeln schnell durch das Feld. Die Spieler benutzen beide Füße und zeigen ihre besten Finten. Auf ein Farb-Kommando des Trainers (Beispiel: „Gelb") dribbeln alle gelben Spieler zu ihrem Hütchen und legen ihre Bälle ab (siehe A und 1). Die gelben Spieler sprinten anschließend in die Mitte des Spielfeldes und holen sich jeweils einen Floor-Marker ihrer Farbe. Jetzt beginnt das Tickspiel. Das Ziel der gelben Spieler ist es, die anderen Spieler mit dem Floor-Marker abzuklatschen oder per Frisbee-Wurf (bis Brusthöhe) abzuwerfen (siehe B und 2). Das zentrale Viereck, markiert mit den bunten Floor-Markern, ist als Tabuzone zu sehen. Diese Zone darf man nicht überlaufen oder überdribbeln. Wie viele Spieler kann das jagende Team in einer Minute abwerfen? Welcher Spieler wurde am wenigsten abgeworfen? Es werden mehrere Runden gespielt.

Variation 1 (kreativste Finten): Alle Spieler haben weiterhin einen Ball am Fuß und dribbeln schnell durch das Feld. Die Spieler benutzen beide Füße und zeigen ihre besten Finten. Für die kreativste Finte kann der

Trainer einen Bonuspunkt an die Spieler verteilen. Der Trainer gibt nun wieder ein Farb-Kommando. Die Jäger behalten in dieser Spielrunde ihren Ball am Fuß, während sie versuchen, mit den Floor-Markern die anderen Spieler abzuwerfen bzw. abzuticken.

Variation 2 (neue Farbe): Die Jäger werfen/ticken immer eine andere Leibchenfarbe der Spieler ab.

Variation 3: Der Trainer gibt für zwei Teams das Farb-Kommando.

Hauptteil

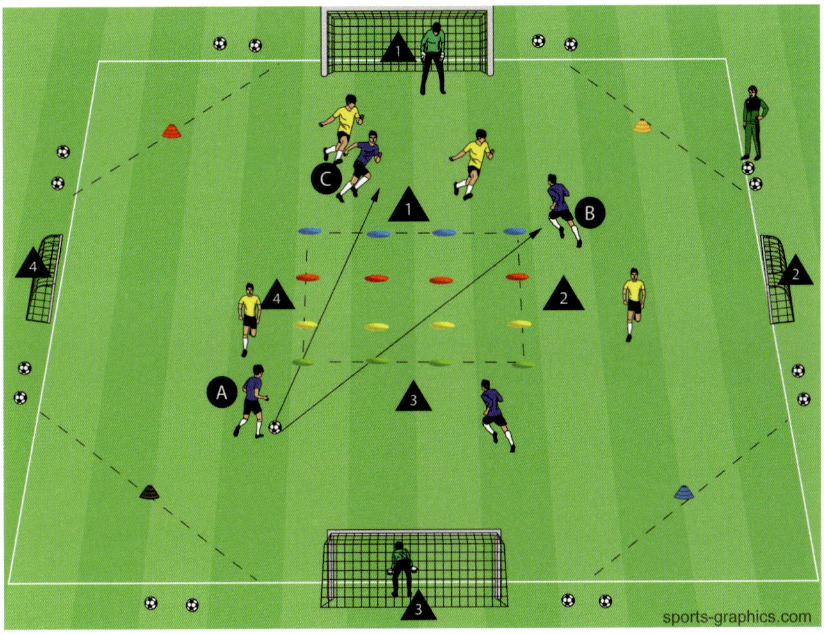

Aufbau/Organisation: 8-14 Spieler, 2 Teams, 2 Tore, 2 Minitore, Leibchen, Floor-Marker, Hütchen, Bälle.

(Hinweis: Es kann mit neutralen Spielern gespielt werden.)

Spielziel: In dieser Spielform agieren zwei Teams gegeneinander. Die Spieler der ballbesitzenden Mannschaft spielen sich den Ball untereinander zu und versuchen, zu punkten. Das verteidigende Team will den Ball erobern. Das angreifende Team versucht, die Tore/Minitore über einen Zentrumspass (siehe A und B) oder durch sechs Pässe innerhalb des eigenen Teams zu öffnen, um einen Punkt erzielen zu können.

Beispiel: Wenn der blaue Spieler A seinen Mitspieler B anspielt und der Ball das Viereck über die bunte, zweifarbige Linie verlässt (siehe 2), sind die drei entfernten Tore 1, 3 und 4 geöffnet. Die zweite Möglichkeit, um die Tore zu öffnen, ist, dass der blaue Spieler A seinen Mitspieler C tief über die einfarbige blaue Linie anspielt (siehe A, C und 1). Verlässt der Ball das Quadrat über die einfarbige blaue Linie, ist das Tor 1 geöffnet. Verlässt der Ball das Quadrat über die einfarbige grüne Linie, ist folglich das Tor 3 geöffnet. Schafft es das ballbesitzende Team, sechs Pässe in Folge zu spielen, so sind alle vier Tore geöffnet. Nach einem Torerfolg spielt der Trainer einen neuen Ball ein. Hält der Torwart den Ball, spielt er das gegnerische Team an. Welches Team erzielt in zehn Minuten mehr Tore? Es werden mehrere Runden gespielt.

Variation 1: Wird eine einfarbige Linie zuletzt überspielt, sind die beiden großen Tore geöffnet. Das ballbesitzende Team kann somit auf die Tore (1 und 3) abschließen. Wird zuletzt eine bunte, zweifarbige Linie überspielt, ist zusätzlich zu den drei entfernten Toren eine Dribbellinie geöffnet, auf der sich ein Punkt erzielen lässt. Hierbei ist die Farbe des Floor-Markers entscheidend, der beim Anspiel dem Ball am nächsten war.

Beispiel: Spieler A spielt seinen Mitspieler B an. Jetzt ist zusätzlich - neben den drei entfernten Toren - die blaue Dribbellinie am blauen Hütchen geöffnet, da der Ball am dichtesten bei dem blauen Floor-Marker entlanggerollt ist. Der Trainer kann per Zuruf unterstützend auf die Farbe des am dichtesten angespielten Floor-Markers hinweisen.

Abschlussspiel

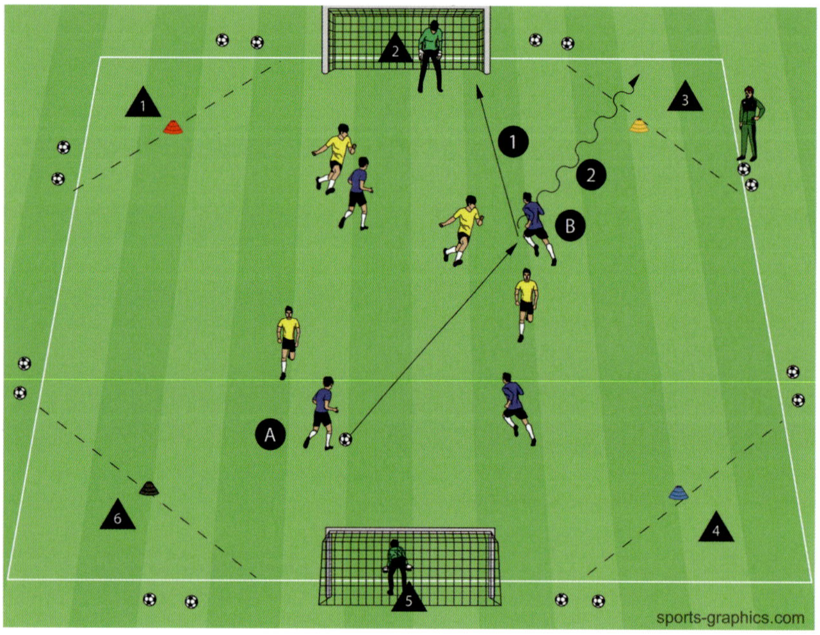

Aufbau/Organisation: 8-14 Spieler, 2 Teams, 2 Tore, Leibchen, Floor-Marker, Hütchen, Bälle.

Spielziel: In dieser Spielform agieren zwei Teams gegeneinander. Es gibt eine klare Spielrichtung, da nur auf den gegnerischen Toren ein Punkt erzielt werden kann. Das blaue Team spielt somit auf die Tore/Linientore 1, 2 und 3. Das gelbe Team auf die Tore/Linientore 4, 5 und 6. Das angreifende Team versucht, auf das Tor oder auf eine Dribbelline zu punkten (siehe A, B und 1 bzw. 2). Drei Dribbeltore werden mit einem Elfmeter oder mit einem Freistoß (Distanz frei wählbar) belohnt. Welches Team erzielt in zehn Minuten mehr Tore?

Variation 1: Erzielt ein Team 3 Dribbeltore hintereinander, gewinnt das Team das Duell sofort („Knock-out").
Variation 2: Keine Zusatzregeln. Freies Spiel auf die Tore.

Trainingseinheit 11

Technikschwerpunkte: Passen und Torschuss

Spielleitlinien der Trainingseinheit:

- Wir passen raumgreifend in Zielräume nach vorne
- Wir behaupten den Ball und rauben dem Gegner Spieloptionen
- Wir finden den Torabschluss
- Wir wollen immer den Ball und nehmen die beste Spielposition ein

Aufwärmspiel

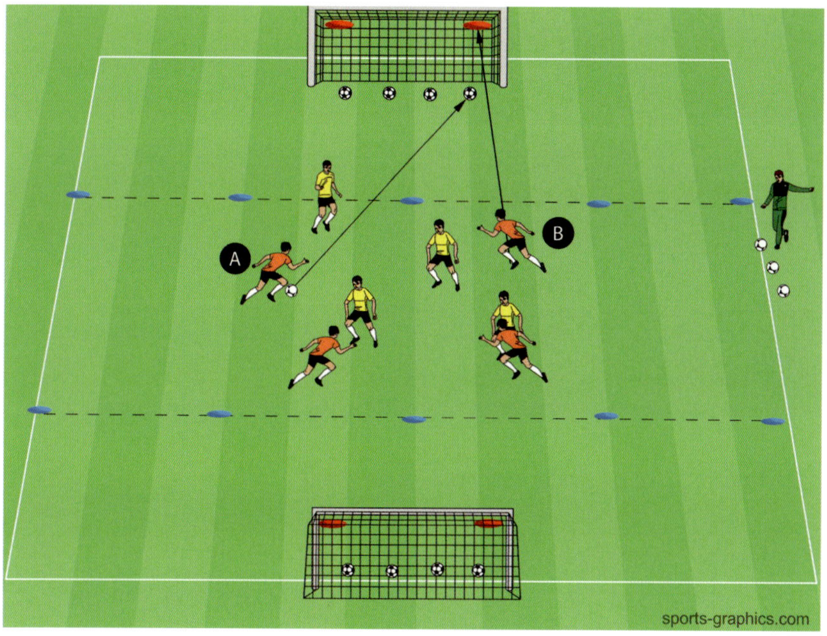

Aufbau/Organisation: 8-16 Spieler, 2 Teams, 2 Tore, Leibchen, Floor-Marker, Bälle.

Spielziel: In dieser Spielform agieren zwei Teams gegeneinander. Die Spieler der ballbesitzenden Mannschaft spielen sich den Ball untereinander zu und versuchen, zu punkten. Das verteidigende Team will den Ball erobern. Das angreifende Team kann einen Punkt erzielen, indem ein Spieler entweder einen Ball auf der Torlinie abschießt (siehe A) oder ein rotes Leibchen (siehe B) im Winkel des Tores trifft. Ist ein Punkt erzielt, bekommt die erfolgreiche Mannschaft einen neuen Ball vom Trainer zugespielt. Es wird zunächst in eine Spielrichtung gespielt. Welches Team hat zuerst alle vier Bälle weggeschossen und beide Leibchen getroffen? Es werden mehrere Runden gespielt.

Variation 1 (zwei Spielrichtungen): Nun sind beide Tore für beide Mannschaften geöffnet. Beide Teams können folglich sowohl die Bälle als auch die Leibchen in den zwei Toren abschießen. Nach einem erfolgreichen Treffer bleibt die Mannschaft, die diesen erzielt hat, im Ballbesitz. Das Tor, auf das der letzte Treffer erfolgt ist, ist für vier Sekunden geschlossen. Sind die vier Sekunden um, kann die ballbesitzende Mannschaft auch wieder das zuvor geschlossene Tor angreifen. Der Trainer steuert die Zeitvorgabe.

Variation 2 (Handball): Der Ball befindet sich nun in der Hand. Die Bälle und Leibchen in den Toren muss man jetzt per Wurf treffen. Beide Tore sind für beide Mannschaften bespielbar. Der ballführende Spieler darf den Ball maximal drei Sekunden in der Hand halten. Wird die Zeitvorgabe nicht eingehalten, wechselt der Ballbesitz. Der erste Pass nach einem Ballbesitzwechsel ist frei.

Hauptteil

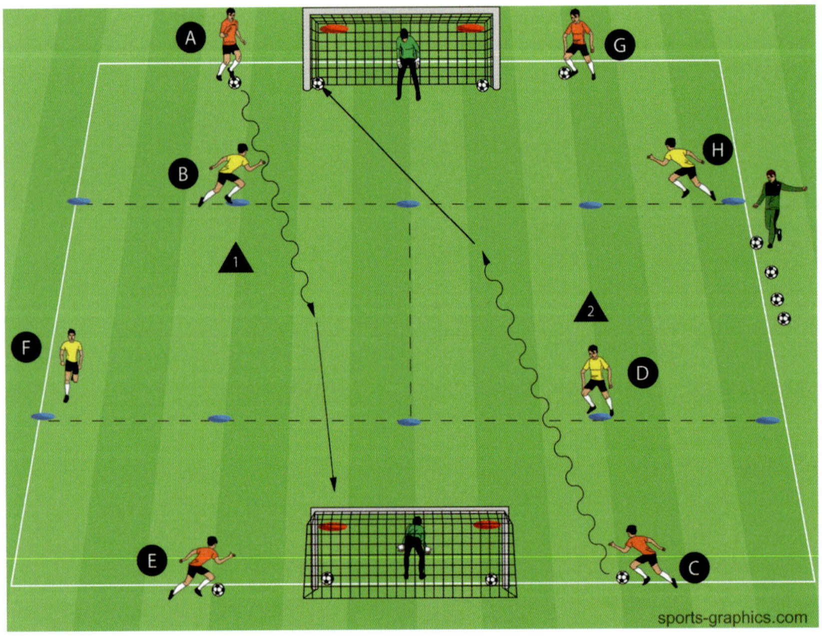

Aufbau/Organisation: 8-16 Spieler, 2 Teams, 2 Tore, Leibchen, Floor-Marker, Bälle.

Spielziel: In dieser Spielform agieren zwei Teams gegeneinander. Die Spieler des gelben Teams sind zunächst in der Verteidigung. Es werden immer zeitgleich zwei 1-vs.-1-Duelle gespielt (A vs. B und C vs. D). Die 1-vs.-1-Duelle starten, indem die orangen Spieler (siehe A und C) in das Feld dribbeln. Gewinnt der orange Angreifer sein 1-vs.-1-Duell, darf er auf das Tor in Spielrichtung abschließen. Trifft er einen der Bälle in den Ecken des Tores oder ein rotes Leibchen im Winkel, erhält das Tor die doppelte Wertung. Die gelben Verteidiger (siehe B und D) verteidigen bis zur ersten blauen Floor-Marker-Linie. Erobert der Verteidiger den Ball, darf dieser auf das nahestehende Tor abschließen. Trifft der Verteidiger das Tor, so erhält er einen Punkt. Im Anschluss starten die Spieler E (gegen Spieler F) und G (gegen Spieler H) ihre Duelle. Der Trainer zählt die geschossenen Tore laut mit. Wie viele Tore schießt das angreifende Team in fünf Minuten? Wie viele Tore schießt das verteidigende Team in fünf Minuten?

Variation 1: Aufgabenwechsel der Verteidiger und Angreifer.
Variation 2: Die Torhüter eröffnen abwechselnd die Duelle, indem sie einen der beiden Angreifer, die neben dem Tor stehen, anspielen (siehe A und G bzw. E und C). Sobald der orange Angreifer mit dem ersten Kontakt in das Spielfeld dribbelt, beginnt das 1-vs.-1-Duell. Es wird nun das komplette Viereck (1 oder 2) durch den Verteidiger verteidigt, nicht nur die erste Floor-Marker-Linie.

Abschlussspiel

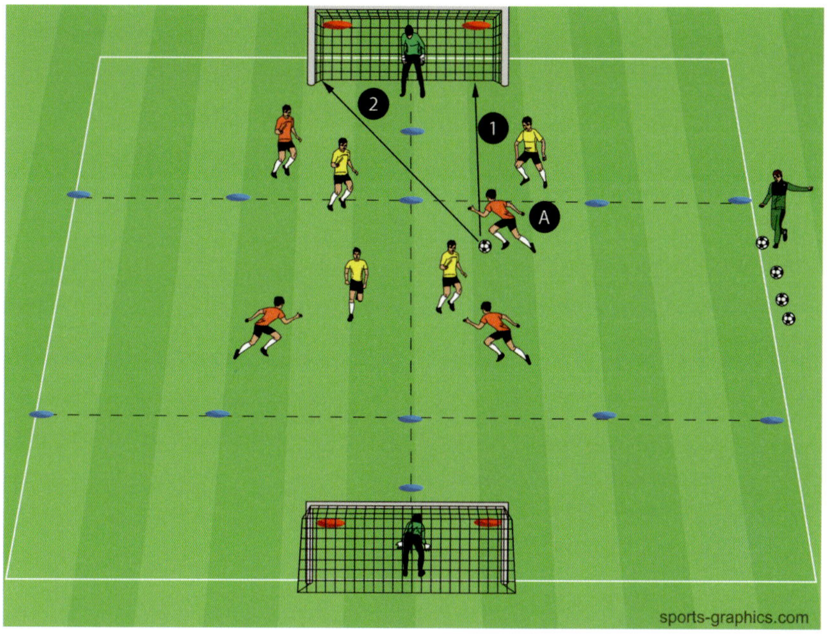

Aufbau/Organisation: 8-16 Spieler, 2 Teams, 2 Tore, Leibchen, Floor-Marker, Bälle.

Spielziel: In dieser Spielform agieren zwei Teams gegeneinander. Die Spieler der ballbesitzenden Mannschaft spielen sich den Ball untereinander zu und versuchen, zu punkten. Das verteidigende Team will den Ball erobern. Es wird in eine Spielrichtung gespielt. Trifft der Torschütze diagonal in das lange Eck vom Tor (siehe A und 2), wird das Tor doppelt gewertet. Trifft der Torschütze in das kurze Eck (siehe A und 1), erfolgt eine einfache Wertung des Tores. Nach einem Torerfolg spielt der Trainer einen neuen Ball ein. Welches Team erzielt in zehn Minuten mehr Treffer? Es werden mehrere Runden gespielt.

Variation 1: Die roten Leibchen verdoppeln ebenso die Torwertung. Berührt der Ball beim erfolgreichen Torabschluss das Leibchen im Winkel, so zählt das Tor doppelt.
Variation 2: Freies Spiel. Keine Zusatzregeln.

Trainingseinheit 12

Technikschwerpunkte: Passen und Torschuss

Spielleitlinien der Trainingseinheit:

- Wir scannen das Spielfeld
- Wir finden den Torabschluss
- Wir wollen immer den Ball und nehmen die beste Spielposition ein
- Wir starten Heldenläufe

Aufwärmspiel

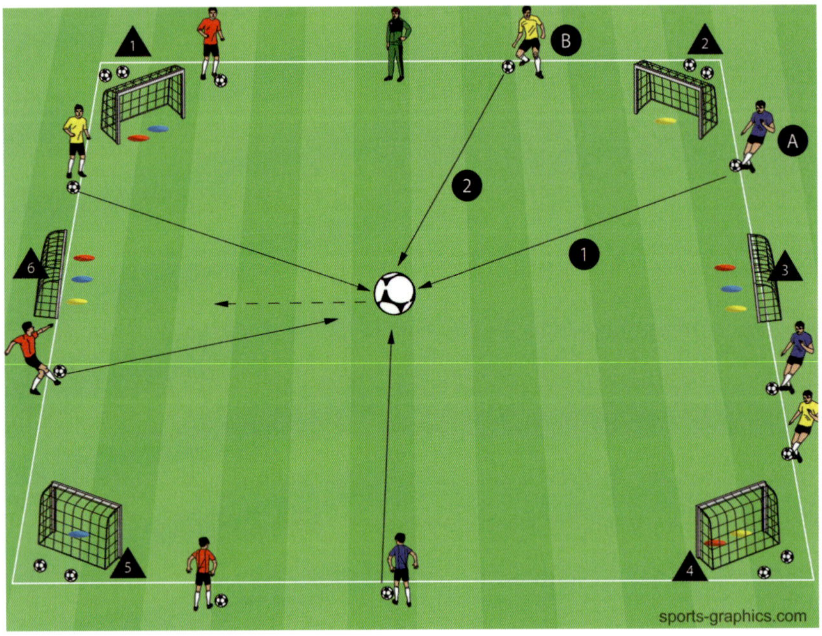

Aufbau/Organisation: 9-15 Spieler, 3 Teams, 6 Minitore, Leibchen, Floor-Marker, Bälle, Gymnastikball.

(Hinweis: Es kann auch ein andersfarbiger Ball verwendet werden).

Spielziel: In dieser Spielform spielen alle drei Teams gegeneinander auf den in der Mitte liegenden Gymnastikball. Das Ziel ist es, den Gymnastikball mithilfe der Fußbälle in ein mit der eigenen Leibchenfarbe markiertes Minitor zu schießen. Wird das Minitor berührt, bekommt die erfolgreiche Mannschaft einen Punkt. Der Pass/Schuss von dem Spieler, der den Gymnastikball zuletzt getroffen hat, ist hierbei entscheidend für die Punktewertung.

Beispiel: Der blaue Spieler A trifft den Gymnastikball (siehe 1), und dieser rollt in Richtung Minitor 6. Wenn jetzt der gelbe Spieler B (siehe 2) den Gymnastikball zuletzt trifft, bevor er das Minitor 6 berührt, bekommt das gelbe Team einen Punkt. Welches Team erspielt in fünf Minuten die meisten Punkte? Es werden mehrere Runden gespielt.

Variation 1 (Joker): Jeweils ein Spieler (Joker) von jedem Team darf in das Spielfeld laufen und den Gymnastikball aus zwei Metern Entfernung abschießen. Nach dem Schuss rennt der Joker sofort aus dem Spielfeld und klatscht einen Mitspieler ab, der nun neuer Joker wird. Nun darf der neue Joker in das Feld dribbeln und aus einer näheren Distanz auf den Gymnastikball schießen. Spieler, die keine Joker-Rolle haben, dürfen den Gymnastikball weiterhin von außen abschießen.

Variation 1.1 (Joker): Die Schüsse/Pässe von anderen Mannschaften dürfen von dem Joker verteidigt werden. Dafür geht ein Joker pro Team in das Spielfeld.

Variation 2 (Teamwettkampf): Alle Teams spielen zusammen. Wie lange brauchen die Spieler, bis der Gymnastikball erst ein rotes, dann ein gelbes und anschließend ein blaues Minitor trifft? Es werden mehrere Runden gespielt.

Hauptteil

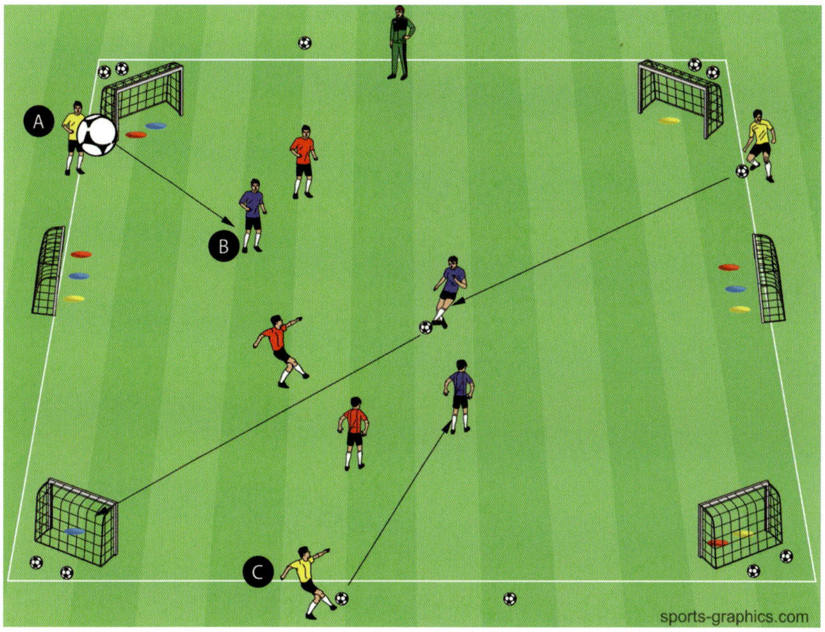

Aufbau/Organisation: 9-15 Spieler, 3 Teams, 6 Minitore, Leibchen, Floor-Marker, Bälle, Gymnastikball.

(Hinweis: Es kann auch ein andersfarbiger Ball verwendet werden).

Spielziel: In dieser Spielform agieren zwei Teams (hier Blau und Rot) auf die farblich markierten Minitore. Das blaue Team kann auf die blau markierten Minitore abschließen, um einen Punkt zu erzielen. Das rote Team kann entsprechend auf die rot markierten Minitore schießen. Nach einem Torerfolg bleibt die erfolgreiche Mannschaft im Ballbesitz. Das Minitor, auf das zuletzt ein Treffer erzielt wurde, ist für vier Sekunden geschlossen. Die dritte Mannschaft, die sich außerhalb des Spielfeldes befindet (hier Gelb), kann von außen Punkte erspielen, indem sie mit dem Gymnastikball (siehe A und B) oder mit einem Fußball (siehe C) einen Spieler aus dem ballbesitzenden Team (hier Blau) abschießt. Es darf jedoch nur bis Kniehöhe geschossen werden. Die erfolgreichen Treffer von außen nimmt man in das nächste Spielduell mit. Der Gewinner aus dem Spielduell Rot vs. Blau bleibt im Feld. Das gelbe Team rückt nach Ablauf der Spielzeit in das Spielfeld hinein.

Beispiel: Das gelbe Team trifft zwei Spieler von außen. Das Spielduell Rot vs. Blau endet mit 0:3 für das blaue Team. Der Gewinner bleibt im Spielfeld. Das nächste Spielduell lautet dementsprechend Blau vs. Gelb. Der Startspielstand ist von Beginn an 0:2 für Gelb, da das gelbe Team zuvor zwei Punkte von außen erspielt hat. Welches Team erspielt in fünf Minuten die meisten Punkte? Es werden mehrere Runden gespielt.

Variation 1: Das Team, das außerhalb des Spielfeldes steht, kann jetzt beide Mannschaften mit dem Gymnastikball oder mit dem Fußball treffen.

Abschlussspiel

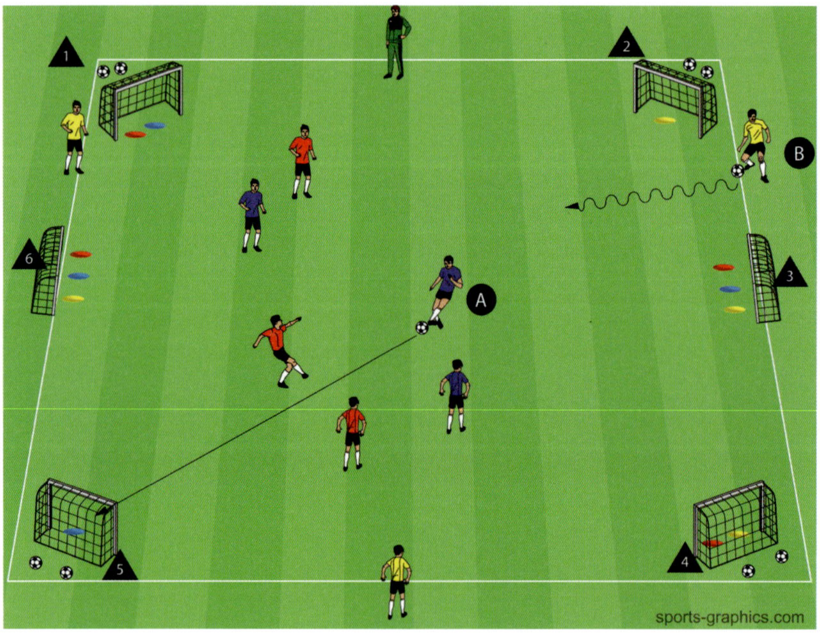

Aufbau/Organisation: 9–15 Spieler, 3 Teams, 6 Minitore, Leibchen, Floor-Marker, Bälle.

Spielziel: In dieser Spielform agieren zwei Teams (hier Rot und Blau) auf die ihnen zugeordneten farblich markierten Minitore. Das blaue Team kann folglich auf die blau markierten Minitore abschließen, um einen Punkt zu erzielen (siehe A). Das rote Team kann entsprechend auf die rot markierten Tore schießen. Die dritte Mannschaft (hier Gelb) positioniert sich außerhalb des Spielfeldes. Nach einem Torerfolg bleibt die erfolgreiche Mannschaft im Ballbesitz. Das Minitor, auf das zuletzt ein Treffer erzielt wurde, ist für vier Sekunden geschlossen. Das Ziel ist es, einen „3-Tore-Vorsprung" zu erspielen. Schafft ein Team einen „3-Tore-Vorsprung", startet das wartende Team (hier Gelb) sofort per Dribbling in das Feld. Das Team mit dem 3-Tore-Rückstand verlässt das Spielfeld.

Beispiel: Das blaue Team schießt das 4:1. Das rote Team verlässt nun das Spielfeld, und das gelbe Team kommt sofort in das Feld (siehe B). Jetzt spielt das gelbe Team gegen das blaue Team. Die beiden nah stehenden gelb markierten Minitore (2 und 3) sind vier Sekunden lang nicht bespielbar. Welches Team gewinnt die meisten Duelle?

Variation 1 (2 Teams): Freies Spiel, mit fester Spielrichtung auf jeweils drei Minitore. Die Floor-Marker werden aus den Toren genommen.

Trainingseinheit 13

Technikschwerpunkte: Passen, Ballan- und -mitnahme, Torschuss

Spielleitlinien der Trainingseinheit:

- Wir behaupten den Ball
- Wir finden den Torabschluss
- Wir wollen immer den Ball und nehmen die beste Spielposition ein
- Wir rauben dem Gegner Spieloptionen

Aufwärmspiel

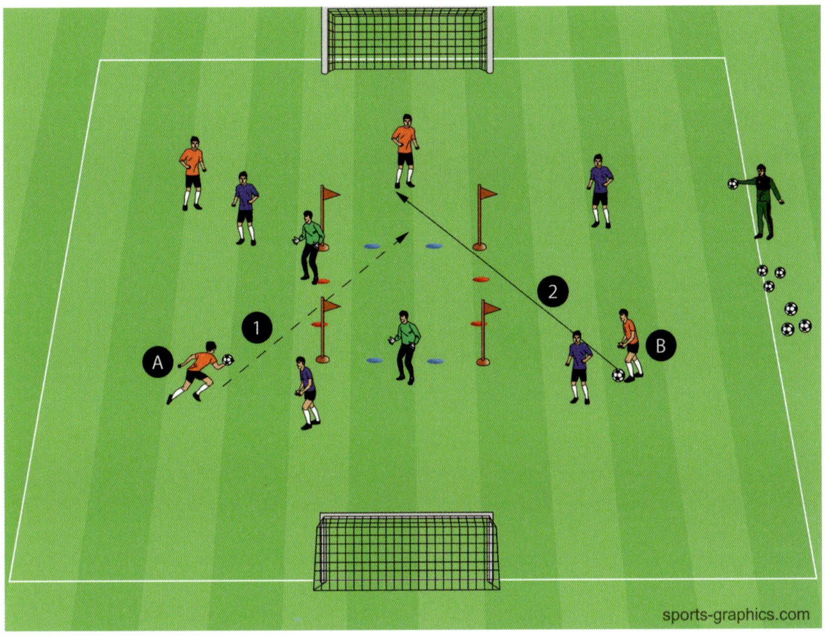

Aufbau/Organisation: 10-14 Spieler, 2 Teams, 2 Torhüter oder Verteidiger, Tore, Stangen, Leibchen, Floor-Marker, Minibälle, Bälle.

Spielziel: In diesem Handballspiel spielen zwei Teams gegeneinander. Zwei Torhüter (oder Verteidiger) verteidigen die Linien zwischen den Stangen. Punkte lassen sich durch das ballbesitzende Team mit einem Lauf über zwei Linien erzielen oder durch acht Pässe innerhalb des Teams. Nur der ballbesitzende Spieler kann durch einen Lauf über zwei Linien einen Punkt erzielen (siehe A und 1). Der Miniball darf den Boden nicht berühren. Fällt der Miniball runter, so wechselt sofort der Ballbesitz. Der Miniball darf von einem Spieler maximal vier Sekunden gehalten werden und muss schnell gepasst werden, sonst wechselt der Ballbesitz automatisch. Der erste Pass nach einem Ballbesitzwechsel ist frei. Die Torhüter (oder Verteidiger) können Punkte sammeln, indem die Läufer getickt werden. Welches Team erspielt in fünf Minuten die meisten Punkte? Es werden mehrere Runden gespielt. Man kann die Verteidiger wechseln.

Variation 1 (Pass über zwei Linien): Zwei Teams spielen mit einem Fußball gegeneinander. Die zwei Torhüter oder Verteidiger verteidigen weiterhin die Linien zwischen den Stangen. Punkte können durch einen Pass zum

Mitspieler über zwei Linien erzielt werden (siehe B und 2) oder durch acht Pässe innerhalb des eigenen Teams - ohne dass das gegnerische Team den Ball berührt hat.

Variation 1.1 (Farben): Punkte können durch einen Pass zum Mitspieler über zwei Linien erzielt werden (siehe B und 2) oder durch acht Pässe im Team - ohne dass das gegnerische Team den Ball berührt hat. Wichtig ist, dass nun die Pässe immer eine neue Farbkombination haben müssen.

Beispiel: Der orange Spieler B spielt seinen Mitspieler über die Farbkombination Rot-Blau an. Die nächste Passaktion kann über eine Rot-Rot-, Blau-Rot- oder über eine Blau-Blau-„Linien-Kombination" erfolgen.

Hauptteil

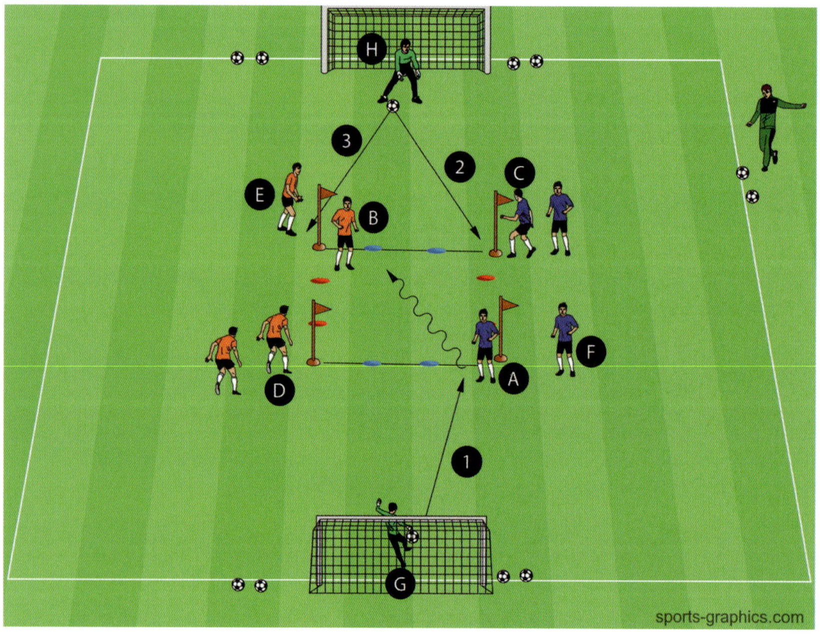

Aufbau/Organisation: 10-14 Spieler, 2 Teams, 2 Torhüter, Tore, Stangen, Leibchen, Floor-Marker, Bälle.

Spielziel: Zwei Teams spielen im zentralen Stangenviereck jeweils ein 1 vs. 1 gegeneinander. Der erste Torhüter (siehe G) eröffnet die Spielaktion und spielt dafür einen blauen oder orangen Spieler an. Jetzt startet die 1-vs.-1-Spielsituation gegen den diagonal stehenden Gegenspieler.

Beispiel: Der Torhüter (siehe G und 1) spielt den blauen Spieler A an, der mit dem ersten Kontakt in das Stangen-Viereck dribbelt. Der diagonal stehende orange Spieler B ist nun der Verteidiger in diesem Duell. Der blaue Spieler versucht, über die Ziellinie zwischen den Stangen zu dribbeln und dann ein Tor zu erzielen. Erobert der orange Verteidiger B den Ball, kann dieser auf das gegenüberliegende Tor abschließen.

Der zweite Torhüter H eröffnet die nächste Spielaktion. Spielt der Torhüter (siehe H und 3) den orangen Spieler E an, spielt dieser ein 1 vs. 1 gegen den blauen, diagonal stehenden Spieler F. Wirft der Torhüter (siehe H und 2) den blauen Spieler C an, spielt dieser ein 1 vs. 1 gegen den diagonal stehenden Spieler D. Welches Team erzielt in fünf Minuten die meisten Tore? Welcher Spieler hat die meisten Tore erzielt? Es werden mehrere Runden gespielt.

Abschlussspiel

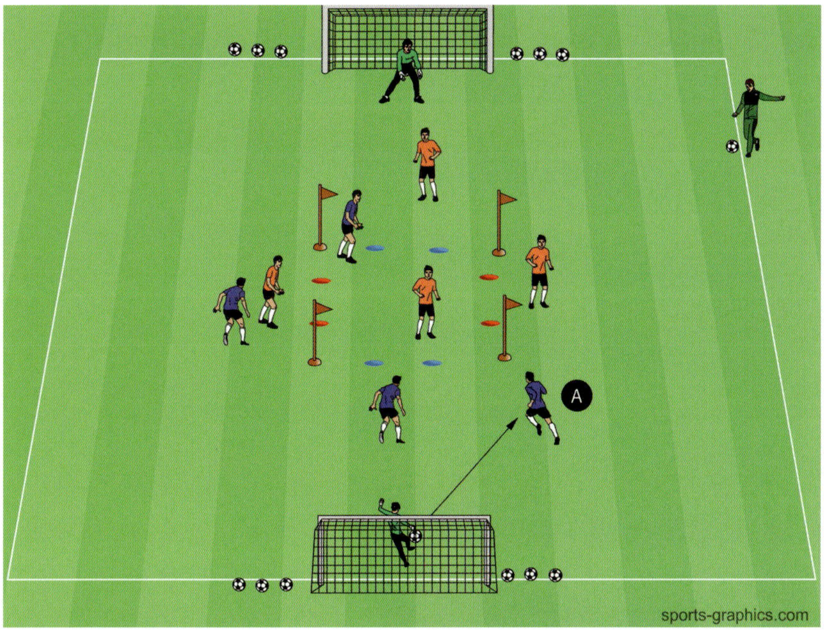

Aufbau/Organisation: 10-14 Spieler, 2 Teams, 2 Torhüter, Tore, Stangen, Leibchen, Floor-Marker, Bälle.

Spielziel: In dieser Spielform spielen zwei Teams gegeneinander. Die Spieler des ballbesitzenden Teams spielen sich den Ball untereinander zu und versuchen, zu punkten. Das verteidigende Team will den Ball erobern. Es wird ohne Feldbegrenzung gespielt. Bei Bedarf spielt der Trainer einen neuen Ball ein. Das angreifende Team kann einen Punkt erzielen, indem erfolgreich auf das gegnerische Tor abgeschlossen wird oder der ballführende Spieler im Dribbling eine Stange berührt.

Beispiel: Der Torhüter spielt den blauen Spieler A an, der entweder auf das gegnerische Tor schießt oder einen Punkt erzielt, indem er im Dribbling eine Stange mit der Hand berührt. Nur der ballbesitzende Spieler kann einen Punkt auf die Stangen erzielen.

Variation 1: Freies Spiel in eine Spielrichtung, ohne Zusatzregeln.

Trainingseinheit 14

Technikschwerpunkte: Passen und Torschuss

Spielleitlinien der Trainingseinheit:

- Wir behaupten den Ball
- Wir rauben dem Gegner Spieloptionen
- Wir finden den Torabschluss
- Wir wollen immer den Ball und nehmen dabei die beste Spielposition ein

Aufwärmspiel

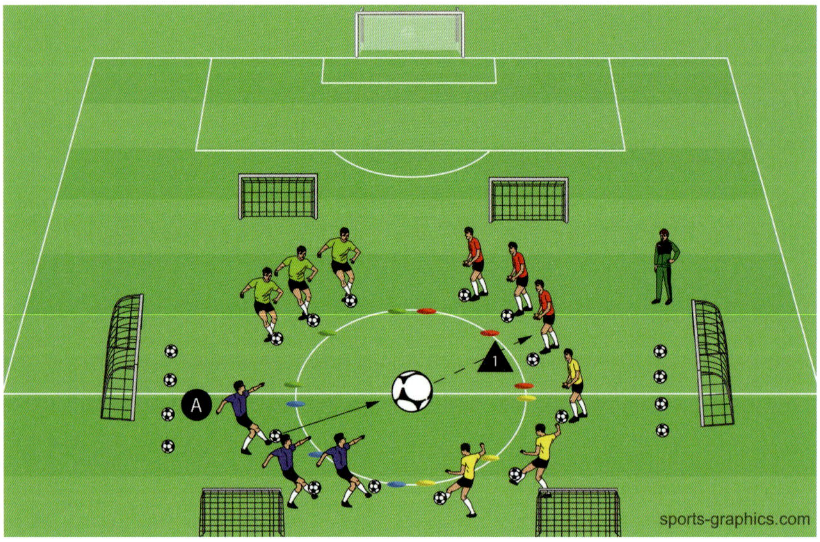

Aufbau/Organisation: 12-16 Spieler, 4 Teams, 4 Minitore, 2 Tore, Leibchen, Floor-Marker, Bälle, Gymnastikball.

(Hinweis: Es kann auch ein andersfarbiger Ball verwendet werden).

Spielziel: Die Teams stehen außerhalb des Mittelkreises. Jeder Spieler hat einen Ball am Fuß. Der Gymnastikball ist in der Mitte des Kreises platziert. Die vier Teams spielen gleichzeitig gegeneinander. Folglich können alle Spieler gleichzeitig auf den Gymnastikball schießen. Das Ziel ist es, den Gymnastikball aus dem Mittelkreis über eine anders farblich markierte Linie herauszuschießen. Das Team, das den Ball zuletzt getroffen hat, erhält den Punkt.

Beispiel: Wenn der blaue Spieler A den Ball über die rote Linie aus dem Kreis herausschießt (siehe 1), bekommt das blaue Team einen Punkt. Das blaue Team kann den Gymnastikball über die grüne, gelbe und rote Linie herausschießen. Welches Team erspielt in fünf Minuten die meisten Punkte? Es werden mehrere Runden gespielt.

Variation 1 (Fußwechsel): Die Spieler schießen zunächst mit ihrem linken und dann mit ihrem rechten Fuß auf den Gymnastikball. Es werden immer beide Füße im Wechsel benutzt.

Variation 2 (Technikwechsel): Die Spieler schießen zunächst mit der Innenseite und dann mit dem Spann auf den Gymnastikball.

Variation 3 (Werfen): Die Spieler werfen den Ball aus der Hand auf den Gymnastikball.

Variation 4 (Teamwettkampf): Zwei Teams spielen jeweils zusammen gegen die anderen beiden Teams.

Hauptteil

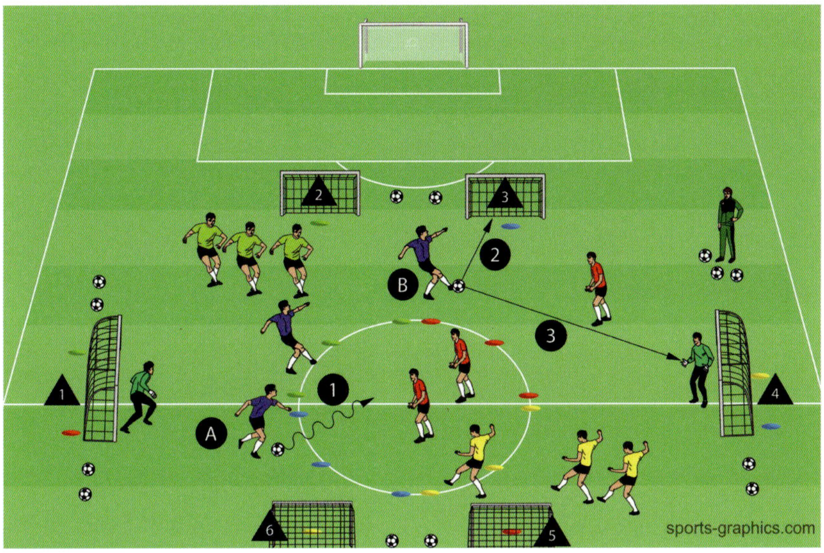

Aufbau/Organisation: 14-16 Spieler, 4 Teams, 4 Minitore, 2 Tore, Leibchen, Floor-Marker, Bälle.

Spielziel: In dieser Spielform spielen jeweils zwei Teams gegeneinander. Das grüne Team spielt gegen das gelbe Team. Folglich spielt das blaue Team gegen das rote Team. Die Spieler des ballbesitzenden Teams spielen sich den Ball untereinander zu und versuchen, zu punkten. Das verteidigende Team will den Ball erobern. Ein Punkt kann auf die farblich markierte Linie am Mittelkreis oder auf das zugeordnete farblich markierte Minitor oder Tor erzielt werden.

Beispiel: Der blaue Spieler A kann einen Punkt erzielen, indem er durch die blau markierte Linie am Mittelkreis dribbelt (siehe A und 1) oder auf das blau markierte Minitor Nr. 3 (siehe B und 2) bzw. auf das Tor Nr. 4 (siehe B und 3) abschließt. Nach einem Torerfolg wechselt der Ballbesitz, und das bis dahin verteidigende Team holt sich sofort einen Ball aus einem Balldepot. Welches Team gewinnt sein Spielduell? Es werden mehrere Runden gespielt.

Variation 1: Gegnerwechsel. Die beiden Gewinnerteams spielen in der nächsten Spielrunde gegeneinander. Die beiden Verliererteams spielen folglich das andere Spielduell gegeneinander.

Abschlussspiel

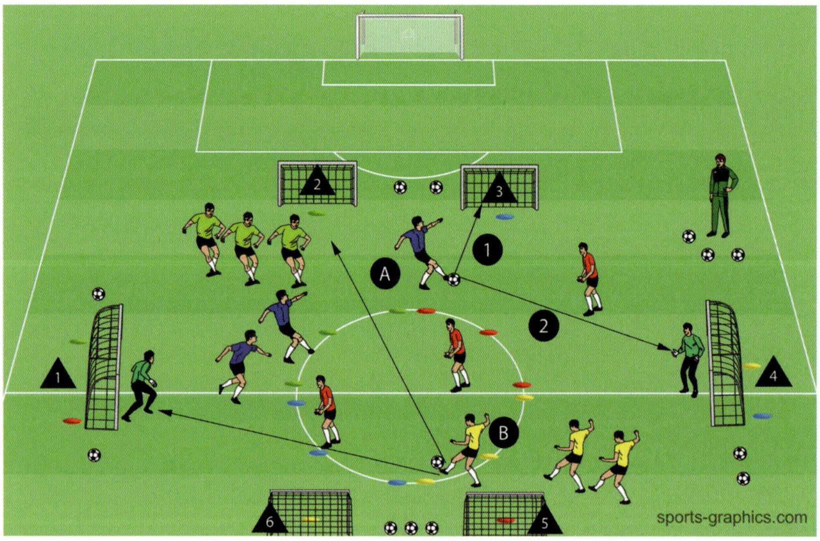

Aufbau/Organisation: 14-16 Spieler, 4 Teams, 4 Minitore, 2 Tore, Leibchen, Floor-Marker, Bälle.

Spielziel: In dieser Spielform spielen jeweils zwei Teams (Gelb vs. Grün und Rot vs. Blau) gegeneinander. Die Spieler des ballbesitzenden Teams spielen sich den Ball untereinander zu und versuchen, zu punkten. Das verteidigende Team will den Ball erobern. Team Gelb spielt auf das Minitor Nr. 2 und das Tor Nr. 1. Das grüne Team spielt auf das Tor Nr. 4 und das Minitor Nr. 5. Team Rot spielt auf das Minitor Nr. 6 und das Tor Nr. 1. Das blaue Team spielt auf das Tor Nr. 4 und das Minitor Nr. 3. Welches Team gewinnt sein Spielduell? Es werden mehrere Runden gespielt.

Variation 1: Gegnerwechsel im Turniermodus „jeder gegen jeden".
Variation 2: Über die zwei Dribbellinien in Spielrichtung können Zusatzpunkte erdribbelt werden.
Variation 3: Freies Spiel auf die Tore. Es gibt keine Zusatzregeln.

Trainingseinheit 15

Technikschwerpunkte: Passen und Torschuss

Spielleitlinien der Trainingseinheit:

- Wir behaupten den Ball
- Wir rauben dem Gegner Spieloptionen
- Wir jagen Ball und Gegner
- Wir finden den Torabschluss

Aufwärmspiel

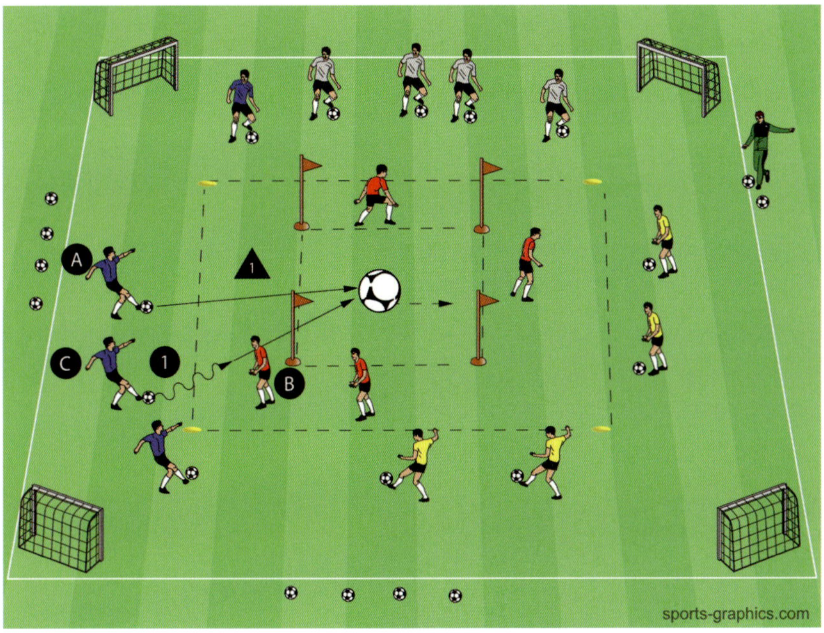

Aufbau/Organisation: 12-16 Spieler, 4 Teams, 4 Minitore, Stangen, Floor-Marker, Bälle, Gymnastikball.

(Hinweis: Es kann auch ein andersfarbiger Ball verwendet werden.)

Spielziel: Alle vier Teams spielen gegeneinander. Drei Teams (hier das blaue, graue und das gelbe Team) spielen auf den in der Mitte liegenden Gymnastikball (oder andersfarbigen Ball). Das vierte Team (hier Rot) verteidigt den Gymnastikball.

Die verteidigenden roten Spieler können sich im Spielfeld zwischen den roten Stangen und gelb markierten Linien frei bewegen. Das zentrale Viereck, das mit den roten Stangen markiert ist, dient als Tabuzone. Die drei angreifenden Teams versuchen, den Gymnastikball abzuschießen. Pro Treffer bekommt das Team einen Punkt. Rollt der Gymnastikball aus dem zentralen Viereck, wird das Spiel kurz unterbrochen und das verteidigende Team rollt den Gymnastikball auf die Ausgangsposition zurück. Wenn der Verteidiger einen Schuss abwehrt, darf jener auf ein Minitor abschließen und erspielt für sein Team einen Punkt.

Beispiel: Der blaue Spieler A trifft den Gymnastikball. Nun erhält das blaue Team sofort einen Punkt. Wenn der rote Verteidiger B den Ball allerdings abwehrt und erobert, darf jener auf alle vier Minitore abschließen, um einen Punkt zu erzielen. Welches angreifende Team trifft in drei Minuten den Gymnastikball häufiger? Wie viele Punkte erspielen sich die Verteidiger? Es werden mehrere Runden gespielt.

Variation 1: Wechsel der Angreifer und Verteidiger. Ein neues Team verteidigt den Gymnastikball.
Variation 2 (1 vs. 1): Die Außenspieler müssen nun in die Zwischenzone (1) dribbeln (siehe C und 1) und von dort auf den Gymnastikball schießen. Jetzt dürfen die verteidigenden roten Spieler (siehe B) den Angreifer attackieren. Erobert der Verteidiger den Ball, muss jener über eine gelbe Linie dribbeln und kann dann auf ein Minitor abschließen, um sich einen Punkt zu erspielen.
Variation 3 (Ticken in Zwischenzone): Die Außenspieler müssen nun in die Zwischenzone (1) dribbeln (siehe C und 1) und von dort auf den Gymnastikball schießen. Jetzt dürfen die verteidigenden roten Spieler (siehe B) den Angreifer ticken. Wird ein Angreifer getickt, bekommt der Verteidiger einen Punkt. Anschließend dribbelt der getickte Spieler raus und führt in der Außenzone seine beste Finte durch.

Hauptteil

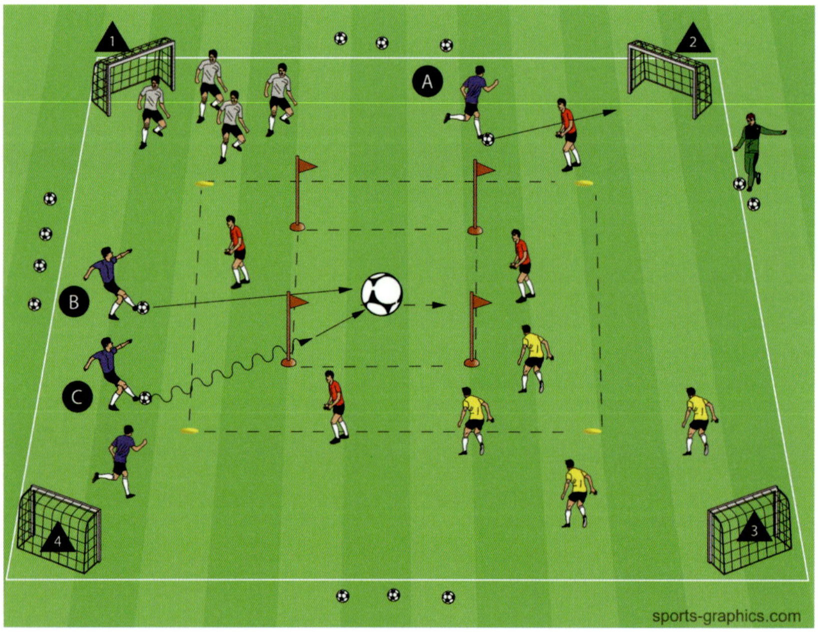

Aufbau/Organisation: 12-16 Spieler, 4 Teams, 4 Minitore, Stangen, Floor-Marker, Bälle, Gymnastikball.

(Hinweis: Es kann auch ein andersfarbiger Ball verwendet werden.)

Spielziel: In dieser Spielform finden zwei Spielduelle zeitgleich im Spielfeld statt. Das graue Team spielt gegen das gelbe Team. Das rote Team spielt dementsprechend gegen das blaue Team. Die Spieler des ballbesitzenden Teams spielen sich den Ball untereinander zu und versuchen, zu punkten. Das verteidigende Team will den Ball erobern. Das ballbesitzende Team kann einen Punkt auf einem Minitor (siehe A) oder auf dem Gymnastikball (siehe B) erzielen. Rollt der Gymnastikball aus dem zentralen Stangenviereck, positioniert der Trainer den

Gymnastikball wieder mittig. Das Stangenviereck ist weiterhin für alle Spieler eine Tabuzone, die man nicht durchlaufen darf. Welches Team erspielt in fünf Minuten mehr Punkte? Es werden mehrere Runden gespielt.

Variation 1: Gegnerwechsel (im Turniermodus).

Variation 2: Es sind nicht mehr alle vier Minitore für alle vier Mannschaften bespielbar, sondern nur zwei. Das bedeutet: Jede Mannschaft greift zwei Minitore und den Gymnastikball an und verteidigt zwei Minitore und den Gymnastikball.

Variation 3: Es kann jetzt zusätzlich der ballbesitzende Spieler in das Stangenviereck dribbeln und auf den Gymnastikball schießen (siehe C). Ein gegnerischer Spieler darf ebenso in das rot markierte Stangenviereck laufen und den Schuss verteidigen.

Abschlussspiel

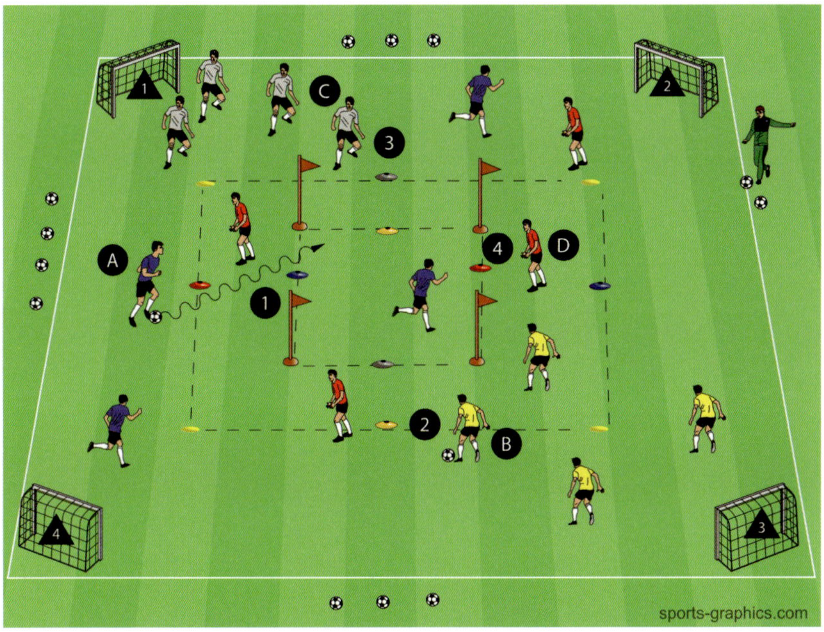

Aufbau/Organisation: 12-16 Spieler, 4 Teams, 4 Minitore, Stangen, Floor-Marker, Hütchen, Bälle.

Spielziel: In dieser Spielform finden zwei Spielduelle (Grau vs. Gelb und Rot vs. Blau) parallel - auf jeweils ein Minitor und die zwei farblich zugeordneten Dribbellinien - statt. Die Spieler des ballbesitzenden Teams spielen sich den Ball untereinander zu und versuchen, zu punkten. Das verteidigende Team will den Ball erobern.

Beispiel: Das graue Team spielt auf das Minitor 3 und die zwei grau markierten Dribbellinien im Zentrum (siehe z. B. C und 3). Das gelbe Team spielt auf das Minitor 1 und die zwei gelb markierten Dribbellinien im Zentrum (siehe z. B. B und 2). Team Rot spielt auf das Minitor 4 und die zwei rot markierten Dribbellinien im Zentrum (siehe z. B. D und 4). Das blaue Team spielt auf das Minitor 2 und die zwei blau markierten Dribbellinien im Zentrum (siehe z. B. A und 1). Welches Team erzielt in fünf Minuten mehr Tore? Es werden mehrere Runden gespielt.

Variation 1: Gegnerwechsel (im Turniermodus).

Variation 2: Zwei Teams spielen zusammen gegen die zwei anderen Teams.

Beispiel: Das rote Team spielt mit dem grauen Team gegen das gelbe und blaue Team. Die markierten Linien, über die Punkte erdribbelt werden können, sind für beide Teams geöffnet. Das rote Team kann folglich auch Punkte über die graue Dribbellinie und auf dem grau zugeordneten Minitor 3 erzielen.

Variation 3: Freies Spiel auf zwei Minitore oder Tore (eine Spielrichtung).

Trainingseinheit 16

Technikschwerpunkt: Passen, Dribbeln und Torschuss

Spielleitlinien der Trainingseinheit:

- Wir starten Läufe in die Tiefe und zwischen die Ketten
- Wir spielen und lösen uns
- Wir behaupten den Ball
- Wir finden den Torabschluss

Aufwärmspiel

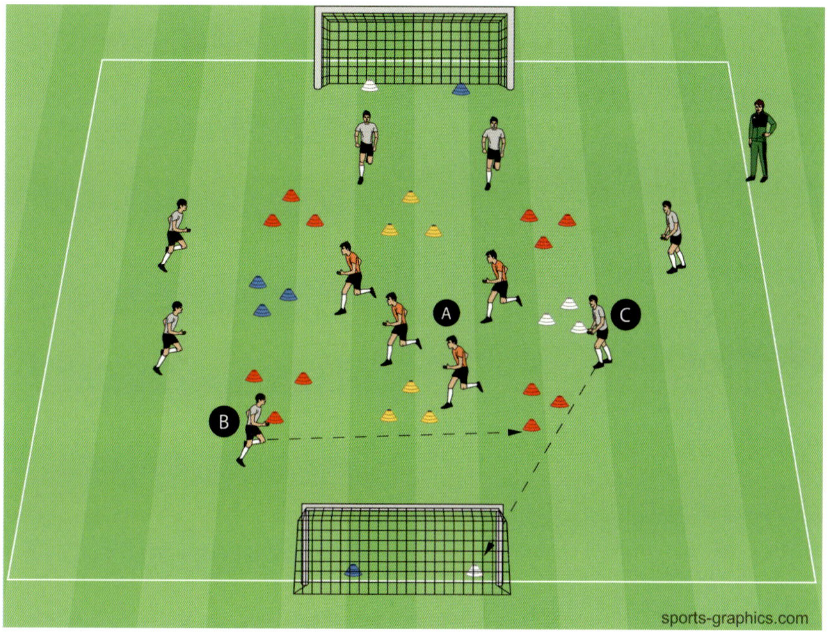

Aufbau/Organisation: 11-15 Spieler, 2 Teams, Leibchen, 2 Tore, Hütchen, Bälle.

Spielziel: In dieser Spielform agieren zwei Teams gegeneinander. Die grauen Läufer versuchen, sich ein Hütchen zu erlaufen und dieses mit der Hand aufzusammeln. Das Ziel ist, das Hütchen mit einem Hütchen von einem anderen Dreieck der gleichen Farbe zu tauschen (siehe B). Sobald der Spieler B ein Hütchen in der Hand hat, darf dieser von den Fängern (A) getickt werden. Für jeden erfolgreichen Tausch erhält der Läufer einen Punkt. Tickt der orange Verteidiger einen grauen Spieler, so erhält dieser einen Punkt. Der getickte Spieler kann sich wieder befreien, indem er schnell einen Pfosten von einem Tor berührt.

Beispiel: Der graue Spieler B schnappt sich ein rotes Hütchen und tauscht dieses nun mit einem roten Hütchen eines anderen Dreiecks. Der graue Spieler C tauscht ein weißes Hütchen mit einem weißen Hütchen auf der Torlinie. Wie viele Spieler kann das orange Team in zwei Minuten ticken? Welcher Läufer wird am wenigsten getickt? Es werden mehrere Runden gespielt.

Variation 1: Es werden vier neue Läufer bestimmt.

Variation 2: Man bestimmt vier neue Läufer. Die Läufer und Ticker haben nun einen Ball am Fuß. Die Dreiecke dürfen nicht durchlaufen oder durchdribbelt werden (Tabuzone). Das Ziel ist weiterhin, dass die Läufer die Hütchen tauschen, um einen Punkt zu erzielen. Die Ticker versuchen, die Läufer abzuticken, um einen Punkt zu erzielen.

Hauptteil

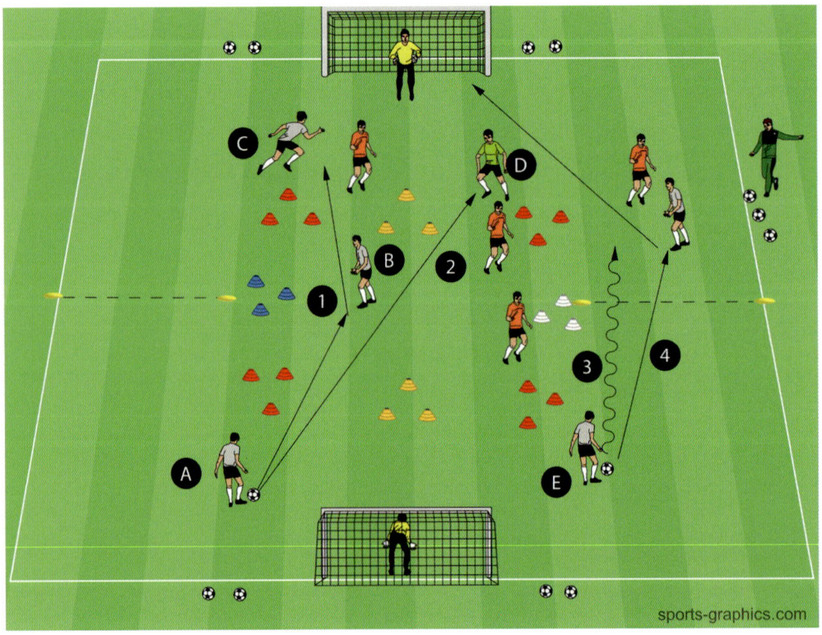

Aufbau/Organisation: 11-15 Spieler, 2 Teams, Leibchen, 2 Tore, Hütchen, Bälle.

(Hinweis: Es kann mit einem neutralen Spieler gespielt werden.)

Spielziel: In dieser Spielform spielen jeweils zwei Teams auf die Tore gegeneinander. Die Spieler des ballbesitzenden Teams spielen sich den Ball untereinander zu und versuchen, zu punkten. Das verteidigende Team will den Ball erobern. Das angreifende Team kann eine doppelte Torwertung erzielen, wenn ein Mitspieler zwischen den Dreiecken angespielt wird und dieser zu einem Mitspieler zwischen zwei Dreiecken rauspasst (siehe A und 1 sowie B und C). Des Weiteren lässt sich durch einen tiefen Pass hinter die Dreiecke (siehe A, D und 2) eine doppelte Torwertung erspielen. Die gelben Linien am Flügel können überpasst oder überdribbelt werden (siehe E, 3 und 4). Welches Team erzielt in zehn Minuten die meisten Punkte?

Variation 1: Nach einem Torerfolg wechselt sofort die Spielrichtung. Das erfolgreiche Team bleibt im Ballbesitz.
Variation 2: Auch ein Dribbling zwischen die Dreiecke verdoppelt die Torwertung, wenn der ballführende Spieler anschließend erfolgreich auf das Tor abschließt.

Abschlussspiel

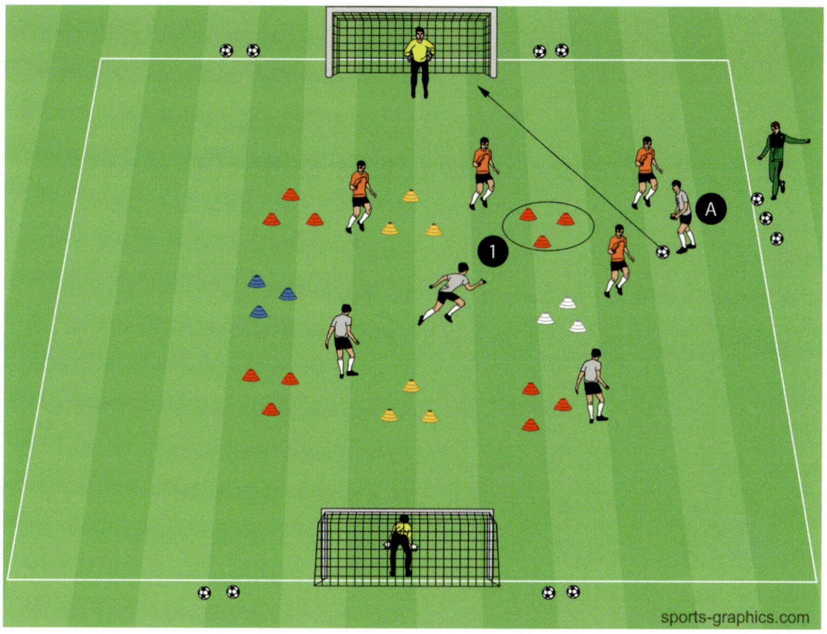

Aufbau/Organisation: 11-15 Spieler, 2 Teams, 2 Tore, Leibchen, Hütchen, Bälle.

(Hinweis: Es kann mit einem neutralen Spieler gespielt werden.)

Spielziel: In dieser Spielform spielen zwei Teams auf zwei Tore gegeneinander. Die Spieler des ballbesitzenden Teams spielen sich den Ball untereinander zu und versuchen, zu punkten. Das verteidigende Team will den Ball erobern. Wenn ein Tor erzielt ist, sammelt der Torschütze die Hütchen von einem Dreieck (siehe 1) ein und gibt die drei Hütchen beim Trainer ab. Pro Spielrunde werden acht Tore ausgespielt.

Beispiel: Der graue Spieler A erzielt ein Tor. Jetzt sammelt der Torschütze die drei roten Hütchen (siehe 1) sofort ein und übergibt die Hütchen an den Trainer. Kurz entsteht eine Überzahlsituation für das orange Team, bis der graue Torschütze wieder in das Spiel eingreift. Welches Team erzielt mehr Tore und sammelt somit mehr Hütchen? Es werden mehrere Runden gespielt. Dafür werden die Hütchen nach jeder Spielrunde wieder aufgestellt.

Variation 1: Freies Spiel in eine Spielrichtung. Dafür werden die Hütchen aus dem Spielfeld geräumt.

Trainingseinheit 17

Technikschwerpunkte: Passen und Dribbeln

Spielleitlinien der Trainingseinheit:

- Wir wollen immer den Ball und nehmen dabei die beste Spielposition ein
- Wir coachen uns gegenseitig
- Wir sind immer aktiv und anspielbar
- Wir spielen und lösen uns

Aufwärmspiel

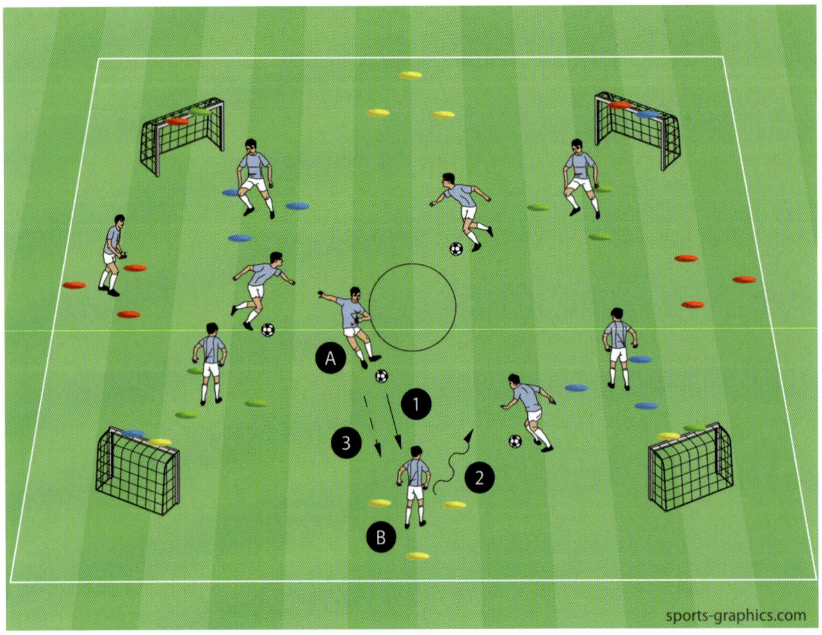

Aufbau/Organisation: 10-14 Spieler, 4 Minitore, Leibchen, Floor-Marker, Bälle. An den Minitoren sind Leibchen mit den 4 Farben der Dreiecke befestigt. An jedem Minitor sind immer 2 Farben entsprechend der Abbildung angebracht.

Spielziel: In diesem Spiel agiert jeder gegen jeden. Alle Spieler, die einen Ball am Fuß haben, spielen schnellstmöglich einen Mitspieler in einem Dreieck an. Der Spieler in dem Dreieck dribbelt dann aus diesem heraus und spielt nun selbst schnellstmöglich einen Spieler in einem Dreieck an. Der Spieler, der den Pass gespielt hat, läuft seinem Passweg nach und besetzt das Dreieck.

Beispiel: Der blaue Spieler passt den Ball in das gelbe Dreieck zu einem Mitspieler (siehe A, B und 1). Anschließend dribbelt der Spieler, der in dem Dreieck steht, aus diesem heraus (siehe B und 2). Nun sucht sich der Spieler B schnellstmöglich einen neuen Mitspieler in einem Dreieck, zu dem er den Ball passen kann. Derjenige, der den Mitspieler in dem Dreieck angespielt hat, läuft seinem Passweg nach und besetzt das Dreieck, um angespielt zu werden (siehe A und 3). Für jedes erfolgreiche Anspiel in ein Dreieck gibt es einen Punkt. Welche drei Spieler haben zuerst sieben Punkte erreicht?

Variation 1: Nun läuft der Passgeber nicht mehr in das Dreieck, in dem er einen Mitspieler angespielt hat, sondern er läuft nach seinem Pass in irgendein anderes freies Dreieck auf dem Spielfeld.
Variation 2: Der Pass muss immer durch ein Dreieck gespielt werden. Die Spieler stehen nun also nicht mehr in dem Dreieck, sondern hinter dem Dreieck und warten auf das Zuspiel.

Hauptteil

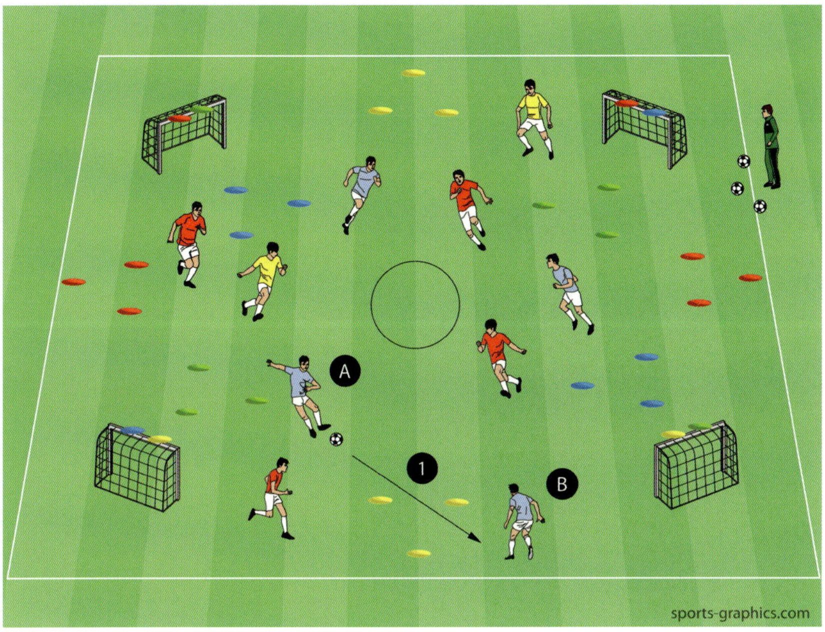

Aufbau/Organisation: 10–14 Spieler, 2 Teams, 4 Minitore, Leibchen, Floor-Marker, Bälle. An den Minitoren sind Leibchen mit den 4 Farben der Dreiecke befestigt. An jedem Minitor sind immer 2 Farben entsprechend der Abbildung angebracht.

Spielziel: In dieser Spielform agieren zwei Teams gegeneinander. Die beiden neutralen Spieler (hier gelb) gehören immer dem ballbesitzenden Team an. Die Spieler des ballbesitzenden Teams spielen sich den Ball untereinander zu und versuchen, zu punkten. Das verteidigende Team will den Ball erobern. Es wird ohne Feldbegrenzung gespielt. Bei Bedarf spielt der Trainer einen neuen Ball ein. Das angreifende Team kann einen Punkt erzielen, indem es ein Dreieck durchpasst (siehe A, B und 1) und anschließend ein Tor erzielt. Die Farbe des Dreiecks entscheidet, welche Minitore freigeschaltet sind. Es sind immer die Minitore geöffnet, die nicht die Farbe des durchspielten Dreiecks tragen. (Hinweis: Der Kreis in der Mitte des Spielfeldes darf noch nicht bespielt werden.)

Beispiel (siehe A, B und 1): Nach dieser Aktion sind die beiden Minitore geöffnet, an denen kein gelbes Leibchen befestigt ist. Trifft die angreifende Mannschaft das richtige Tor, so erhält sie einen Punkt. Der Trainer spielt nach dem Torerfolg einen neuen Ball von außen ein. Verliert das ballbesitzende Team vor einem erfolgreichen Torabschluss den Ball an das verteidigende Team, so gibt es keinen Punkt und das Spielziel muss bei anschließender Balleroberung neu erfüllt werden. Welches Team erzielt in zehn Minuten die meisten Punkte?

Variation 1: Der Kreis in der Mitte des Spielfeldes darf durchpasst oder durchdribbelt werden. Gelingt dies, so sind alle vier Minitore geöffnet.

Variation 2: Nun müssen zwei Dreiecke durchpasst werden. Es sind immer die Minitore geöffnet, an denen die Farbe der durchspielten Dreiecke befestigt ist.
Variation 3: Man muss ein Dreieck durchpassen und eines durchdribbeln. Die Reihenfolge der Aktionen ist beliebig und kann von den Spielern situativ entschieden werden. Es sind immer die Minitore geöffnet, an denen die Farbe der durchspielten Dreiecke befestigt ist.
Variation 4: Es dürfen auch Tore von hinten geschossen werden. Ein Punkt lässt sich folglich auch erzielen, indem der Spieler auf das Netz an der Rückseite des Minitores schießt. Mit dem vom Netz abprallenden Ball darf sofort weitergespielt werden.

Abschlussspiel

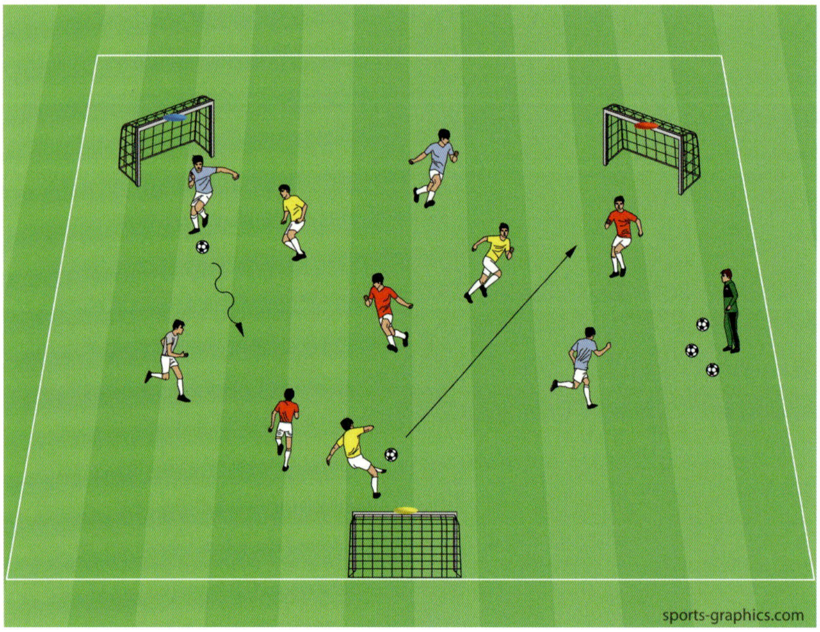

Aufbau/Organisation: 10-14 Spieler, 4 Teams, 3 Minitore, Leibchen, Bälle. An den Minitoren sind Leibchen entsprechend der Abbildung befestigt.

Spielziel: In dieser Spielform agieren drei Teams gegeneinander. Zu Beginn des Spiels befinden sich zwei Bälle im Spiel. Es wird ohne Feldbegrenzung gespielt. Bei Bedarf spielt der Trainer einen neuen Ball ein, sodass sich immer zwei Bälle gleichzeitig im Spielfeld befinden. Jedes Team verteidigt sein eigenes Tor und darf auf die anderen zwei Minitore abschließen. Trifft das ballbesitzende Team eines der gegnerischen Tore, so erhält das Team einen Punkt. Der Trainer zählt die Punkte der Teams immer laut mit und spielt nach dem Torerfolg einen neuen Ball ein. Welches Team erzielt nach fünf Spielminuten die meisten Treffer?

Variation 1: Es wird mit drei Bällen gleichzeitig gespielt.
Variation 2: Es wird mit vier Bällen gleichzeitig gespielt.
Variation 3: Es dürfen auch Tore von hinten geschossen werden. Ein Punkt lässt sich folglich auch erzielen, indem der Spieler auf das Netz an der Rückseite des Minitores abschließt. Mit dem vom Netz abprallenden Ball darf sofort weitergespielt werden.

Trainingseinheit 18

Technikschwerpunkte: Passen und Dribbeln

Spielleitlinien der Trainingseinheit:

- Wir spielen und lösen uns
- Wir wollen immer den Ball und nehmen dabei die beste Spielposition ein
- Wir coachen uns gegenseitig
- Wir sind immer aktiv und anspielbar

Aufwärmspiel

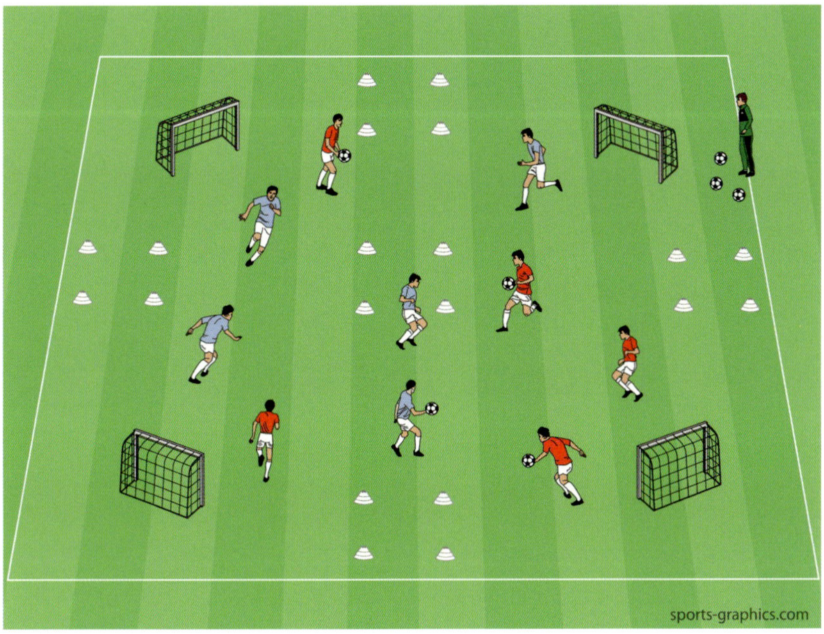

Aufbau/Organisation: 9-14 Spieler, 4 Minitore, Leibchen, Hütchen, Bälle.

Spielziel: In dieser Spielform agieren vier Spieler (Fänger-Team) gegen die restlichen Spieler. Alle können sich frei im Feld bewegen. Die Fänger haben jeweils einen Ball in der Hand. Ein Fänger erzielt einen Punkt, indem er einen Spieler ohne Ball am Oberkörper abbackt. Wichtig ist, dass der Ball nicht geworfen werden darf. Die Fänger zählen ihre Punkte eigenständig mit. Welcher Fänger erzielt in drei Minuten die meisten Punkte? (Hinweis: Die Hütchen und Minitore haben für das Aufwärmspiel keine Relevanz. Um die Zeitverluste durch Auf- und Umbauten zu minimieren, wird das Aufwärmen im Aufbau des Hauptteils absolviert.)

Variation 1: Fängerwechsel.
Variation 2: Die Fänger können einen Punkt erzielen, indem sie einen Spieler ohne Ball am Rücken abbacken.
Variation 3: Die Fänger können einen Punkt erzielen, indem sie einen Spieler ohne Ball am Bein abbacken.
Variation 4: Die Fänger können einen Punkt erzielen, indem sie einen Spieler ohne Ball am Arm abbacken.
Variation 5: Die Fänger dürfen den Ball auch werfen. Schafft ein Fänger es, einen Spieler ohne Ball abzuwerfen, so erhält er einen Punkt. Kann der gejagte Spieler den geworfenen Ball fangen, so erhält der Fänger keinen

Punkt. Der gefangene Ball wird einfach auf den Boden fallengelassen, wo der Fänger den Ball wieder aufhebt, um erneut den Versuch zu starten, einen Spieler abzuwerfen.

Hauptteil

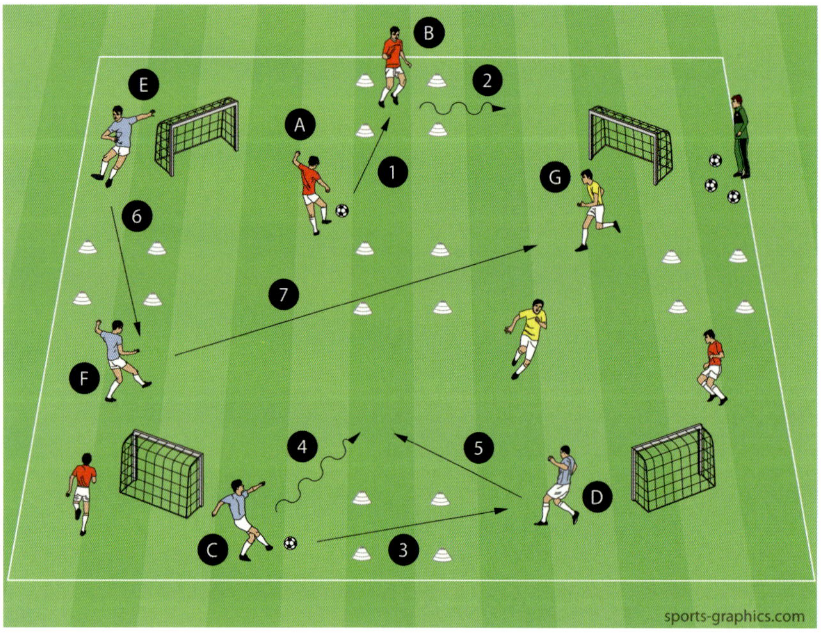

Aufbau/Organisation: 9-14 Spieler, 2 Teams, 4 Minitore, Leibchen, Hütchen, Bälle.

Spielziel: In dieser Spielform agieren zwei Teams gegeneinander. Die beiden neutralen Spieler (hier gelb) gehören immer dem ballbesitzenden Team an. Die Spieler des ballbesitzenden Teams spielen sich den Ball untereinander zu und versuchen, zu punkten. Das verteidigende Team will den Ball erobern. Es wird ohne Feldbegrenzung gespielt. Bei Bedarf spielt der Trainer einen neuen Ball ein. Das angreifende Team kann einen Punkt erzielen, indem ein Spieler in einem Quadrat angespielt wird, dieser dann aus dem Quadrat herausdribbelt (siehe A, B und 1 bzw. 2) und anschließend auf eines der vier Minitore ein Tor erzielt wird. Welches Team erzielt in zehn Minuten die meisten Punkte?

Variation 1: Es gilt weiterhin die Regel aus dem Spielziel. Zusätzlich können die vier Tore freigeschaltet werden, indem ein Doppelpass durch ein Quadrat gespielt wird (siehe C, D, 3, 4 und 5).
Variation 2: Die vier Tore sind freigeschaltet, wenn ein Doppelpass durch ein Quadrat gespielt wurde (siehe C und D) oder wenn zwei Quadrate direkt hintereinander durchpasst worden sind (siehe E, F, G, 6 und 7). Dabei ist entscheidend, dass der Spieler, der den zweiten Pass spielt (hier Spieler F), maximal zwei Kontakte hat, um den Pass durch das zweite Quadrat zu spielen. Gelingt dies nicht, sind die Tore nicht geöffnet und man muss einen neuen Versuch starten.
Variation 3: Wird das Spielziel über das Quadrat im Zentrum erreicht, so zählt das Tor doppelt.
Variation 4: Die vier Tore können nur noch mit einem Doppelpass durch ein Quadrat freigeschaltet werden.

Abschlussspiel

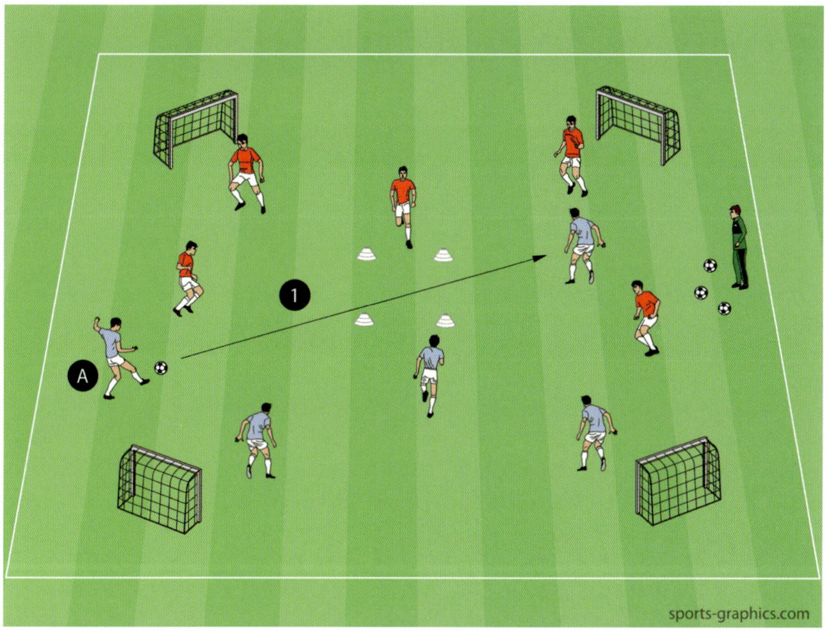

Aufbau/Organisation: 9-14 Spieler, 2 Teams, 4 Minitore, Leibchen, Hütchen, Bälle.

Spielziel: In dieser Spielform agieren zwei Teams gegeneinander. Die Spieler des ballbesitzenden Teams spielen sich den Ball untereinander zu und versuchen, zu punkten. Das verteidigende Team will den Ball erobern. Jedes Team darf auf zwei Minitore abschließen. Es wird frei und ohne Zusatzregeln gespielt. Das ballbesitzende Team kann folglich einen Punkt erzielen, indem erfolgreich auf eines der beiden gegnerischen Minitore abgeschlossen wird. Es lässt sich ein Zusatzpunkt erzielen, indem das ballbesitzende Team - vor dem Torerfolg - einen Pass durch das Quadrat spielt (siehe A und 1). Der Trainer spielt nach dem Torerfolg einen neuen Ball von außen ein. Welches Team erzielt in zehn Minuten die meisten Punkte?

Variation 1: Es kann ein Zusatzpunkt erzielt werden, indem das Quadrat - vor dem Torerfolg - durchdribbelt oder durchpasst wird.

Variation 2: Keine Extraregeln. Komplett freies Spiel.

Trainingseinheit 19

Technikschwerpunkte: Passen und Dribbeln

Spielleitlinien der Trainingseinheit:

- Wir behaupten den Ball
- Wir wollen immer den Ball und nehmen dabei die beste Spielposition ein
- Wir coachen uns gegenseitig
- Wir sind immer aktiv und anspielbar

Aufwärmspiel

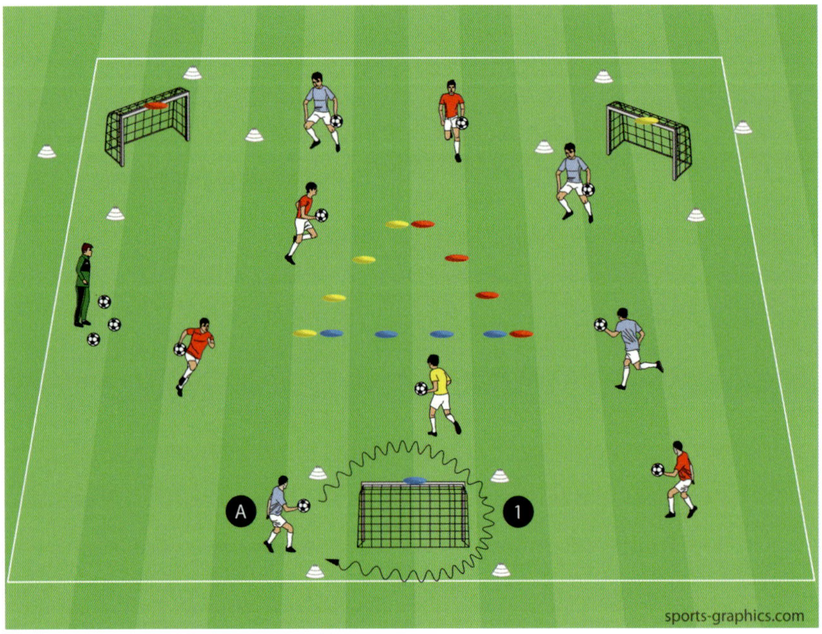

Aufbau/Organisation: 9–12 Spieler, 2 Teams, 3 Minitore, Leibchen, Floor-Marker, Hütchen, Bälle. An den Minitoren sind Leibchen mit den Farben Rot, Gelb und Blau befestigt.

Spielziel: In diesem Spiel agiert jeder gegen jeden. Alle Spieler haben einen Ball in der Hand. Die Spieler können einen Punkt erzielen, indem sie mit dem Ball in der Hand um ein Tor (siehe A und 1), um das Rechteck aus Hütchen oder um das Dreieck in der Mitte laufen. Pro abgelaufenem Tor, Rechteck oder Dreieck gibt es einen Punkt. Welche drei Spieler haben zuerst sieben Punkte erzielt?

Variation 1: Die Spieler prellen den Ball (wie beim Basketball) beim Laufen.
Variation 2: Die Spieler prellen den Ball ausschließlich mit der linken Hand.
Variation 3: Die Spieler laufen mit dem Ball in der Hand rückwärts.
Variation 4: Die Spieler kreisen den Ball beim Laufen um die Hüfte.
Variation 5: Die Spieler dribbeln mit dem Ball am Fuß.

Hauptteil

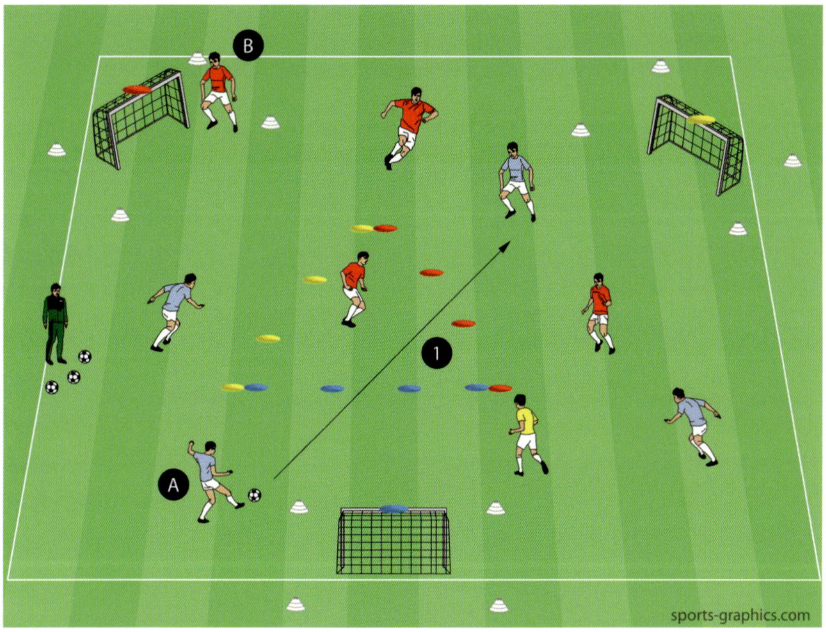

Aufbau/Organisation: 9-12 Spieler, 2 Teams, 3 Minitore, Leibchen, Floor-Marker, Hütchen, Bälle. An den Minitoren sind Leibchen mit den Farben Rot, Gelb und Blau befestigt.

Spielziel: In dieser Spielform agieren zwei Teams gegeneinander. Der neutrale Spieler (hier gelb) gehört immer dem ballbesitzenden Team an. Die Spieler des ballbesitzenden Teams spielen sich den Ball untereinander zu und versuchen, zu punkten. Das verteidigende Team will den Ball erobern. Es wird ohne Feldbegrenzung gespielt. Bei Bedarf spielt der Trainer einen neuen Ball ein. Das angreifende Team kann einen Punkt erzielen, indem der Ball durch das Dreieck gepasst wird und anschließend ein Tor erzielt wird. Der ballführende Spieler kann auch über zwei Linien des Dreiecks dribbeln, um auf eines der Minitore abschließen zu können. Die Farben, die der Ball beim Durchpassen oder Durchdribbeln des Dreiecks überrollt hat, bestimmen, welche Tore geöffnet sind.

Beispiel (siehe A und 1): Nach dieser Aktion sind die Minitore geöffnet, an denen ein blaues oder rotes Leibchen befestigt ist. Trifft die angreifende Mannschaft das richtige Tor, so erhält sie einen Punkt. Es besteht jederzeit die Möglichkeit, das Dreieck erneut zu durchspielen oder zu durchdribbeln, um andere Tore zu öffnen. Der Trainer spielt nach einem Torerfolg einen neuen Ball von außen ein. Verliert das ballbesitzende Team nach dem Durchpassen oder Durchdribbeln des Dreiecks den Ball an das verteidigende Team, so gibt es keinen Punkt und das Spielziel muss bei anschließender Balleroberung neu erfüllt werden. Welches Team erzielt in zehn Minuten die meisten Punkte?

Variation 1: Wird ein Tor erzielt, so erhält das erfolgreiche Team einen Bonusball. Diesen spielt der Trainer von außen ein. Man darf sofort auf alle drei Tore abschließen. Trifft die erfolgreiche Mannschaft erneut, erhält sie einen zweiten Punkt. Gewinnt das verteidigende Team den Bonusball, so ist das Spielziel zu erfüllen, um auf die Minitore abschließen zu können.

Variation 2: Das verteidigende Team kann nun geöffnete Tore wieder verschließen. Dazu darf ein Verteidiger in das weiße Quadrat laufen und das Tor abticken (siehe B). Anschließend muss er das Quadrat wieder verlassen.

Beispiel: Das angreifende Team hat die blaue und rote Linie des Dreiecks überspielt. Damit ist das rote und blaue Minitor geöffnet. Bevor das ballbesitzende Team auf eines der Tore abschließen kann, schafft es ein Verteidiger, das rote Tor abzuticken. Damit schließt sich dieses. Weiterhin ist jedoch das blaue Tor geöffnet und neu hinzu kommt nun das gelbe Tor. Es sind folglich immer zwei Tore geöffnet. Durch das Abticken ändert sich nur die Farbe des zweiten Tores. Schießt ein Angreifer den Ball trotzdem in ein geschlossenes Tor, so erhält das Team keinen Punkt und der Trainer spielt einen neuen Ball für die bisher verteidigende Mannschaft ein.

Abschlussspiel

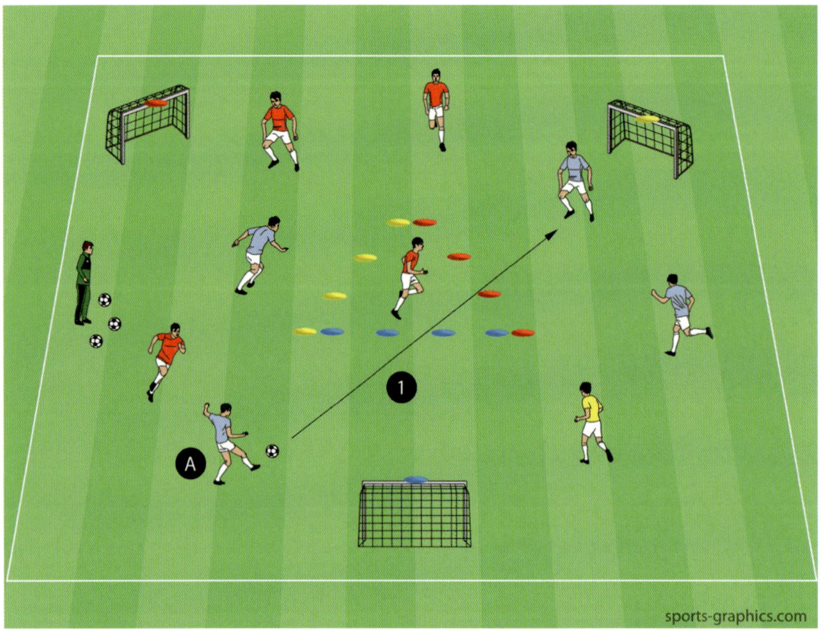

Aufbau/Organisation: 9-12 Spieler, 2 Teams, 3 Minitore, Leibchen, Floor-Marker, Bälle. An den Minitoren sind Leibchen mit den Farben Rot, Gelb und Blau befestigt.

Spielziel: In dieser Spielform agieren zwei Teams gegeneinander. Der neutrale Spieler (hier gelb) gehört immer dem ballbesitzenden Team an. Die Spieler des ballbesitzenden Teams spielen sich den Ball untereinander zu und versuchen, zu punkten. Das verteidigende Team will den Ball erobern. Das angreifende Team kann einen Punkt erzielen, indem der Ball durch das Dreieck gepasst und anschließend ein Tor erzielt wird. Dabei bestimmt die Farbe der zuletzt überspielten Linie, welches Tor geschlossen ist.

Beispiel (siehe A und 1): In dieser Aktion ist die rote Linie die zuletzt überspielte Linie. Somit sind die Minitore geöffnet, an denen ein blaues oder gelbes Leibchen befestigt ist. Der Trainer spielt nach einem Torerfolg einen neuen Ball von außen ein. Verliert das ballbesitzende Team nach dem Durchpassen des Dreiecks den Ball an das verteidigende Team, so gibt es keinen Punkt und das Spielziel muss bei anschließender Balleroberung neu erfüllt werden. Welches Team erzielt in zehn Minuten die meisten Punkte?

Variation 1: Der ballführende Spieler kann nun auch über die Linien des Dreiecks dribbeln, um auf die Tore abschließen zu können. Das Dreieck darf ebenfalls noch durchpasst werden. Weiterhin gilt, dass die zuletzt überdribbelte oder überspielte Linie bestimmt, welches Tor geschlossen ist.

Variation 2: Wird ein Tor erzielt, so erhält das erfolgreiche Team einen Bonusball. Diesen spielt der Trainer von außen ein. Man darf sofort auf alle drei Tore abschließen. Trifft die erfolgreiche Mannschaft erneut, erhält sie einen zweiten Punkt. Gewinnt das verteidigende Team den Bonusball, so ist das Spielziel zu erfüllen, um auf eines der Tore abschließen zu dürfen.

Variation 3: Es wird frei gespielt. Das rote Team kann auf die Tore, an denen das gelbe und das blaue Leibchen befestigt ist, abschließen. Das blaue Team darf auf die Tore, an denen das rote und das gelbe Leibchen befestigt ist, abschließen.

Trainingseinheit 20

Technikschwerpunkte: Passen, Dribbeln und Torschuss

Spielleitlinien der Trainingseinheit:

- Wir jagen Ball und Gegner
- Wir behaupten den Ball
- Wir rauben dem Gegner Spieloptionen
- Wir behaupten den Ball

Aufwärmspiel

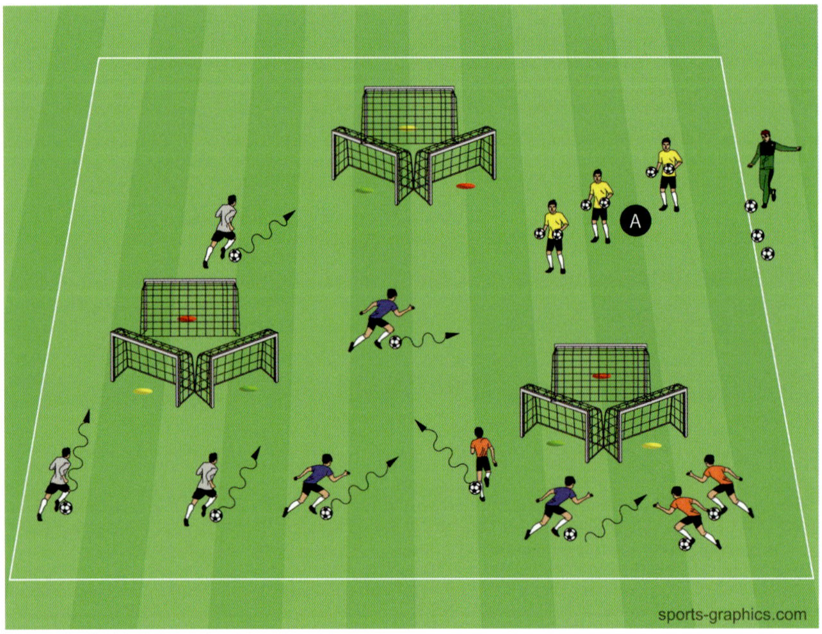

Aufbau/Organisation: 8-16 Spieler, 4 Teams, 9 Minitore, Leibchen, Floor-Marker, Minibälle, Bälle.

Spielziel: Es wird ein Fängerteam bestimmt (hier das gelbe Team A). Alle Spieler aus dem Fängerteam haben zwei Minibälle in der Hand. Um einen Punkt zu erspielen, müssen die Läufer (orange, blau und grau) an den Beinen abgeworfen werden. Die Läufer (das orangene, graue und blaue Team) haben einen Ball am Fuß und versuchen, vor den Fängern wegzudribbeln. Die Läufer können einen Punkt erspielen, indem sie einen Miniball fangen und festhalten. Der Läufer legt anschließend den Miniball auf den Boden, sodass der Fänger den Miniball wieder aufnehmen kann. Zwischen den Minitoren darf nicht gedribbelt oder gelaufen werden. Wie viele Punkte sammelt das Fängerteam in zwei Minuten? Alle Spieler addieren die erspielten Punkte. Welcher Läufer hat die meisten Minibälle gefangen? Es werden mehrere Runden gespielt.

Variation 1: Fängerwechsel. Ein neues Team wird bestimmt.
Variation 2: Fängerwechsel. Die Fänger müssen nun mit ihren Minibällen die Bälle der Läufer abwerfen.
Variation 3: Fängerwechsel. Die Läufer dribbeln mit ihrem zweitbesten Fuß. Die Fänger müssen mit ihren Minibällen die Bälle der Läufer abwerfen.

Hauptteil

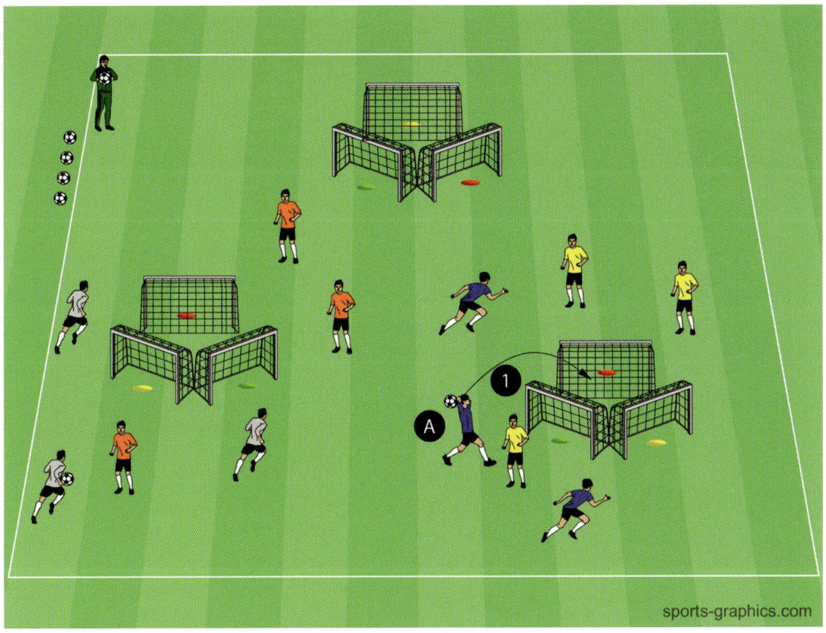

Aufbau/Organisation: 8-16 Spieler, 4 Teams, 9 Minitore, Leibchen, Floor-Marker, Bälle.

Spielziel: In dieser Spielform spielen jeweils zwei Teams gegeneinander (Grau vs. Orange und Blau vs. Gelb). Die Spielduelle finden gleichzeitig statt. Die Spieler des ballbesitzenden Teams werfen sich den Ball untereinander zu und versuchen, zu punkten. Das verteidigende Team will den Ball erobern. Das angreifende Team kann einen Punkt erzielen, indem zwischen die Minitore geworfen wird (siehe A und 1), sodass der Ball den Boden zwischen den Minitoren berührt. Der Trainer wirft nach einem erzielten Punkt sofort einen neuen Ball ein. Das Minitordreieck, an dem man zuletzt einen Punkt erspielt hat, ist nach einem erfolgreichen Treffer für vier Sekunden geschlossen. Der ballbesitzende Spieler darf den Ball maximal vier Sekunden halten. Welches Team gewinnt das Duell? Es werden mehrere Runden gespielt.

Variation 1: Gegnerwechsel im Turniermodus.
Variation 2: Der ballführende Spieler darf von der gegnerischen Mannschaft getickt werden. Wird der ballführende Spieler getickt, dann wechselt sofort der Ballbesitz. Der erste Pass nach einem Ballbesitzwechsel ist frei.

Abschlussspiel

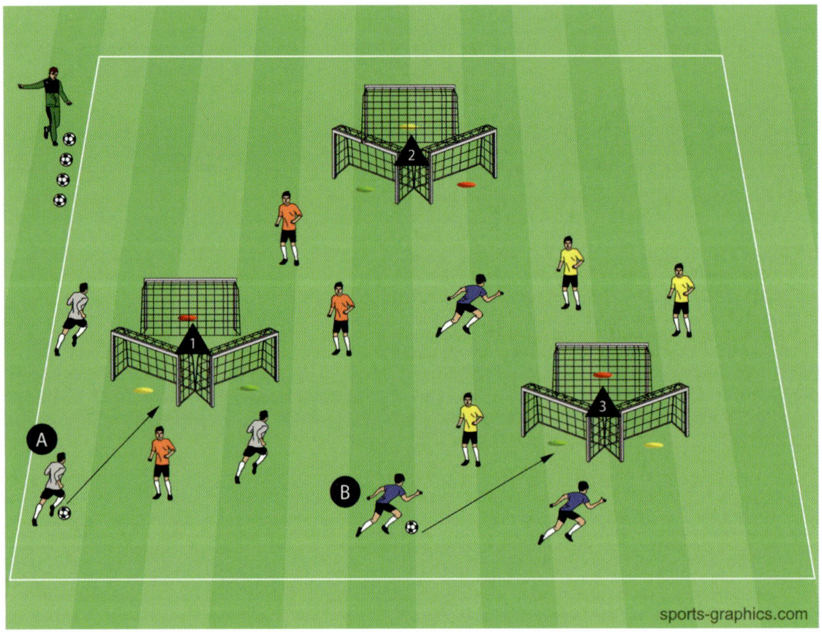

Aufbau/Organisation: 8–16 Spieler, 4 Teams, 9 Minitore, Leibchen, Floor-Marker, Bälle.

Spielziel: In dieser Spielform spielen jeweils zwei Teams gegeneinander (Grau vs. Orange und Blau vs. Gelb). Die Spielduelle finden gleichzeitig in dem Spielfeld statt. Alle Teams können alle Tore bespielen. Die Spieler des ballbesitzenden Teams passen sich den Ball untereinander zu und versuchen, zu punkten. Das verteidigende Team will den Ball erobern. Das angreifende Team kann einen Punkt erzielen, indem auf ein Minitor erfolgreich abgeschlossen wird (siehe A). Der nächste Treffer muss an einem neuen Minitordreieck (2 oder 3) und auf eine andere Farbe erfolgen.

Beispiel: Wenn der graue Spieler A auf das gelbe Minitor trifft (siehe A und 1), muss der nächste Treffer auf ein grünes oder rotes Minitor an einem anderen Minitordreieck (2 oder 3) erfolgen. Wenn der blaue Spieler (siehe B) am Minitordreieck 3 auf das grün markierte Minitor trifft, so muss man den nächsten Treffer auf eine andere Farbe (Gelb oder Rot) am Minitordreieck 1 oder 2 erzielen. Welches Team gewinnt sein Duell? Es werden mehrere Runden gespielt.

Variation 1: Gegnerwechsel im Turniermodus „jeder gegen jeden". Welches Team gewinnt das Turnier?
Variation 2: Freies Spiel auf die Minitore ohne Zusatzregeln.

Trainingseinheit 21

Technikschwerpunkte: Passen und Torschuss

Spielleitlinien der Trainingseinheit:

- Wir coachen uns gegenseitig
- Wir passen raumgreifend in Zielräume nach vorne
- Wir behaupten den Ball
- Wir finden den Torabschluss

Aufwärmspiel

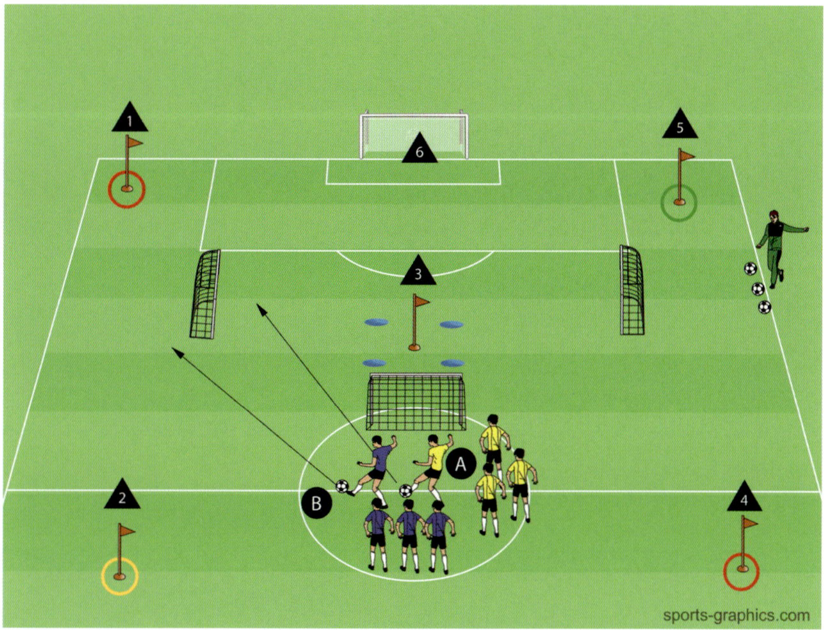

Aufbau/Organisation: 8-16 Spieler, 2-4 Teams, Leibchen, Minitore, Tor, Floor-Marker, Stangen, Ringe, Bälle.

(Hinweis: Es kann auch ein größeres Quadrat um die Stangen gelegt werden. Der Ball muss dann im Quadrat liegen bleiben. Siehe Stange 3 im Zentrum.)

Spielziel: Die Teams starten im Mittelkreis und spielen gegeneinander Fußballgolf. Der erste Spieler passt den Ball in Richtung der Stange mit der Nummer 1. Alle Spieler laufen dem Ball hinterher. Sobald der Ball liegen bleibt und ruht, darf ein anderer Spieler den Ball weiterpassen. Die Spieler wechseln sich in einer vorgegebenen Reihenfolge ab. Jeder Spieler ist aktiv am Spiel beteiligt. Das Ziel ist, dass der Ball im Ring an der Stange liegen bleibt. Bleibt der Ball erfolgreich an der Stange 1 liegen, folgt das Spiel auf die Stangen 2-5. Zum Abschluss muss der Ball in das Tor (siehe 6) geschossen werden.

Beispiel: Spieler A und B eröffnen das Spiel. Der Ball rollt in Richtung der Stange 1. Das komplette Team läuft sofort dem Ball hinterher und wartet, bis der Ball ruht. Jetzt darf der Ball weitergepasst werden. Ziel ist, dass der Ball im roten Ring an der Stange 1 liegen bleibt. Ist dies gelungen, spielt man auf die Stange 2. Welches Team ist am schnellsten? Welches Team hat am wenigsten Pässe gebraucht? Es werden mehrere Runden gespielt.

Variation 1: Alle Spieler im Team haben einen Ball. Alle Bälle müssen hintereinander am Ring liegen bleiben. Der Ball darf erst weitergespielt werden, wenn dieser vollständig liegen bleibt. Ein Team startet auf die Stange 1 (dann Stange 2, 3, 4, 5, Tor); das zweite Team startet auf die Stange 5 (dann Stange 4, 3, 2, 1, Tor). Welches Team ist am schnellsten?

Variation 2 (individueller Wettkampf): Welcher Spieler ist am schnellsten?

Variation 3 (Handball): Der Ball wird mit der Hand gerollt bzw. geworfen.

Hauptteil

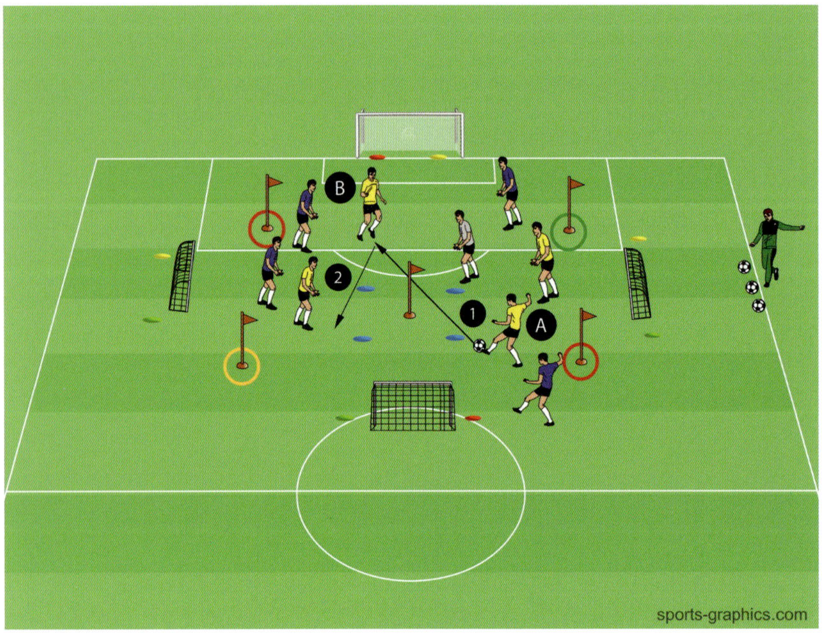

Aufbau/Organisation: 8-16 Spieler, 2 Teams, Leibchen, Minitore, Tor, Floor-Marker, Stangen, Ringe, Bälle.

(Hinweise: Es wird nun ein größeres Quadrat um die Stange gelegt. Es kann mit einem neutralen Spieler gespielt werden.)

Spielziel: In dieser Spielform spielen zwei Teams gegeneinander (Blau vs. Gelb). Der graue Spieler ist der neutrale Spieler und agiert immer mit dem Team, das im Ballbesitz ist. Die Spieler des ballbesitzenden Teams passen sich den Ball untereinander zu und versuchen, zu punkten. Das verteidigende Team will den Ball erobern. Das angreifende Team kann einen Punkt erzielen, indem ein Pass zu einem Mitspieler nah an eine Stange (siehe A, B und 1) gespielt wird. Man muss dabei das Floor-Marker-Quadrat über zwei Linien durchspielen oder die Ringe überspielen. Welches Team erzielt mehr Punkte? Es werden mehrere Runden gespielt.

Variation 1 (Minitore/Tor): Nach drei erfolgreichen Punkten auf die Stangen werden drei Treffer auf die Minitore oder auf die Ecken vom Tor ausgespielt. Nach drei Punkten auf die Minitore oder die Ecken vom Tor folgt die Spielfortsetzung wieder auf die Stangen.

Variation 2 (Farben): Nach drei erfolgreichen Punkten auf die Stangen werden drei Punkte auf die Minitore bzw. auf die Ecken vom Tor ausgespielt. Die zuletzt durchspielte Ringfarbe der Stange (beim dritten Punkt) öffnet die farblich zugeordneten Minitore bzw. Ecken vom Tor. Das blaue Quadrat im Zentrum öffnet alle Minitore bzw. Ecken vom Tor.

Beispiel: Das gelbe Team hat schon zwei Punkte erspielt. Der dritte Punkt erfolgt auf eine Stange, die mit einem gelben Ring markiert ist. Folglich sind die Minitore, die mit einem gelben Floor-Marker markiert sind, bespielbar. Zudem ist die gelbe Ecke im Tor bespielbar.

Abschlussspiel

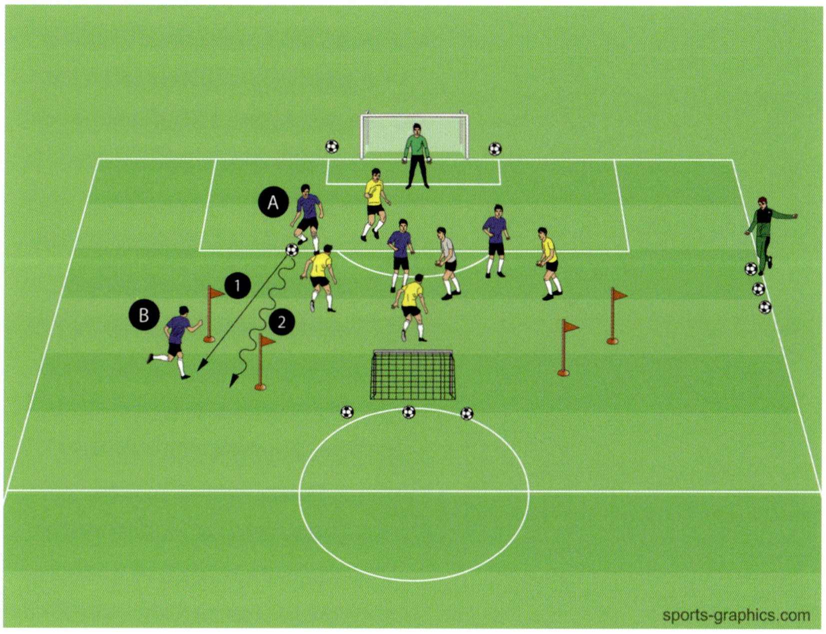

Aufbau/Organisation: 8-16 Spieler, 2 Teams, Leibchen, Stangen, Minitor, Tor, Bälle.

(Hinweis: Es kann mit einem neutralen Spieler gespielt werden.)

Spielziel: In dieser Spielform spielen zwei Teams gegeneinander (Blau vs. Gelb). Der graue Spieler ist der neutrale Spieler und agiert immer mit dem Team, das im Ballbesitz ist. Die Spieler des ballbesitzenden Teams passen sich den Ball untereinander zu und versuchen, zu punkten. Das verteidigende Team will den Ball erobern. Das gelbe Team spielt auf das große Tor. Das blaue Team spielt auf das Minitor und die zwei Stangentore, die von beiden Seiten durchdribbelt (siehe A und 2) oder durchpasst werden können (siehe A, B und 1). Welches Team erzielt mehr Tore? Es werden mehrere Runden gespielt.

Variation 1: Seitenwechsel.
Variation 2: Die Spielrunde ist vorbei, wenn jeder Spieler mindestens einmal getroffen hat.
Variation 3: Dem führenden Team werden alle Tore aberkannt. Kann das Team den Rückstand wieder aufholen?

Trainingseinheit 22

Technikschwerpunkte: Passen und Torschuss

Spielleitlinien der Trainingseinheit:

- Wir behaupten den Ball und rauben dem Gegner Spieloptionen
- Wir jagen Ball und Gegner
- Wir finden den Torabschluss
- Wir wollen immer den Ball und nehmen die beste Spielposition ein

Aufwärmspiel

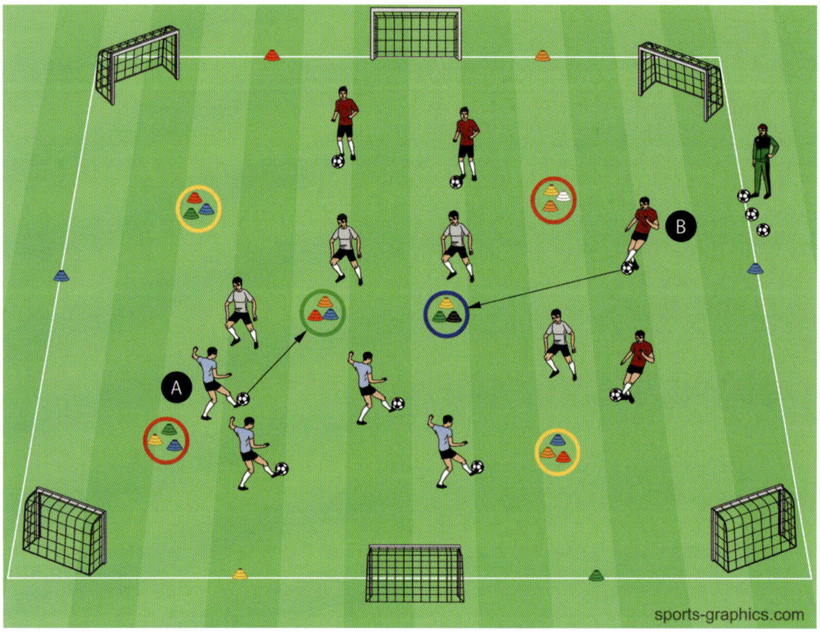

Aufbau/Organisation: 9–18 Spieler, 3 Teams, 6 Minitore, Leibchen, Ringe, Hütchen, Bälle.

Spielziel: In diesem Spiel versuchen das blaue und das rote Team die Hütchen aus den Ringen zu schießen. Die grauen Spieler dürfen die Hütchen wieder zurücklegen. Werden aus einem Ring alle drei Hütchen herausgeschossen, ist der Ring erobert und das graue Team darf die rausgeschossenen Hütchen nicht mehr zurücklegen. Wie viele Ringe können das blaue und rote Team in drei Minuten erobern? Es werden mehrere Runden gespielt.

Variation 1: Aufgabenwechsel. Ein neues Team versucht, die Ringe zu verteidigen.

Variation 2: Aufgabenwechsel. Ein neues Team versucht, die Ringe zu verteidigen. Die Spieler dribbeln und schießen mit ihrem zweitbesten Fuß auf die Hütchen.

Variation 3: Aufgabenwechsel. Ein neues Team versucht, die Ringe zu verteidigen. Die Spieler werfen und rollen die Hütchen aus den Ringen.

Hauptteil

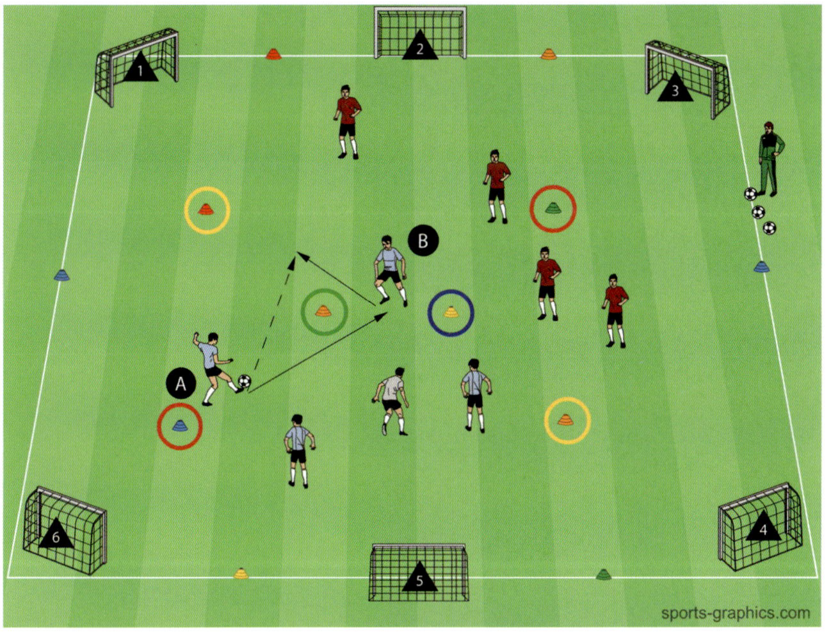

Aufbau/Organisation: 9-18 Spieler, 2 Teams, 6 Minitore, Leibchen, Ringe, Hütchen, Bälle.

Spielziel: In dieser Spielform spielen zwei Teams gegeneinander (Blau vs. Rot). Der neutrale Spieler (hier grau) spielt immer bei dem ballbesitzenden Team. Die Spieler des ballbesitzenden Teams passen sich den Ball untereinander zu und versuchen, zu punkten. Das verteidigende Team will den Ball erobern. Es wird ohne Feldbegrenzung gespielt. Punkte lassen sich durch einen Doppelpass (siehe A und B) oder durch einen Pass zu einem dritten Mitspieler, der an einem Ring steht, erzielen. Welches Team erzielt mehr Punkte? Es werden mehrere Runden gespielt.

Variation 1: Es werden zunächst zwei Punkte auf die Ringe erspielt. Nach dem zweiten Punkt öffnen sich die Minitore, die mit den gleichen Farben markiert sind wie der zuletzt bespielte Ring.

Beispiel: Die blauen Spieler A und B erspielen den zweiten Punkt durch einen Doppelpass am grünen Ring, in dem ein oranges Hütchen steht. Jetzt sind die Minitore 2 und 3 sowie die Minitore 4 und 5 bespielbar.

Variation 2: Es werden zunächst drei Punkte auf die Ringe erspielt. Nach dem dritten Punkt öffnen sich die Minitore, die nicht mit den gleichen Farben markiert sind wie der zuletzt bespielte Ring.

Beispiel: Die blauen Spieler A und B erspielen den dritten Punkt durch einen Doppelpass am grünen Ring, in dem ein oranges Hütchen steht. Jetzt kann auf die Minitore 1 und 2 sowie die Minitore 5 und 6 abgeschlossen werden, um einen weiteren Punkt zu erzielen.

Abschlussspiel

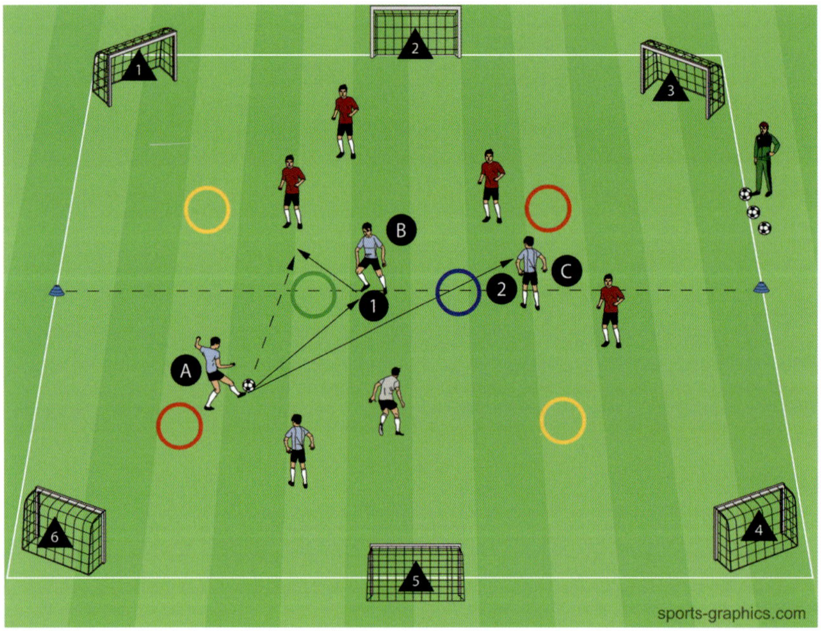

Aufbau/Organisation: 9-18 Spieler, 2 Teams, 6 Minitore, Leibchen, Ringe, Hütchen, Bälle.

Spielziel: In dieser Spielform agieren zwei Teams gegeneinander (Blau vs. Rot). Der neutrale Spieler (hier grau) spielt immer bei dem ballbesitzenden Team. Die Spieler des ballbesitzenden Teams passen sich den Ball untereinander zu und versuchen, zu punkten. Das verteidigende Team will den Ball erobern. Das blaue Team spielt auf die Minitore 1-3. Das rote Team spielt auf die Minitore 4-6. Ein Punkt kann erzielt werden, indem erfolgreich auf eines der gegnerischen Minitore abgeschlossen wird. Zusatzpunkte lassen sich durch einen Doppelpass (siehe A, B und 1) oder durch einen Pass über einen Ring (siehe A, C und 2) erspielen. Welches Team erzielt mehr Tore? Es werden mehrere Runden gespielt.

Variation 1: Freies Spiel auf drei Minitore.

Trainingseinheit 23

Technikschwerpunkte: Passen und Torschuss

Spielleitlinien der Trainingseinheit:

- Wir behaupten den Ball
- Wir sind immer aktiv und anspielbar
- Wir finden den Torabschluss
- Wir jagen Ball und Gegner

Aufwärmspiel

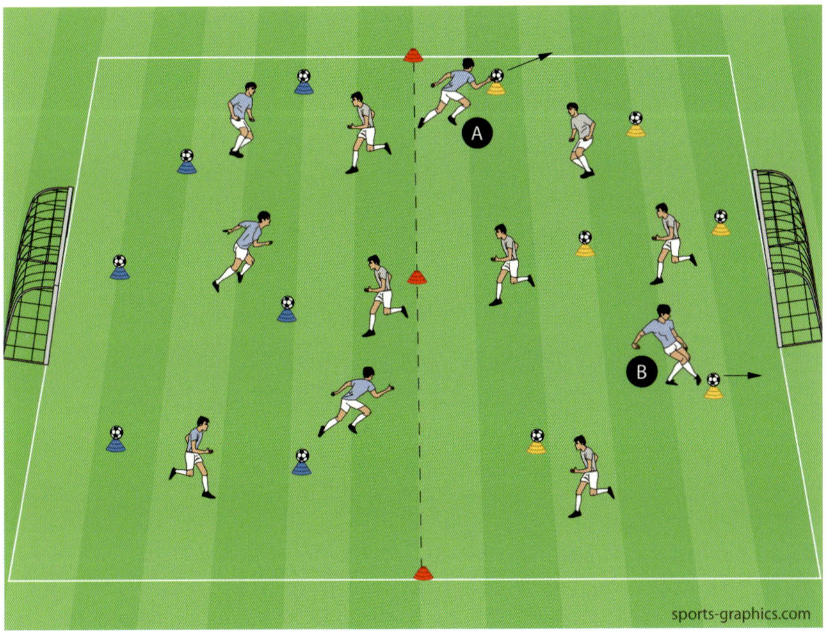

Aufbau/Organisation: 10-14 Spieler, 2 Teams, 2 Tore, Leibchen, Hütchen, Minibälle.

Spielziel: In diesem Spiel agieren zwei Teams gegeneinander. Das Ziel ist es, alle Minibälle der gegnerischen Mannschaft mit der Hand von den Hütchen zu stoßen (siehe A). In der gegnerischen Hälfte kann der Läufer (siehe A) von den grauen Spielern getickt werden. Wird der Spieler getickt, bevor er den Ball auf dem Hütchen berührt hat, muss er in seine eigene Hälfte zurücklaufen und darf dann erneut angreifen. Welches Team hat als erstes alle Bälle von den Hütchen gestoßen?

Variation 1: Die Bälle dürfen zurück auf die Hütchen gelegt werden. Welches Team hat nach zwei Minuten am meisten Bälle von den Hütchen gestoßen?

Variation 2: Die Bälle werden mit dem Fuß von den Hütchen heruntergepasst (siehe B). Wird ein Läufer getickt, führt er zunächst eine Kraft- oder Koordinationsübung aus (zum Beispiel: drei Liegestütze oder mit einem Bein über ein Hütchen springen). Anschließend läuft er zurück in seine eigene Spielfeldhälfte und kann dann erneut angreifen.

Variation 3: Jeder Spieler hat einen Ball am Fuß und darf die Bälle in der gegnerischen Hälfte von dem Hütchen herunterschießen.

Hauptteil

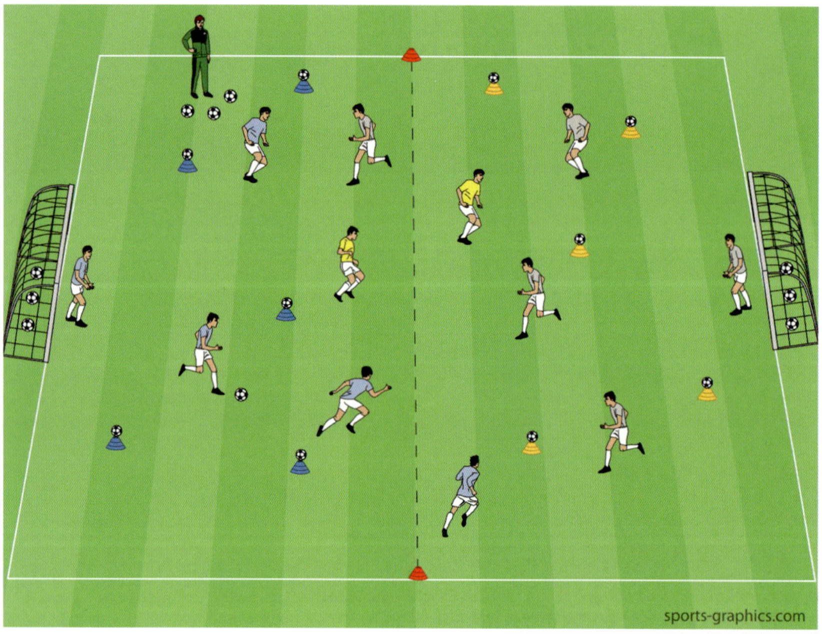

Aufbau/Organisation: 10-14 Spieler, 2 Teams, 2 Tore, Leibchen, Hütchen, Bälle, Minibälle auf den Hütchen.

Spielziel: In dieser Spielform agieren zwei Teams gegeneinander. Die beiden neutralen Spieler (hier gelb) gehören immer dem ballbesitzenden Team an. Die Spieler des ballbesitzenden Teams spielen sich den Ball untereinander zu und versuchen, zu punkten. Das verteidigende Team will den Ball erobern. Das angreifende Team kann einen Punkt erzielen, indem sie auf eines der beiden Tore erfolgreich abschließen. Die Minibälle auf den Hütchen dürfen während des Spiels nicht herunterfallen. Fällt doch ein Miniball von einem Hütchen, so erhält das gegnerische Team einen neuen Ball vom Trainer und ist im Ballbesitz. Welches Team erzielt in zehn Minuten die meisten Punkte?

Variation 1: Fällt ein Miniball während des Fußballspiels von einem Hütchen, so erhält das gegnerische Team einen Zusatzpunkt.

Variation 2: Ein Tor lässt sich eliminieren, wenn der Torschütze innerhalb von sieben Sekunden durch zwei gegnerische Spieler am Rücken, abgetickt wird.

Variation 3: Es wird mit fester Spielrichtung gespielt. Somit wird jedem Team ein Tor zugeordnet und es kann nur noch auf das gegnerische Tor geschossen werden, um einen Punkt zu erzielen.

Variation 4: Nach einem Tor bleibt das erfolgreiche Team im Ballbesitz. Dazu spielt der Torwart des erfolgreichen Teams einen neuen Ball ein.

Variation 5: Ein Tor lässt sich eliminieren, wenn der Torschütze innerhalb von sieben Sekunden von zwei gegnerischen Spielern, mit den auf den Hütchen liegenden Minibällen, abgeworfen wird.

Abschlussspiel

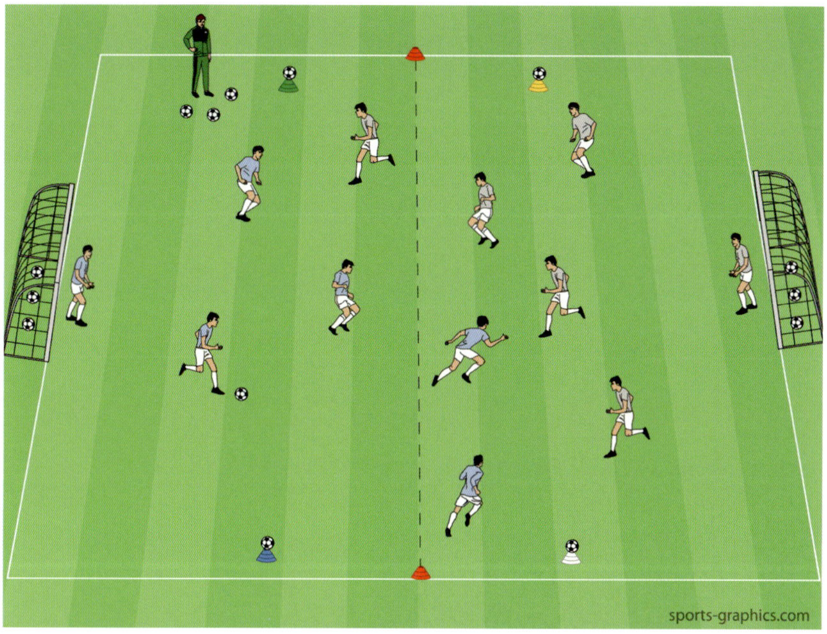

Aufbau/Organisation: 10–14 Spieler, 2 Teams, 2 Tore, Leibchen, Hütchen, Bälle, Bälle auf den Hütchen.

Spielziel: In dieser Spielform agieren zwei Teams gegeneinander. Die Spieler des ballbesitzenden Teams spielen sich den Ball untereinander zu und versuchen, zu punkten. Das verteidigende Team will den Ball erobern. Das angreifende Team kann einen Punkt erzielen, indem sie auf das gegnerische Tor erfolgreich abschließen. Wird ein Tor erzielt, ruft der Trainer eine der vier Hütchenfarben. Von dem entsprechenden Hütchen darf sich das erfolgreiche Team einen neuen Spielball nehmen und ihn ins Spiel bringen. Welches Team erzielt in zehn Minuten die meisten Punkte?

Variation 1: Der Torschütze darf die Farbe des Hütchens rufen.
Variation 2: Ein Tor zählt erst, wenn alle Feldspieler beim Torerfolg in der gegnerischen Hälfte sind.
Variation 3: Es wird frei, ohne Zusatzregeln, gespielt.

Trainingseinheit 24

Technikschwerpunkte: Passen und Dribbeln

Spielleitlinien der Trainingseinheit:

- Wir überwinden den Gegner, indem wir das Zentrum bedrohen
- Wir jagen Ball und Gegner
- Wir coachen uns gegenseitig
- Wir rauben dem Gegner Spieloptionen

Aufwärmspiel

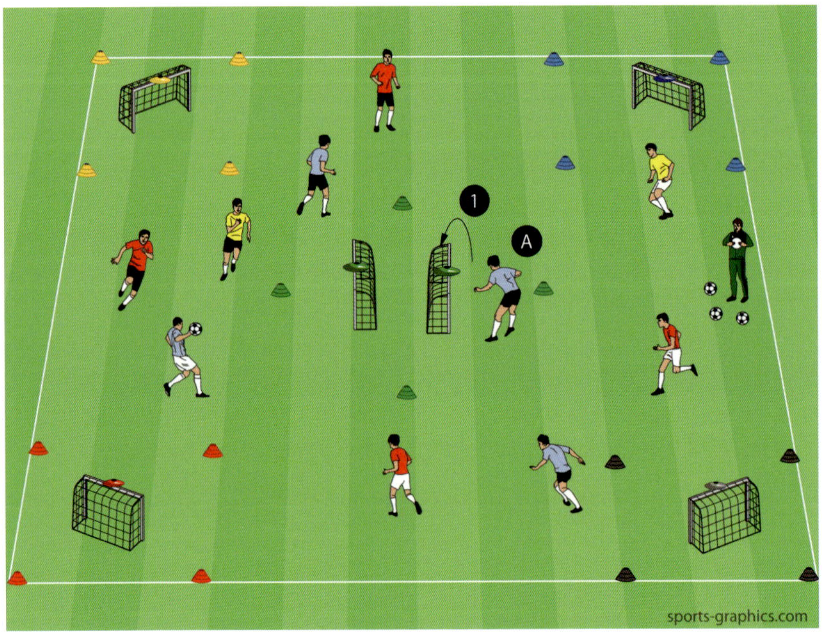

Aufbau/Organisation: 9-14 Spieler, 2 Teams, 6 Minitore, Leibchen, Hütchen, Bälle. An den Minitoren sind Leibchen mit den entsprechenden Farben befestigt.

Spielziel: In diesem Handballspiel agieren zwei Teams gegeneinander. Die beiden neutralen Spieler (hier gelb) gehören immer dem ballbesitzenden Team an. Die Spieler des ballbesitzenden Teams werfen sich den Ball untereinander zu und versuchen, zu punkten. Das verteidigende Team will den Ball erobern. Das angreifende Team kann einen Punkt erzielen, indem sie den Ball in ein geöffnetes Minitor werfen. Die Angreifer können die Tore öffnen, indem sie die an der Torlatte herunterhängenden Leibchen nach oben auf das Tor legen (siehe A und 1). Zu Beginn des Spiels sind bereits zwei Tore geöffnet. Das verteidigende Team darf die geöffneten Tore wieder schließen. Dazu wird das Leibchen einfach wieder heruntergehängt. In den markierten Vierecken darf sich nur ein Spieler zur gleichen Zeit aufhalten. Nach einem Tor erhält das erfolgreiche Team einen neuen Ball vom Trainer. Welches Team erzielt in fünf Minuten die meisten Tore? Es werden mehrere Runden gespielt.

Variation 1: Fällt den Angreifern der Ball während des Spiels auf den Boden, so erhält das bis dahin verteidigende Team einen neuen Ball vom Trainer und kann versuchen, ein Tor zu erzielen.

Variation 2: Der ballführende Spieler darf von den Verteidigern getickt werden. Gelingt es den Verteidigern, den ballführenden Spieler abzuticken, so erhält das bis dahin verteidigende Team einen neuen Ball vom Trainer und kann versuchen, ein Tor zu erzielen.

Hauptteil

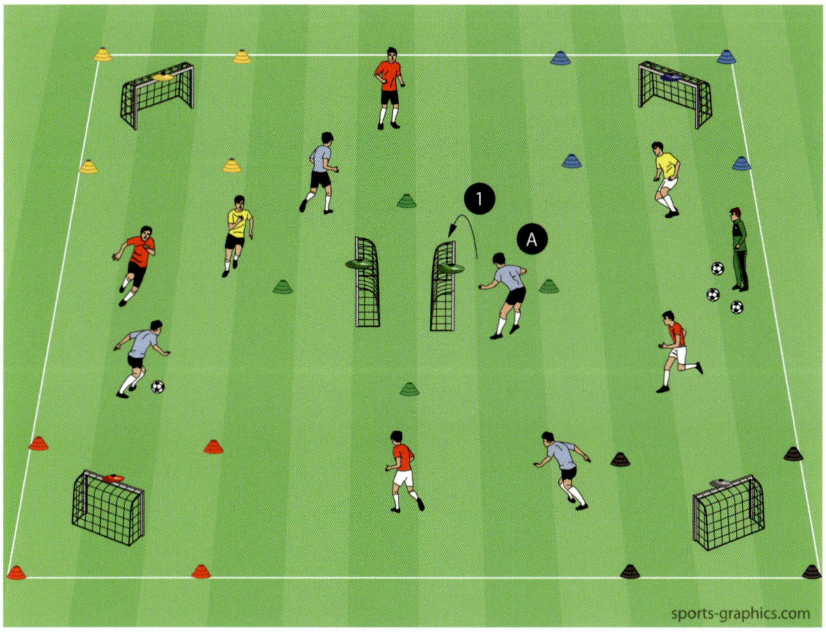

Aufbau/Organisation: 9-14 Spieler, 2 Teams, 6 Minitore, Leibchen, Hütchen, Bälle. An den Minitoren sind Leibchen mit den entsprechenden Farben befestigt.

Spielziel: In dieser Spielform agieren zwei Teams gegeneinander. Die beiden neutralen Spieler (hier gelb) gehören immer dem ballbesitzenden Team an. Die Spieler des ballbesitzenden Teams spielen sich den Ball untereinander zu und versuchen, zu punkten. Das verteidigende Team will den Ball erobern. Es wird ohne Feldbegrenzung gespielt. Bei Bedarf spielt der Trainer einen neuen Ball ein. Das angreifende Team kann einen Punkt erspielen, indem es einen Treffer in einem geöffneten Tor erzielt. Die Angreifer können die Tore öffnen, indem sie die an der Torlatte herunterhängenden Leibchen nach oben auf das Tor legen (siehe A und 1). Zu Beginn des Spiels sind bereits zwei Tore geöffnet. Das verteidigende Team darf die geöffneten Tore wieder schließen. Dazu wird das Leibchen wieder heruntergehängt. In den markierten Vierecken darf sich nur ein Spieler zur gleichen Zeit aufhalten. Nach einem Tor erhält das erfolgreiche Team einen neuen Ball vom Trainer. Welches Team erzielt in zehn Minuten die meisten Tore?

Variation 1: Wird ein Tor in der grünen Zentrumszone erzielt, zählt das Tor doppelt.
Variation 2: Auf das Tor muss außerhalb der markierten Vierecke abgeschlossen werden. Schließt man innerhalb des markierten Vierecks auf ein Tor ab, so erhält das angreifende Team keinen Punkt und der Trainer spielt einen neuen Ball für das bis dahin verteidigende Team ein.
Variation 3: Trifft ein Team zweimal hintereinander auf eines der beiden zentralen grünen Tore oder erzielt ein Team insgesamt vier Tore (davon muss ein Tor auf den grünen Zentrumstoren erzielt worden sein), so gewinnt die Mannschaft das Spiel sofort.

Abschlussspiel

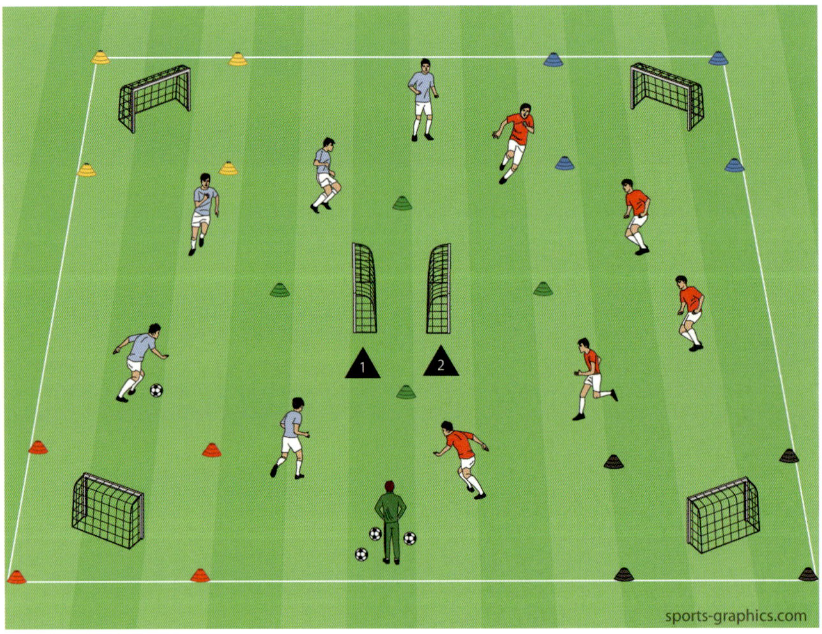

Aufbau/Organisation: 9-14 Spieler, 2 Teams, 6 Minitore, Leibchen, Hütchen, Bälle.

Spielziel: In dieser Spielform agieren zwei Teams gegeneinander. Die Spieler des ballbesitzenden Teams spielen sich den Ball untereinander zu und versuchen, zu punkten. Das verteidigende Team will den Ball erobern. Die angreifende Mannschaft kann einen Punkt erzielen, indem sie auf die gegnerischen Tore erfolgreich abschließt. Das blaue Team kann auf die Minitore im blauen und grauen Quadrat sowie auf das Tor Nr. 2 im grünen Quadrat abschließen. Das rote Team kann entsprechend auf die anderen drei Minitore abschließen. Auf ein Tor darf nicht innerhalb der Quadrate abgeschlossen werden. Wird ein Tor erzielt, so erhält das erfolgreiche Team einen neuen Ball vom Trainer. Welches Team erzielt in zehn Minuten die meisten Punkte?

Variation 1: Auf ein Tor darf nur innerhalb eines Quadrates abgeschlossen werden.
Variation 2: Die beiden Tore in der mittleren, grünen Zone werden aus dem Spiel genommen. Jedes Team spielt folglich nur noch auf zwei Minitore. Es wird frei und ohne weitere Zusatzregeln gespielt.

Trainingseinheit 25

Technikschwerpunkte: Dribbeln und Torschuss

Spielleitlinien der Trainingseinheit:

- Wir behaupten den Ball
- Wir jagen Ball und Gegner
- Wir rauben dem Gegner Spieloptionen
- Wir wollen immer den Ball

Aufwärmspiel

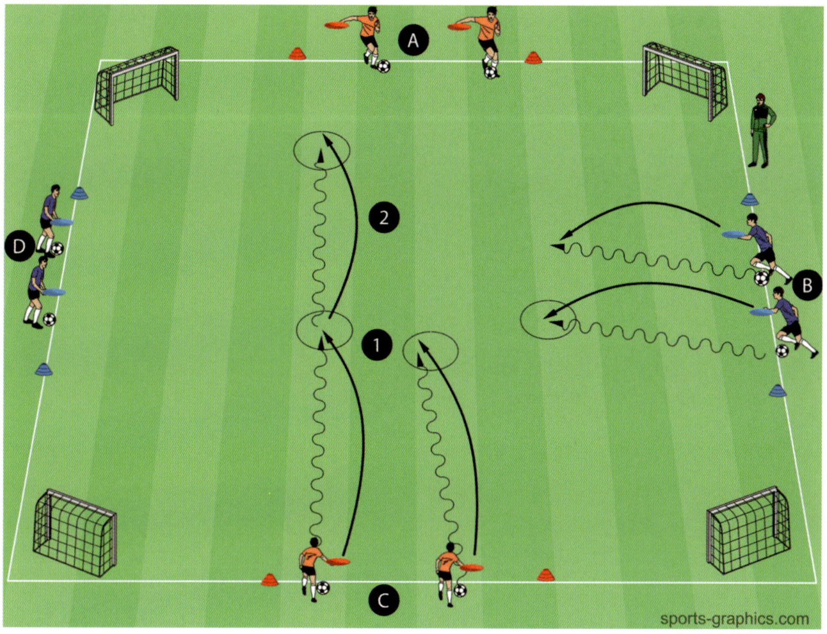

Aufbau/Organisation: 8–16 Spieler, 2 Teams, 4 Minitore, Hütchen, Floor-Marker, Leibchen, Bälle.

Spielziel: In dieser Spielform agieren zwei Teams gegeneinander (hier Orange vs. Blau). Alle Spieler starten gleichzeitig. Alle Spieler haben einen Floor-Marker in ihrer eigenen Farbe in der Hand und einen Ball am Fuß. Die Aufgabe ist, den Floor-Marker wie ein Frisbee in das Feld zu werfen und anschließend schnellstmöglich zum Floor-Marker zu dribbeln. Dort, wo der Floor-Marker liegen bleibt, kann nun der nächste Wurf erfolgen. Das Ziel ist, den Floor-Marker durch das gegenüberliegende Hütchentor zu werfen, die Linie zu überdribbeln und dann wieder zur eigenen Startlinie per Wurf und Dribbling zurückzukehren. Welches Team ist am schnellsten wieder auf der eigenen Startlinie? Es zählt immer der letzte Spieler des Teams. Es werden mehrere Runden gespielt.

Beispiel: Die zwei orangen Spieler (siehe C) werfen ihre Floor-Marker in das Spielfeld. Dort, wo die Floor-Marker liegen bleiben (siehe 1), dribbeln die Spieler hin, heben sie auf und werfen nun ein weiteres Mal (siehe 2). Das Ziel ist es, über die gegenüberliegende Linie zu dribbeln und dann per Wurf und Dribbling zur eigenen Startposition zurückzulaufen.

Variation 1: Die Spieler werfen mit ihrer zweitbesten Hand und dribbeln mit ihrem zweitbesten Fuß.

Variation 2 (zwei Punkte pro Runde): Es werden nun zwei Punkte pro Spielrunde vergeben. Welches Team ist als erstes auf der anderen Seite des Feldes (ein Punkt)? Welches Team ist als erstes wieder auf der eigenen Startposition (ein Punkt)?

Variation 3 (individueller Wettkampf): Welcher Spieler ist am schnellsten?

Hauptteil

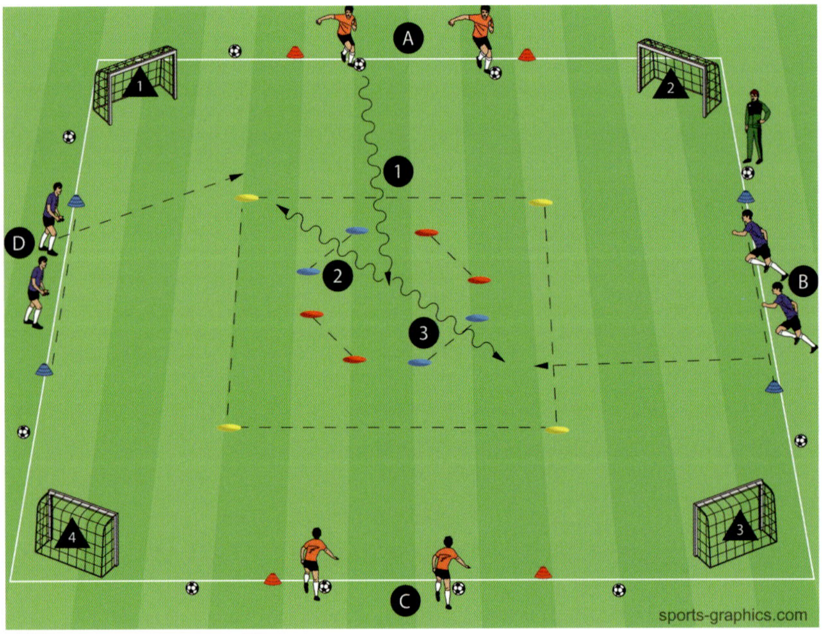

Aufbau/Organisation: 8-16 Spieler, 2 Teams, 4 Minitore, Hütchen, Floor-Marker, Leibchen, Bälle.

Spielziel: In dieser Spielform agieren zwei Teams gegeneinander (hier Orange vs. Blau). Das orange Team hat zunächst das Angriffsrecht und eröffnet das Spiel durch ein Dribbling in das Zentrum zwischen die rot-blauen Linientore (siehe A und 1). Im Zentrum entscheidet der ballführende Spieler, welchen blauen Spieler er nun zum 1-vs.-1-Duell herausfordert. Dribbelt der orange Spieler über die blaue Linie (siehe 2 oder 3) aus dem Zentrum, wird der blaue Spieler (siehe D oder B) sofort zum Verteidiger und verteidigt das Minitor 1 oder 3. Das Ziel des orangen Spielers ist, erfolgreich auf das Minitor abzuschließen. Bei einer Balleroberung durch den blauen Verteidiger kann dieser einen Punkt erzielen, indem er über eine blaue Linie im Zentrum dribbelt. Nun hat der blaue Spieler sich das Angriffsrecht erspielt und kann einen weiteren Punkt auf das Minitor 1 oder 3 erzielen, wenn er sein 1-vs.-1-Duell gegen den orangen Spieler gewinnt. Nach dem Spielduell laufen die Spieler zu ihrer Startposition zurück. Der nächste orange Spieler (siehe C) dribbelt nun schnellstmöglich in das Zentrum und fordert einen weiteren blauen Spieler heraus. Welches Team gewinnt mehr Duelle und erzielt am meisten Punkte? Es werden mehrere Runden gespielt.

Variation 1: Aufgabenwechsel. Das blaue Team hat das Angriffsrecht.

Variation 2: Die ballbesitzenden Spieler können, nachdem sie ein Linientor durchdribbelt haben, einmalig die Richtung ändern und den anderen Spieler herausfordern.

Beispiel: Wenn der orange Spieler durch das blaue Linientor dribbelt (siehe A, 1, 3 und B), kann dieser im gelb markierten Feld den Ball abkappen und doch den anderen blauen Spieler (siehe 2 und D) herausfordern. Das Minitor, auf das der Angreifer abschließen kann, ändert sich folglich auch.

Abschlussspiel

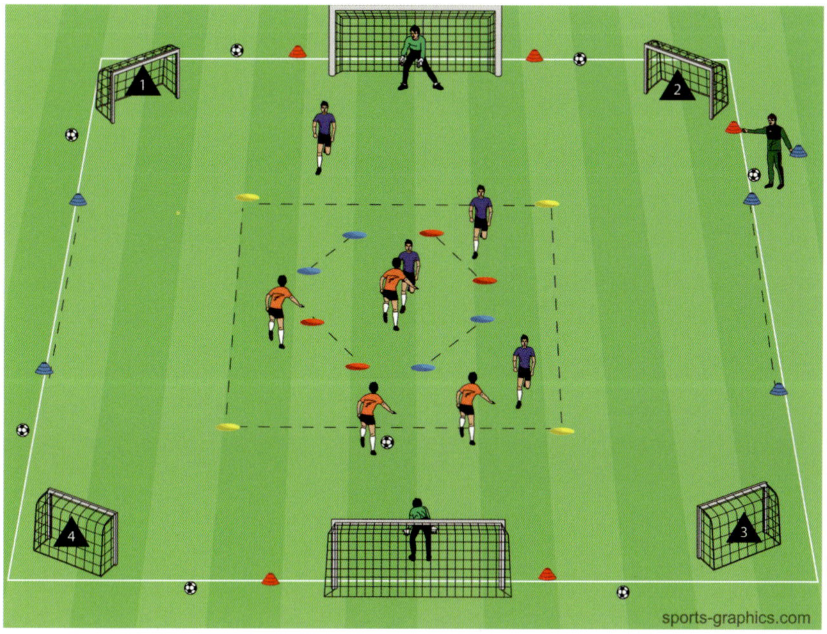

Aufbau/Organisation: 8-16 Spieler, 2 Teams, 4 Minitore, 2 Tore, Hütchen, Floor-Marker, Leibchen, Bälle.

Spielziel: In dieser Spielform agieren zwei Teams gegeneinander (hier Orange vs. Blau). Der Trainer gibt das Spielfeld und die Minitore/Tore, auf die gespielt wird, durch ein optisches Signal vor. Hält der Trainer das rote Hütchen hoch, spielt man auf die großen Tore und die zwei roten Dribbellinien im Zentrum. Beide Tore und beide rot markierten Dribbellinien sind von beiden Teams bespielbar. Ist ein Punkt erzielt, ist das zuletzt bespielte Tor oder die bespielte Dribbellinie für vier Sekunden geschlossen. Hält der Trainer ein blaues Hütchen hoch, spielen beide Teams auf die vier Minitore und die beiden blauen Dribbellinien im Zentrum. Welches Team erzielt mehr Tore? Welcher Spieler wird Torschützenkönig? Es werden mehrere Runden gespielt.

Variation 1: Hält der Trainer beide Hütchen hoch, wird auf die vier gelben Dribbellinien gespielt.
Variation 2: Freies Spiel auf die beiden großen Tore mit einer Spielrichtung.
Variation 3: Freies Spiel auf die beiden großen Tore und die Minitore. Es gibt weiterhin eine Spielrichtung.

Trainingseinheit 26

Technikschwerpunkte: Dribbeln und Torschuss

Spielleitlinien der Trainingseinheit:

- Wir behaupten den Ball
- Wir jagen Ball und Gegner
- Wir rauben dem Gegner Spieloptionen
- Wir wollen immer den Ball

Aufwärmspiel

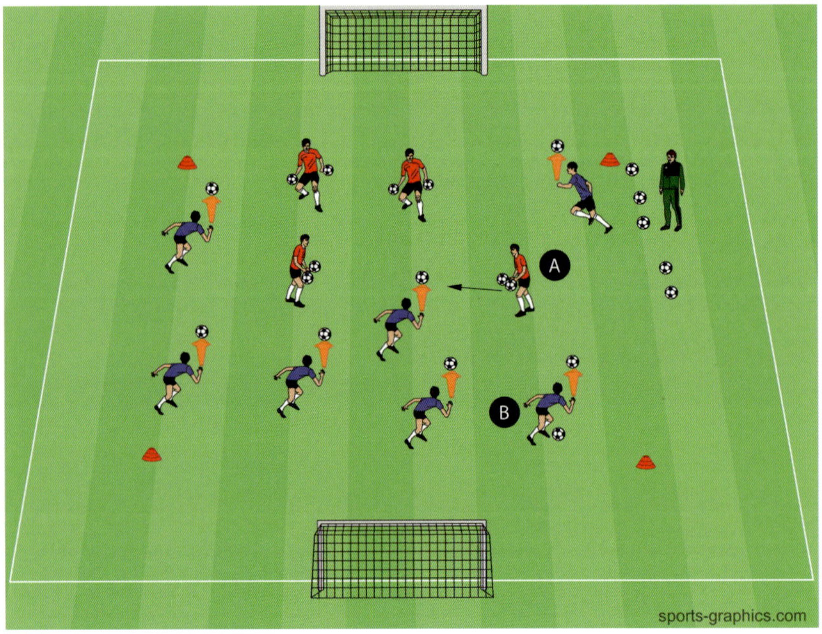

Aufbau/Organisation: 10–14 Spieler, 2 Tore, Leibchen, Hütchen, Pylonen, Bälle, Minibälle.

Spielziel: In dieser Spielform agieren zwei Teams gegeneinander. Es werden vier Jäger (hier rot) benannt. Die blauen Spieler (Läufer) transportieren auf einer umgedrehten Pylone einen Ball und laufen schnell durch das Spielfeld, ohne stehen zu bleiben. Der Ball, der auf der Pylone liegt, muss jederzeit gut sichtbar sein und darf nicht verdeckt werden. Die Jäger versuchen nun, die Bälle auf den Hütchen der blauen Spieler abzuwerfen (siehe A). Für jeden Treffer bekommt der Jäger einen Punkt. Fängt ein Läufer (hier die blauen Spieler) den Ball eines Jägers, so bekommt dieser einen Punkt. Fällt der Ball von der orangen Pylone herunter, so wird dieser schnellstmöglich wieder auf die Pylone gelegt und es wird weitergespielt. Welcher Jäger sammelt am meisten Punkte? Welcher Läufer kann die meisten Bälle abwehren und fangen? Es werden mehrere Runden gespielt.

Variation 1: Aufgabenwechsel. Neue Jäger bestimmen. Wird der Ball auf der Pylone eines Läufers abgeworfen, führt dieser an einem roten Hütchen eine athletische Aufgabe aus.

Variation 2: Aufgabenwechsel. Neue Jäger bestimmen. Die Läufer haben nun zusätzlich einen Ball am Fuß (siehe B).

Variation 3: Aufgabenwechsel. Neue Jäger bestimmen. Die Läufer und Jäger haben nun einen Ball am Fuß.

Hauptteil

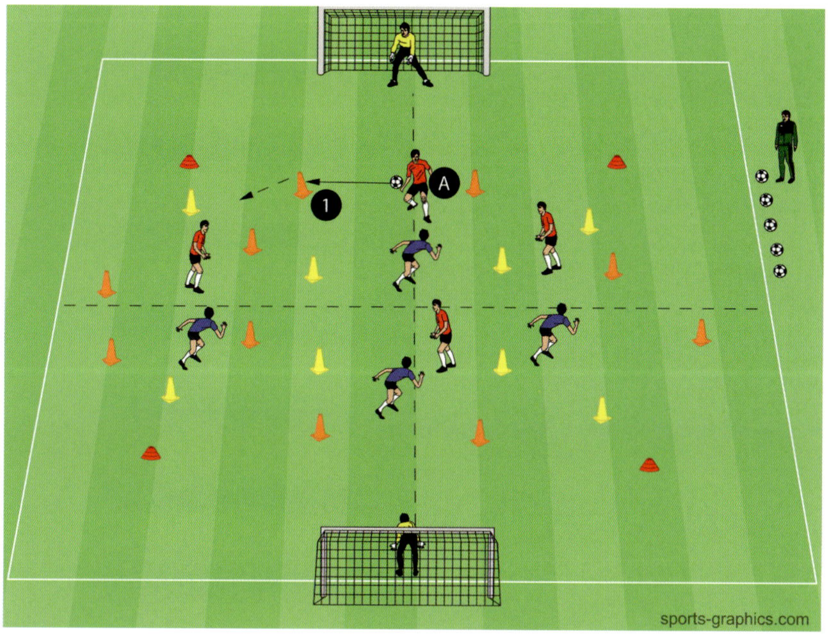

Aufbau/Organisation: 10-14 Spieler, 2 Tore, Leibchen, Hütchen, Pylonen, Bälle.

(Hinweis: Die Torhüter agieren als neutrale Spieler, wenn auf die Hütchen gespielt wird.)

Spielziel: In dieser Spielform spielen zwei Teams gegeneinander (hier Blau vs. Rot). Die Spieler des ballbesitzenden Teams werfen sich den Ball untereinander zu und versuchen, zu punkten. Die verteidigende Mannschaft will den Ball erobern. Der Ball darf maximal vier Sekunden in den Händen gehalten werden. Das Ziel ist, zunächst eine Pylone umzuwerfen, um dann auf ein Tor (Ball am Fuß) abzuschließen. Beide Tore sind für beide Teams bespielbar. Nach einem Torerfolg bleibt das erfolgreiche Team im Ballbesitz und spielt zunächst wieder per Hand auf eine andersfarbige Pylone, die in einem neuen Spielviertel stehen muss.

Beispiel: Spieler A wirft die orange Pylone um (siehe 1). Jetzt kann sofort im Fußballspiel auf beide Tore angegriffen werden, um einen Punkt zu erzielen. Man spielt so lange Fußball, bis ein Tor fällt. Ist ein Tor erzielt worden, wirft der Trainer einen neuen Ball ein. Jetzt spielt das ballbesitzende Team – zunächst wieder im Handballspiel – auf eine andersfarbige Pylone, die in einem anderen Spielviertel (nicht in dem ersten Viertel) steht. Welches Team erzielt mehr Punkte? Es werden mehrere Runden gespielt.

Variation 1: Die Pylonen werden volley aus der Hand abgeschossen. Der Trainer spielt einen neuen Ball ein, wenn ein Ball aus dem Spielfeld rollt.

Abschlussspiel

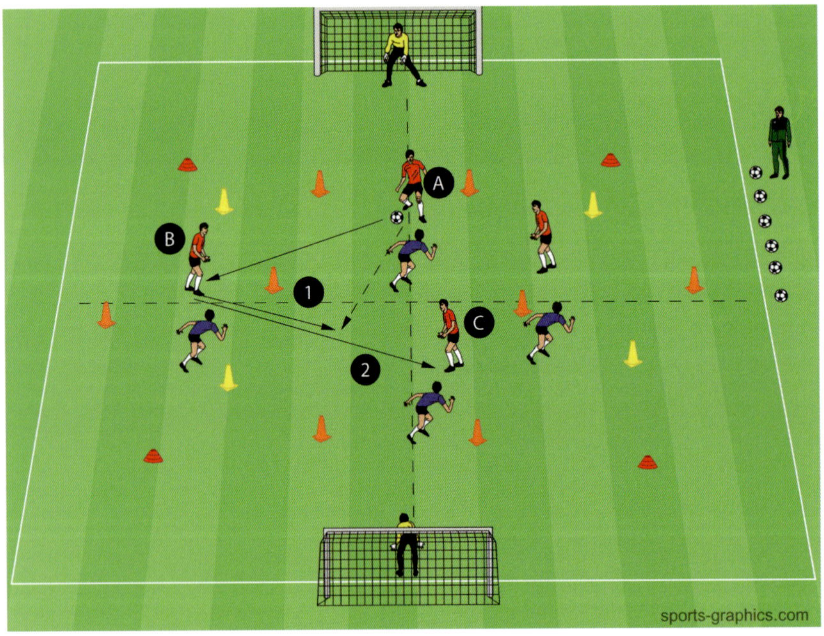

Aufbau/Organisation: 10-14 Spieler, 2 Tore, Leibchen, Hütchen, Pylonen, Bälle.

(Hinweis: Es kann mit einem neutralen Spieler gespielt werden).

Spielziel: In dieser Spielform spielen zwei Teams gegeneinander (hier Blau vs. Rot). Die Spieler des ballbesitzenden Teams passen sich den Ball untereinander zu und versuchen, zu punkten. Das verteidigende Team will den Ball erobern. Ein Punkt lässt sich erzielen, indem erfolgreich auf eines der beiden Tore abgeschlossen wird. Zusatzpunkte lassen sich durch einen Doppelpass (siehe A, B und 1) oder durch einen Pass über einen dritten Mitspieler (siehe A, B, C und 2) an einem Hütchen erspielen. Beide Tore sind für beide Teams bespielbar. Ist ein Tor erfolgreich erzielt, so ist das Tor, auf das zuletzt getroffenen wurde, für vier Sekunden geschlossen. Welches Team erzielt in acht Minuten mehr Tore? Es werden mehrere Runden gespielt.

Variation 1 (Farbwechsel): Zusatzpunkte lassen sich immer im Farbwechsel erspielen. Wird ein Zusatzpunkt an einer orangen Pylone erspielt, kann der nächste Zusatzpunkt nur auf eine gelbe Pylone erspielt werden.
Variation 2: Freies Spiel mit einer Spielrichtung und ohne Zusatzregeln. Die Pylonen werden aus dem Spielfeld genommen.

Trainingseinheit 27

Technikschwerpunkte: Passen und Dribbeln

Spielleitlinien der Trainingseinheit:

- Wir spielen und lösen uns
- Wir starten Läufe in die Tiefe und zwischen die Ketten
- Wir wollen immer den Ball und nehmen dabei die beste Spielposition ein
- Wir sind immer aktiv und anspielbar

Aufwärmspiel

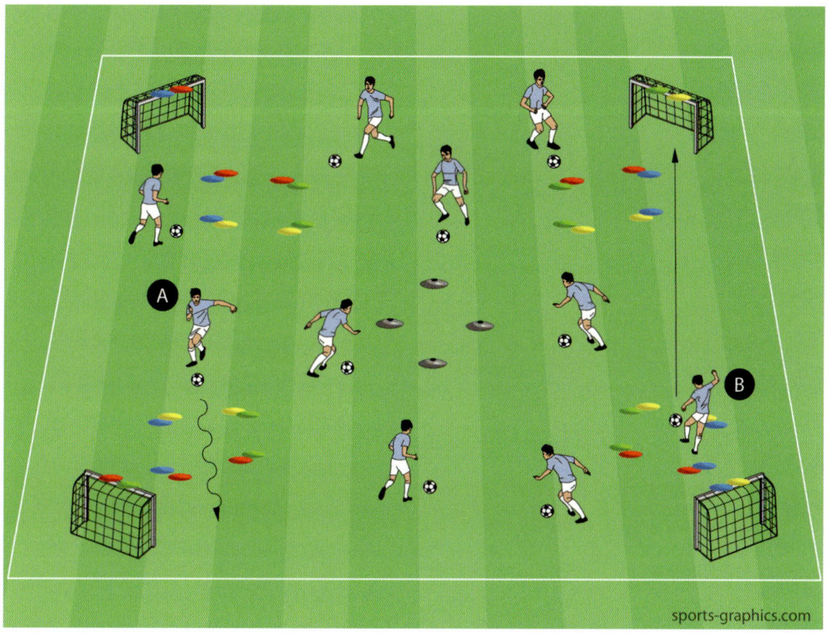

Aufbau/Organisation: 9-14 Spieler, 4 Minitore, Leibchen, Floor-Marker, Bälle. An den Minitoren sind Leibchen mit den entsprechenden Farben befestigt.

Spielziel: In dieser Spielform agiert jeder gegen jeden. Jeder Spieler hat einen Ball am Fuß. Ein Spieler kann einen Punkt erzielen, indem er über zwei Linien der Raute dribbelt (siehe A). Pro abgedribbelter Raute gibt es einen Punkt. Welche drei Spieler haben zuerst sieben Punkte erzielt? Es werden mehrere Runden gespielt.

Variation 1: Wer sieben Punkte erzielt hat, muss seinen Ball in ein Minitor schießen. Welche drei Spieler sind die schnellsten? Es werden mehrere Runden gespielt.

Variation 2: Man muss immer über eine andere Farbe in die Raute dribbeln. Wenn beispielsweise ein Spieler über die gelbe Linie in die erste Raute dribbelt (siehe A), muss man anschließend über die rote, blaue oder grüne Linie in die zweite Raute dribbeln. Dribbelt ein Spieler durch die Raute im Zentrum, können im Anschluss wieder alle Farben einer Raute überdribbelt werden.

Variation 3: Auf das Minitor darf nur aus einer Raute abgeschlossen werden. Wichtig ist, dass immer nur auf die drei Minitore abgeschlossen werden darf, die nicht direkt an der Raute stehen (siehe B).

Variation 4 (Anschlussaktion): Nachdem die ersten drei Sieger feststehen, startet die Anschlussaktion. Die drei erfolgreichen Spieler haben nun zehn Sekunden Zeit, um die übrigen Spieler im Feld abzuticken. Abgetickte Spieler bleiben stehen und heben den Arm. Gelingt es den Tickern, alle Spieler in zehn Sekunden zu ticken?

Hauptteil

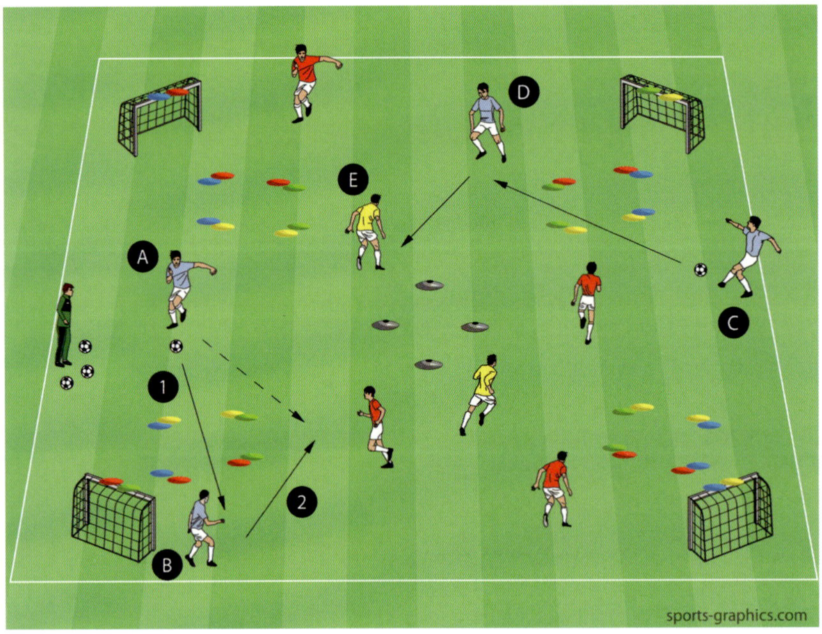

Aufbau/Organisation: 9-14 Spieler, 2 Teams, 4 Minitore, Leibchen, Floor-Marker, Bälle. An den Minitoren sind Leibchen mit den entsprechenden Farben befestigt.

Spielziel: In dieser Spielform agieren zwei Teams gegeneinander. Die beiden neutralen Spieler (hier gelb) gehören immer dem ballbesitzenden Team an. Die Spieler der ballbesitzenden Mannschaft spielen sich den Ball untereinander zu und versuchen, zu punkten. Das verteidigende Team will den Ball erobern. Es wird ohne Feldbegrenzung gespielt. Bei Bedarf spielt der Trainer einen neuen Ball ein. Das angreifende Team kann einen Punkt erzielen, indem ein Doppelpass durch eine Raute gespielt wird (siehe A, B, 1 und 2) oder der angespielte Spieler den Ball direkt zu einem dritten Spieler passt (siehe C, D und E). Wichtig ist, dass der Spieler, der den zweiten Pass spielt (hier Spieler D), maximal zwei Kontakte hat, um den Pass zu dem dritten Spieler zu spielen. Im Anschluss muss erfolgreich auf ein Minitor abgeschlossen werden. Die Farben der überspielten Linien entscheiden dabei, welche Tore geöffnet sind.

Beispiel: Spieler A spielt mit Spieler B einen Doppelpass. Der Ball hat dabei die gelbe und rote Linie der Raute überrollt. Somit sind nun die Minitore geöffnet, an denen ein rotes oder gelbes Leibchen befestigt ist. Welches Team erzielt in zehn Minuten die meisten Punkte?

Variation 1: Wird das Spielziel an der Raute im Zentrum erfüllt, so öffnen sich alle vier Minitore.

Variation 2: Nun muss man in eine Raute dribbeln und dann aus der Raute heraus einen Doppelpass mit einem Mitspieler spielen. Weiterhin ist auch der Pass zu einem dritten Spieler erlaubt.
Variation 3: Wird das Spielziel an der Raute im Zentrum erfüllt und anschließend ein Tor erzielt, zählt das Tor doppelt.

Abschlussspiel

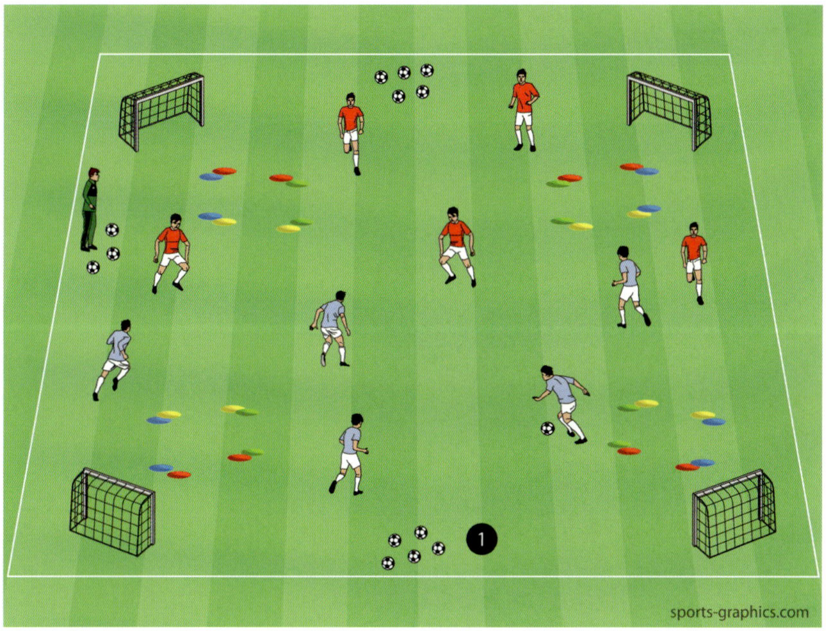

Aufbau/Organisation: 9-14 Spieler, 2 Teams, 4 Minitore, Leibchen, Floor-Marker, Bälle.

Spielziel: In dieser Spielform agieren zwei Teams gegeneinander. Die Spieler der ballbesitzenden Mannschaft spielen sich den Ball untereinander zu und versuchen, zu punkten. Das verteidigende Team will den Ball erobern. Das angreifende Team kann einen Punkt erzielen, indem auf eines der beiden gegnerischen Minitore erfolgreich abgeschlossen wird. Die Rauten sind dabei „Tabuzonen". Man darf also aus den Rauten heraus kein Tor erzielen. Wird ein Tor erzielt, bringt das erfolgreiche Team einen neuen Ball aus seinem Balldepot zwischen den Toren (siehe 1) ins Spiel. Welches Team erzielt in fünf Minuten die meisten Punkte?

Variation 1: Wird ein Tor erzielt, hat das erfolgreiche Team fünf Sekunden Zeit, um einen neuen Ball aus seinem Balldepot ins Spiel zu bringen. Schafft es das erfolgreiche Team nicht innerhalb der Zeit, so darf das gegnerische Team einen Ball aus seinem Balldepot ins Spiel bringen.
Variation 2: Das angreifende Team darf den Ball nicht durch eine Raute passen. Wird die Raute in einer Angriffsaktion dennoch durchspielt, erhält das bis dahin verteidigende Team einen neuen Ball vom Trainer.
Variation 3: Freies Spiel ohne weitere Zusatzregeln.

Trainingseinheit 28

Technikschwerpunkte: Passen und Dribbeln

Spielleitlinien der Trainingseinheit:

- Wir rauben dem Gegner Spieloptionen
- Wir starten Läufe in die Tiefe und zwischen die Ketten
- Wir wollen immer den Ball und nehmen dabei die beste Spielposition ein
- Wir sind immer aktiv und anspielbar

Aufwärmspiel

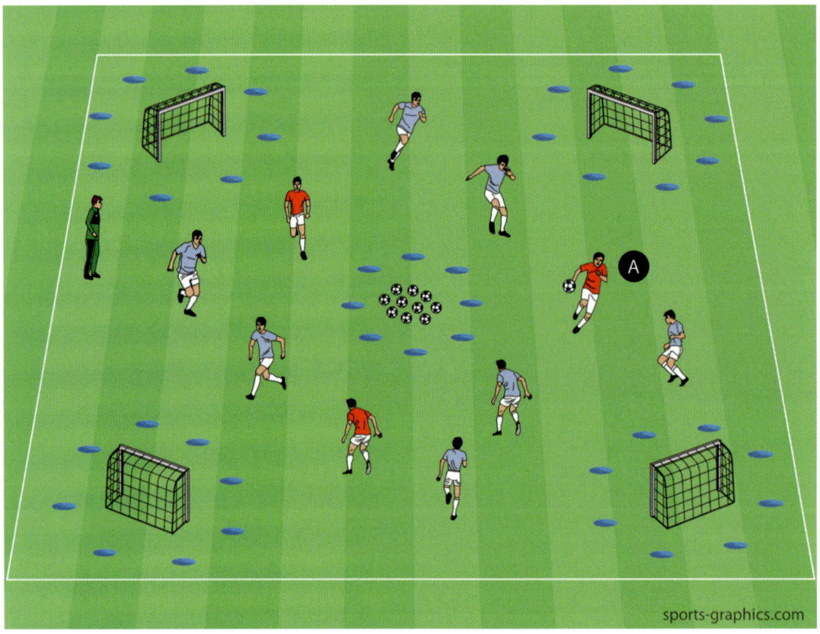

Aufbau/Organisation: 9–14 Spieler, 4 Minitore, Leibchen, Floor-Marker, Bälle.

(Hinweis: Der Radius der Kreise sollte ca. 3 Meter betragen.)

Spielziel: In dieser Spielform agiert jeder gegen jeden. Es werden drei Ticker bestimmt (hier rot). Die Ticker versuchen, die anderen Spieler am Rücken abzuticken. Ist ein Spieler getickt, muss dieser in den Kreis (das „Gefängnis") in der Mitte des Spielfeldes. Welche beiden Spieler bleiben übrig und sind nicht getickt worden? Es werden mehrere Runden gespielt.

Variation 1: Die Ticker werden gewechselt.
Variation 2: Die Ticker haben einen Ball in der Hand (siehe A). Sie müssen die anderen Spieler nun mit dem Ball am Oberkörper abbacken. Der Ball darf jedoch nicht geworfen werden.
Variation 3: In dem Kreis im Zentrum (das „Gefängnis") werden zehn Bälle platziert. Ist ein Spieler abgetickt, so kann er sich wieder befreien, indem er einen Ball in eines der vier Minitore schießt.

Hauptteil

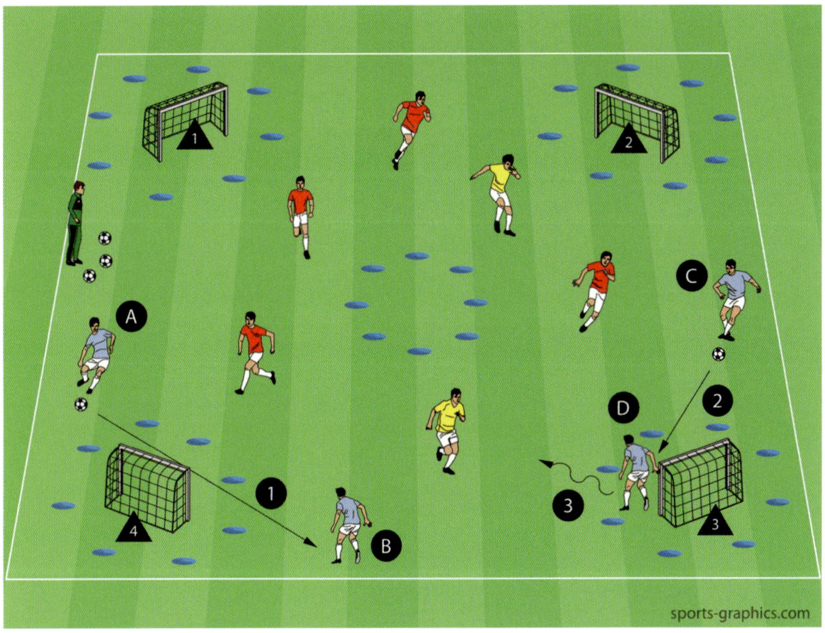

Aufbau/Organisation: 9-14 Spieler, 2 Teams, 4 Minitore, Leibchen, Floor-Marker, Bälle.

(Hinweis: Der Radius der Kreise sollte ca. 3 Meter betragen.)

Spielziel: In dieser Spielform agieren zwei Teams gegeneinander. Die beiden neutralen Spieler (hier gelb) gehören immer dem ballbesitzenden Team an. Die Spieler der ballbesitzenden Mannschaft spielen sich den Ball untereinander zu und versuchen, zu punkten. Das verteidigende Team will den Ball erobern. Es wird ohne Feldbegrenzung gespielt. Bei Bedarf spielt der Trainer einen neuen Ball ein. Das angreifende Team kann einen Punkt erzielen, indem ein Kreis (der Kreis im Zentrum zählt noch nicht dazu) durchpasst wird (siehe A, B und 1) oder ein Spieler in einem Kreis angespielt wird und dieser dann aus dem Kreis herausdribbelt (siehe C, D, 2 und 3). Im Anschluss muss man erfolgreich auf eines der Minitore abschließen. Es sind alle Tore geöffnet, außer das Minitor, das im bespielten Kreis steht. Folglich sind immer drei Minitore geöffnet.

Beispiel: Spieler A passt den Ball durch den Kreis zu Spieler B. Nun ist das Minitor, das in dem durchspielten Kreis steht, geschlossen. Auf die anderen drei Minitore (Nummer 1, 2 und 3) kann abgeschlossen werden, um einen Punkt zu erzielen. Welches Team erspielt in zehn Minuten die meisten Punkte?

Variation 1: Man darf nun auch den Kreis im Zentrum bespielen. Wird der Kreis im Zentrum durchpasst oder durchdribbelt, darf auf alle vier Minitore abgeschlossen werden.
Variation 2 (Torschuss-Zone): Es muss außerhalb des Kreises auf ein Minitor abgeschlossen werden.
Variation 3: Nun sind nicht mehr drei Tore nach dem Erreichen des Spielziels geöffnet, sondern nur noch zwei. Es sind immer die beiden gegenüberliegenden Tore des durchspielten Kreises geöffnet.

Beispiel: Spieler A passt den Ball durch den Kreis zu Spieler B. Nun sind die beiden gegenüberliegenden Tore geöffnet. Also die beiden Minitore mit der Nummer 1 und 2.

Abschlussspiel

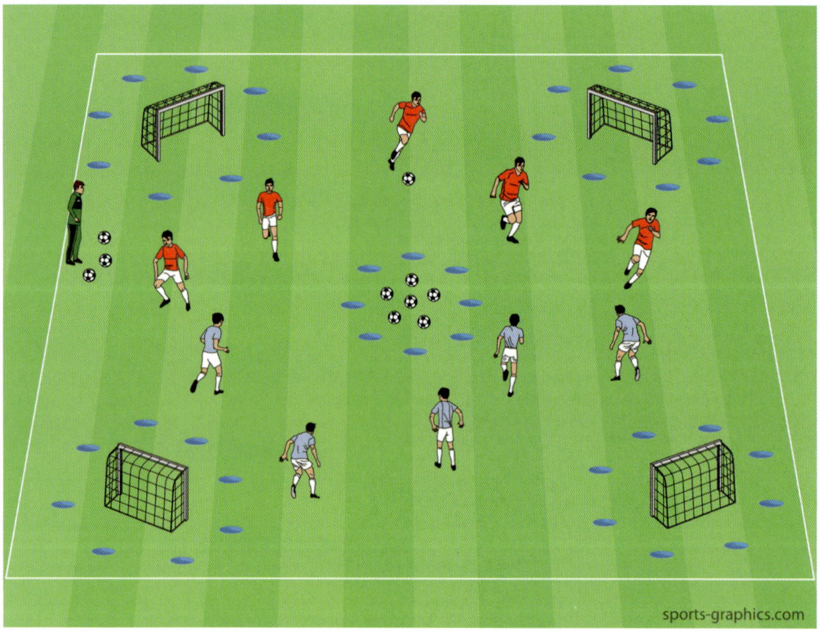

Aufbau/Organisation: 9–14 Spieler, 4 Minitore, Leibchen, Floor-Marker, Bälle.

(Hinweis: Der Radius der Kreise sollte ca. 3 Meter betragen.)

Spielziel: In dieser Spielform agieren zwei Teams gegeneinander. Die Spieler der ballbesitzenden Mannschaft spielen sich den Ball untereinander zu und versuchen, zu punkten. Das verteidigende Team will den Ball erobern. Das angreifende Team kann einen Punkt erzielen, indem auf eines der beiden gegnerischen Minitore erfolgreich abgeschlossen wird. Die Kreise um die Minitore gelten als Schusszone. Auf das Tor muss somit außerhalb der Kreise geschossen werden. Welches Team erzielt in fünf Minuten die meisten Punkte?

Variation 1: Die Bälle im Balldepot dürfen nicht vom Spielball getroffen werden. Trifft das angreifende Team dennoch einen Ball aus dem Balldepot, erhält das bis dahin verteidigende Team einen neuen Ball vom Trainer.
Variation 2: Wird ein Tor erzielt, bringt das erfolgreiche Team einen neuen Ball aus dem Balldepot im Zentrum des Spielfeldes ins Spiel.
Variation 3: Freies Spiel ohne weitere Zusatzregeln.

Trainingseinheit 29

Technikschwerpunkte: Dribbeln und Torschuss

Spielleitlinien der Trainingseinheit:

- Wir behaupten den Ball
- Wir jagen Ball und Gegner
- Wir rauben dem Gegner Spieloptionen
- Wir wollen immer den Ball

Aufwärmspiel

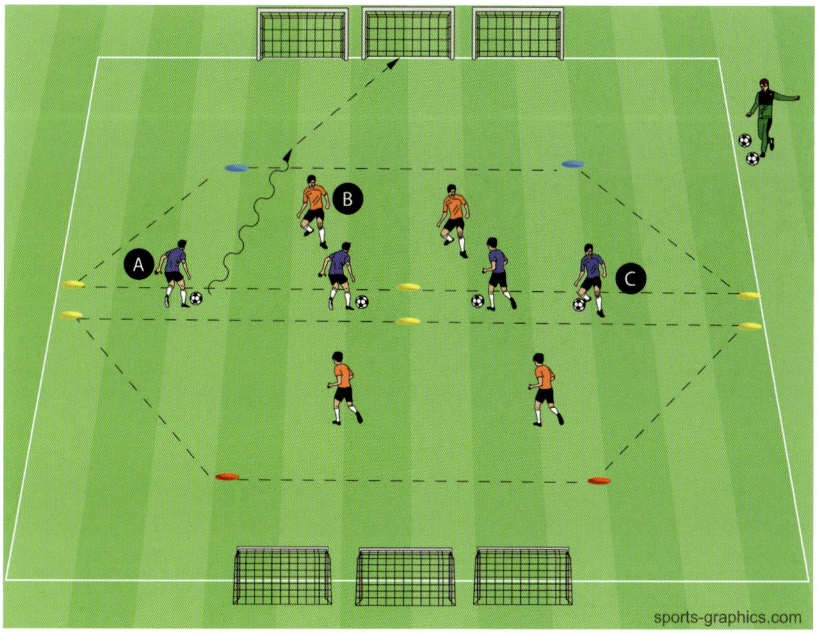

Aufbau/Organisation: 8-12 Spieler, 2 Teams, 6 Minitore, Leibchen, Floor-Marker, Bälle.

Spielziel: In dieser Spielform agieren zwei Teams gegeneinander. Die blauen Spieler haben zunächst das Angriffsrecht. Die orangen Spieler sind die Verteidiger (Jäger). Die blauen Spieler starten in der gelben Mittelzone, in der sie nicht getickt werden können und sicher sind. Alle blauen Spieler haben einen Ball am Fuß und starten gleichzeitig in beide Spielrichtungen. Das Ziel der blauen Spieler ist es, über die rote oder blaue Linie zu dribbeln (siehe A), ohne dass ein oranger Spieler (Jäger) sie tickt. Wenn der orange Spieler (siehe B) einen blauen Spieler tickt, erhält er einen Punkt und der blaue Spieler muss zu seiner Startposition zurückdribbeln und kann dann erneut starten. Erdribbelt der blaue Spieler einen Punkt, so betritt er anschließend seitlich die gelbe Mittelzone und kann dann wieder in beide Spielrichtungen angreifen und weitere Punkte sammeln. Welches Team sammelt mehr Punkte? Welcher Spieler sammelt die meisten Punkte? Es werden mehrere Runden gespielt.

Variation 1: Aufgabenwechsel.

Variation 2 (Minitore): Die Angreifer versuchen weiterhin, über die blaue oder rote Linie zu dribbeln, um dann auf ein Minitor abzuschließen. Ist die Dribbellinie überquert, so muss mit dem ersten Kontakt auf das Minitor abgeschlossen werden. Erobert ein Verteidiger den Ball, so darf er auf ein Minitor kontern und sammelt mit einem erfolgreichen Torschuss einen Punkt.

Hauptteil

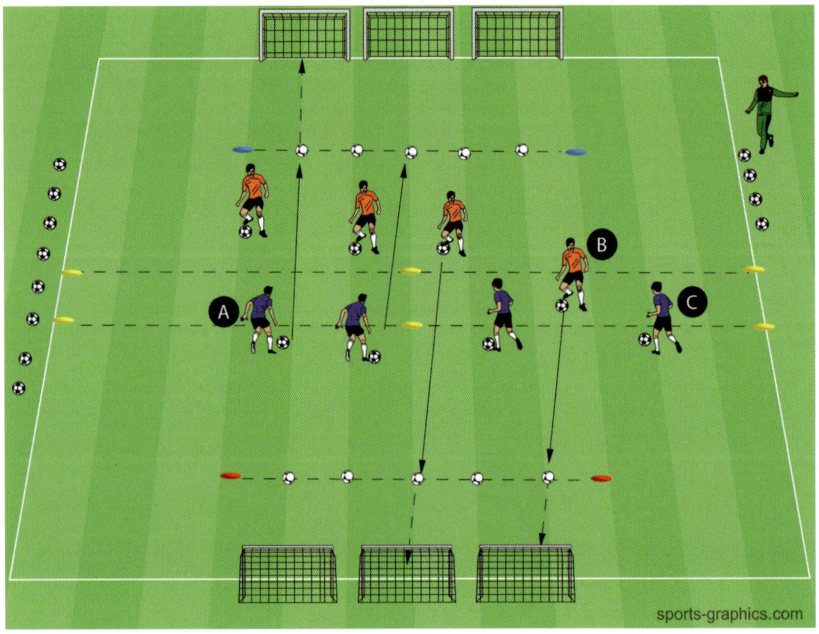

Aufbau/Organisation: 8–12 Spieler, 2 Teams, 6 Minitore, Leibchen, Floor-Marker, Bälle.

Spielziel: In dieser Spielform spielen zwei Teams gegeneinander (hier Orange vs. Blau). Alle Spieler haben einen Ball am Fuß. Das Ziel ist, die Bälle, die auf der blauen bzw. roten Linie liegen, aus der eigenen Hälfte abzuschießen, sodass diese in eines der drei Minitore rollen (siehe A und B). Rollt ein Ball von der roten oder blauen Linie in ein Minitor, bekommt der Spieler, der den Ball abgeschossen hat, einen Punkt. Rollt ein Ball (von der roten oder blauen Linie) an einem Minitor vorbei oder bleibt er vor dem Minitor liegen, erhält der Schütze zunächst keinen Punkt. Wenn bei weiteren Schussversuchen der Ball in ein Minitor rollt, dann bekommt der Spieler, der den Ball zuletzt getroffen hat, einen Punkt. In der gelb markierten Risikozone darf der Gegenspieler getickt werden. Hierfür gibt es einen Bonuspunkt, wenn ein Spieler des verteidigenden Teams es schafft, einen Gegenspieler abzuticken.

Beispiel: Spieler A schießt aus der eigenen Hälfte auf den Ball. Spieler A kann nicht getickt werden, da er sich in seiner eigenen Hälfte befindet. Der orange Spieler B ist mutig und dribbelt näher an die Bälle heran, kann dafür aber in der gelben Risikozone von einem blauen Spieler getickt werden. Welcher Spieler erspielt die meisten Punkte? Welches Team erzielt mehr Punkte? Es werden mehrere Runden gespielt.

Variation 1: Die Spieler schießen mit ihrem zweitbesten Fuß.

Variation 2: Die Schüsse der Gegenspieler dürfen verteidigt und abgefangen werden.

Variation 3 (Laufspiel): Die Spieler haben keine Bälle mehr am Fuß und müssen die Bälle auf der roten bzw. blauen Linie erlaufen, ohne in der gegnerischen Hälfte getickt zu werden. Ist ein Ball erlaufen, darf man, mit dem ersten Kontakt, auf ein Minitor abschließen.

Abschlussspiel

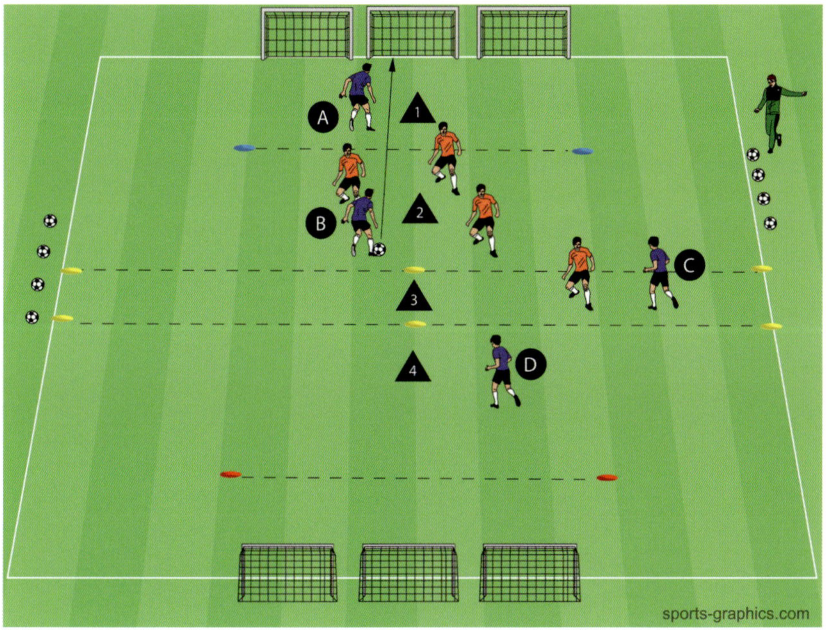

Aufbau/Organisation: 8-12 Spieler, 2 Teams, 6 Minitore, Leibchen, Floor-Marker, Bälle.

Spielziel: In dieser Spielform spielen zwei Teams gegeneinander (hier Blau vs. Orange). Das blaue Team greift auf drei Minitore an und verteidigt die anderen drei Minitore. Die orange Mannschaft greift ebenso auf drei Minitore an und verteidigt die drei anderen Minitore. Die Spieler des ballbesitzenden Teams passen sich den Ball untereinander zu und versuchen, zu punkten. Das verteidigende Team will den Ball erobern. Das Ziel ist, aus den Zonen 1-4 jeweils einen Treffer zu erzielen. Die Spielrunde ist vorbei, sobald aus allen vier Zonen (jeweils aus der Spielrichtung betrachtet) ein Tor erzielt wurde. Weitere Treffer kann man jederzeit aus allen Zonen erzielen. Um einen „Knock-out" zu erspielen und die Spielrunde sofort zu beenden, muss jedoch aus allen vier Zonen getroffen werden.

Beispiel: Spieler B trifft aus der Zone 2 (zwischen der blauen und gelben Linie). Um das Spiel zu beenden, müssen drei weitere Treffer aus der Zone 1 (zwischen den Minitoren und der blauen Linie), Zone 3 (zwischen den gelben Linien) und der Zone 4 (zwischen der gelben und roten Linie) erzielt werden. Weitere Tore lassen sich jederzeit aus allen Zonen erzielen und werden auch auf das Ergebnis angerechnet. Es besteht allerdings das Risiko, dass das gegnerische Team mit weniger geschossenen Toren einen „Knock-Out" erspielen kann.

Variation 1: Freies Spiel auf jeweils drei Minitore mit einer Spielrichtung. Es gibt keine Zusatzregeln.

Trainingseinheit 30

Technikschwerpunkte: Passen und Dribbeln

Spielleitlinien der Trainingseinheit:

- Wir wollen immer den Ball und nehmen dabei die beste Spielposition ein
- Wir coachen uns gegenseitig
- Wir sind immer aktiv und anspielbar
- Wir spielen und lösen uns

Aufwärmspiel

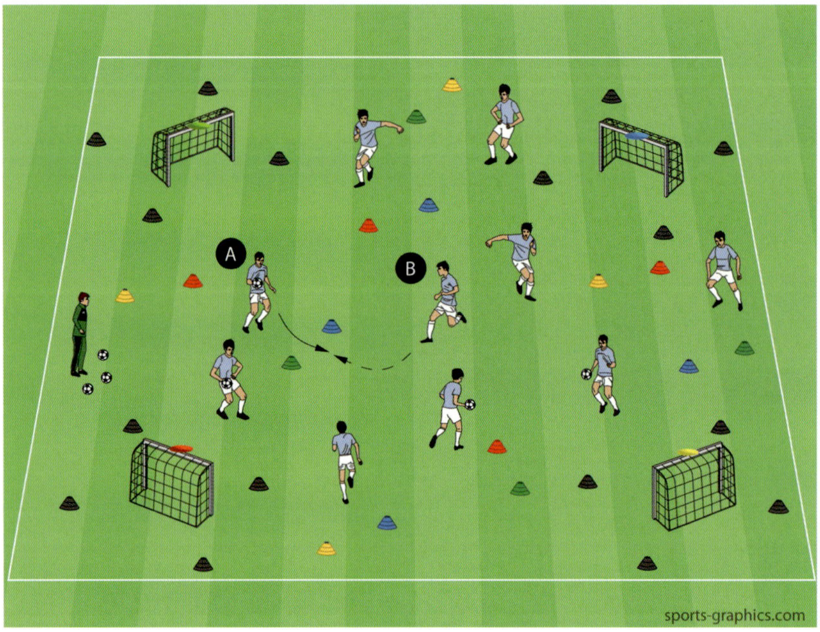

Aufbau/Organisation: 9–14 Spieler, 4 Minitore, Leibchen, Hütchen, Minibälle. An den Minitoren sind Leibchen mit den entsprechenden Farben befestigt.

Spielziel: In diesem Spiel agiert jeder gegen jeden. Alle Spieler, die einen Ball in der Hand haben, werfen den Miniball durch ein markiertes Hütchentor (siehe A). Die Spieler ohne Ball laufen schnell zu einem Hütchentor, lassen sich den Miniball zuwerfen und spielen ihn mit der Handinnenfläche wieder zurück (siehe B). Kann der Miniball durch den werfenden Spieler A aufgefangen werden, erhält der Spieler B einen Punkt. Anschließend müssen sich beide Spieler ein neues Hütchentor suchen und auch einen neuen Partner finden. Nach zwei Minuten wechseln Anspieler und Punkte-Jäger die Rollen. Welche drei Spieler haben zuerst sieben Punkte? Der Trainer verteilt Medaillen (Gold, Silber, Bronze) für die ersten drei Spieler. Es werden mehrere Runden gespielt.

Variation 1: Der Ball wird mit der Faust zurückgeboxt.
Variation 2: Der Ball wird als Kopfball durch das Hütchentor zurückgespielt.
Variation 3: Der Ball wird mit dem Oberschenkel zurückgespielt.

Variation 4: Der Ball wird mit dem Fuß zurückgespielt.

Variation 5: Die Spieler mit einem Ball dribbeln durch das Feld. Der Ball wird mit dem Fuß durch die Hütchentore gepasst.

Hauptteil

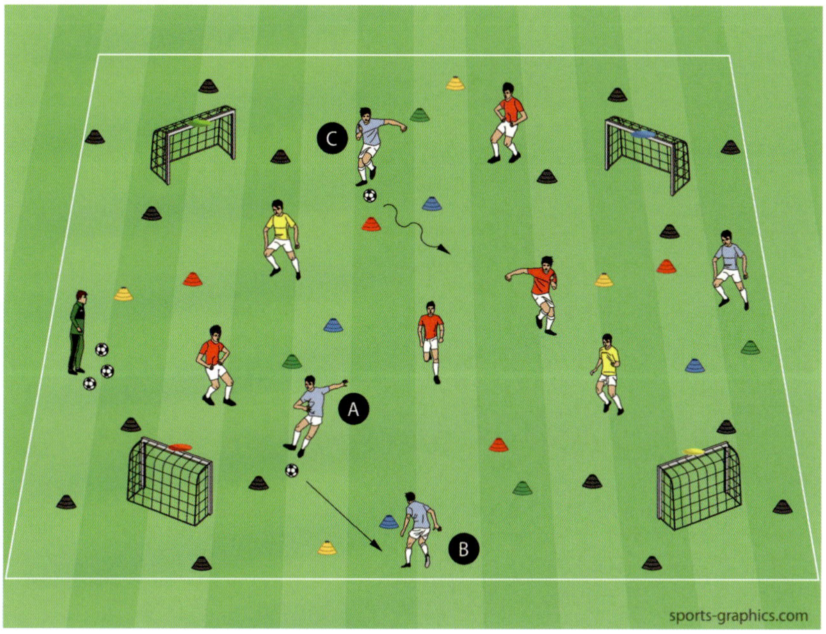

Aufbau/Organisation: 9-14 Spieler, 2 Teams, 4 Minitore, Leibchen, Hütchen, Bälle. An den Minitoren sind Leibchen mit den entsprechenden Farben befestigt.

Spielziel: In dieser Spielform agieren zwei Teams gegeneinander. Die beiden neutralen Spieler (hier gelb) gehören immer dem ballbesitzenden Team an. Die Spieler der ballbesitzenden Mannschaft spielen sich den Ball untereinander zu und versuchen, zu punkten. Das verteidigende Team will den Ball erobern. Es wird ohne Feldbegrenzung gespielt. Bei Bedarf spielt der Trainer einen neuen Ball ein. Das angreifende Team kann einen Punkt erzielen, indem zwei Spieler ein Hütchentor durchpassen (siehe A und B) oder ein Spieler durch ein Hütchentor dribbelt (siehe C). Im Anschluss muss erfolgreich auf eines der Minitore abgeschlossen werden. Die Farben des bespielten Hütchentores entscheiden, welche Tore geöffnet sind.

Beispiel: Spieler A und B durchpassen ein Hütchentor mit den Farben Gelb und Blau. Somit sind nun die Minitore geöffnet, an denen ein gelbes oder blaues Leibchen befestig ist. Welches Team erzielt in zehn Minuten die meisten Punkte?

Variation 1: Auf das Minitor muss außerhalb des grauen Quadrates, welches um das Minitor steht, abgeschlossen werden.

Variation 2: Es sind immer die Minitore geöffnet, die nicht die Farben des durchpassten oder durchdribbelten Hütchentores tragen.

Variation 3: Ein Tor kann erzielt werden, wenn nach dem Erreichen des Spielziels in das graue Quadrat, welches um die Minitore steht, gedribbelt wird. Innerhalb des Quadrates muss man dann auf das Minitor abschließen.
Variation 4: Es dürfen zusätzlich Tore von hinten geschossen werden. Ein Punkt lässt sich folglich auch erzielen, indem der Spieler auf das Netz an der Rückseite des Minitores abschließt. Mit dem vom Netz abprallenden Ball darf sofort weitergespielt werden.

Abschlussspiel

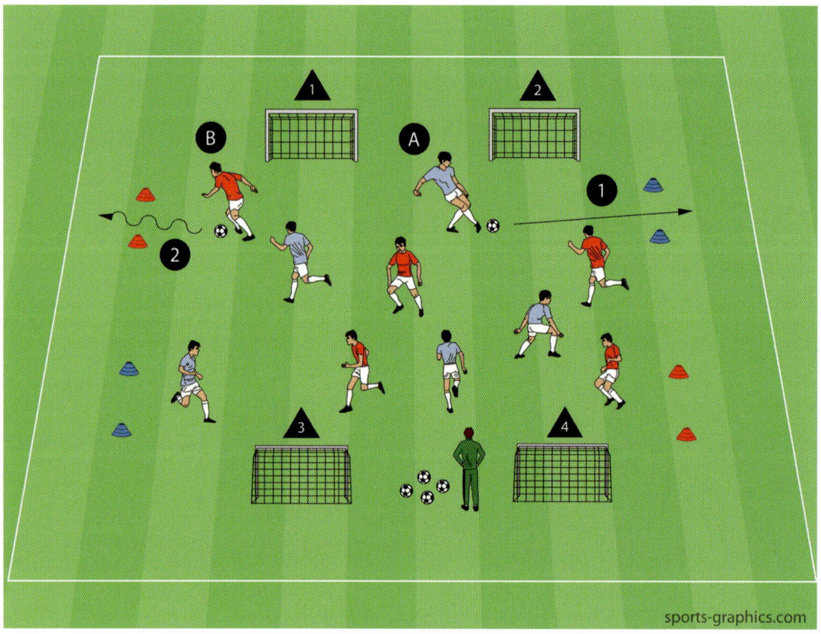

Aufbau/Organisation: 9-14 Spieler, 2 Teams, 4 Minitore, Leibchen, Hütchen, Bälle.

Spielziel: In dieser Spielform agieren zwei Teams gegeneinander. Die Spieler des ballbesitzenden Teams spielen sich den Ball untereinander zu und versuchen, zu punkten. Das verteidigende Team will den Ball erobern. Gespielt wird zuerst auf die vier Hütchentore. Das ballbesitzende Team kann einen Punkt erzielen, indem ein Spieler den Ball durch das blaue Hütchentor passt (siehe Spieler A und 1). Zudem kann das rote Hütchentor durchdribbelt werden, um einen Punkt zu erspielen. Erzielt man einen Punkt durch ein Dribbeltor, bleibt das Team im Ballbesitz und die Spielrichtung wechselt. Wird ein Tor per Pass erzielt, erhält das erfolgreiche Team einen neuen Ball vom Trainer. Die Spielrichtung bleibt jedoch gleich. Welches Team erreicht in zehn Minuten die meisten Punkte?

Variation 1: Erzielt man einen Punkt durch das Dribbeltor (rotes Hütchentor), so wird weiterhin die Spielrichtung gewechselt. Wird auf den blauen Hütchentoren ein Passtor erzielt, so spielt man im Anschluss auf die vier Minitore. Das erfolgreiche Team bekommt einen neuen Ball vom Trainer und darf jetzt auf alle vier Minitore treffen. Erzielt beispielsweise Team Blau einen Treffer auf Tor 1, dann muss das blaue Team anschließend auf Tor 3 oder 4 treffen. Folglich ist die Spielrichtung nach dem ersten Treffer festgelegt.
Variation 2: Es wird frei und ohne Zusatzregeln auf die vier Minitore gespielt. Jedes Team spielt folglich nur noch auf zwei Minitore und mit fester Spielrichtung.

Trainingseinheit 31

Technikschwerpunkte: Passen und Dribbeln

Spielleitlinien der Trainingseinheit:

- Wir jagen Ball und Gegner
- Wir starten Heldenläufe
- Wir wollen immer den Ball und nehmen dabei die beste Spielposition ein
- Wir coachen uns gegenseitig

Aufwärmspiel

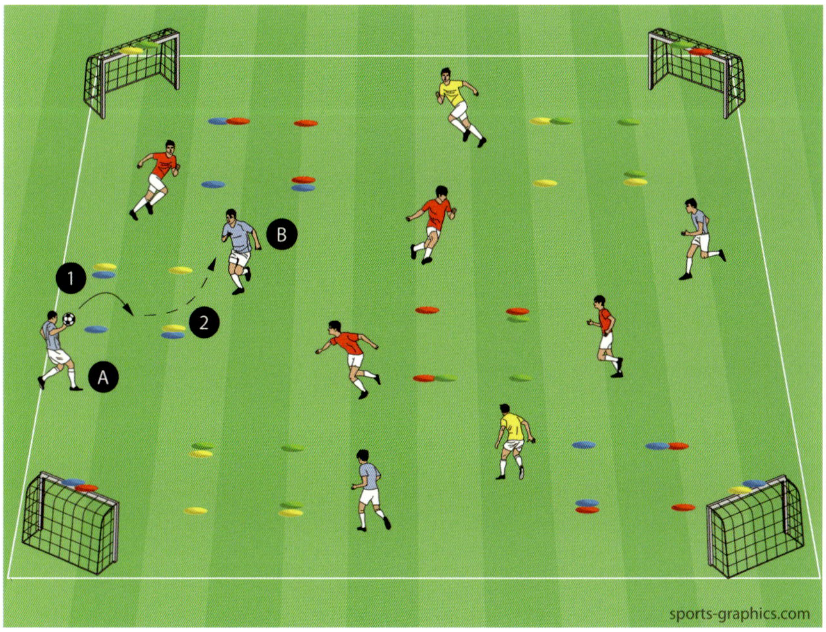

Aufbau/Organisation: 9-14 Spieler, 2 Teams, 4 Minitore, Leibchen, Floor-Marker, Bälle. An den Minitoren sind Leibchen mit den entsprechenden Farben befestigt.

Spielziel: In diesem Handballspiel agiert das blaue Team gegen das rote Team. Die beiden neutralen Spieler (hier gelb) gehören immer der ballbesitzenden Mannschaft an. Die Spieler des ballbesitzenden Teams werfen sich den Ball untereinander zu. Das verteidigende Team versucht, den Ball zu erobern. Es lässt sich ein Punkt erzielen, indem man eines der Quadrate mit einem „Aufsetzer" diagonal durchspielt (siehe A und B). Dafür wird der Ball auf den Boden in das Quadrat geworfen (siehe A und 1). Der Mitspieler muss den vom Boden hochspringenden Ball direkt auffangen (siehe B und 2). Welches Team erzielt zuerst sieben Punkte? Es werden mehrere Runden gespielt.

Variation 1: Es wird mit zwei Bällen gleichzeitig gespielt.

Variation 2: Das angreifende Team muss die erspielten Punkte sichern.

Beispiel: Hat ein Team beispielsweise fünf Punkte in Folge erzielt, da fünf Quadrate hintereinander diagonal durchspielt wurden, so kann das Team die erspielten Punkte sichern. Dafür muss der Spieler den Ball, den er nach dem fünften durchspielten Quadrat aufgefangen hat, sofort auf den Boden legen und mit dem Fuß in eines der vier Minitore schießen. Es ist auch möglich, dass der Spieler den Ball auf den Boden legt und losdribbelt, um einen besser positionierten Mitspieler anzuspielen. Wichtig ist: Verteidigen die Gegner den Ball vor dem erfolgreichen Torabschluss, so sind die bisher erspielten fünf Punkte verloren.

Hauptteil

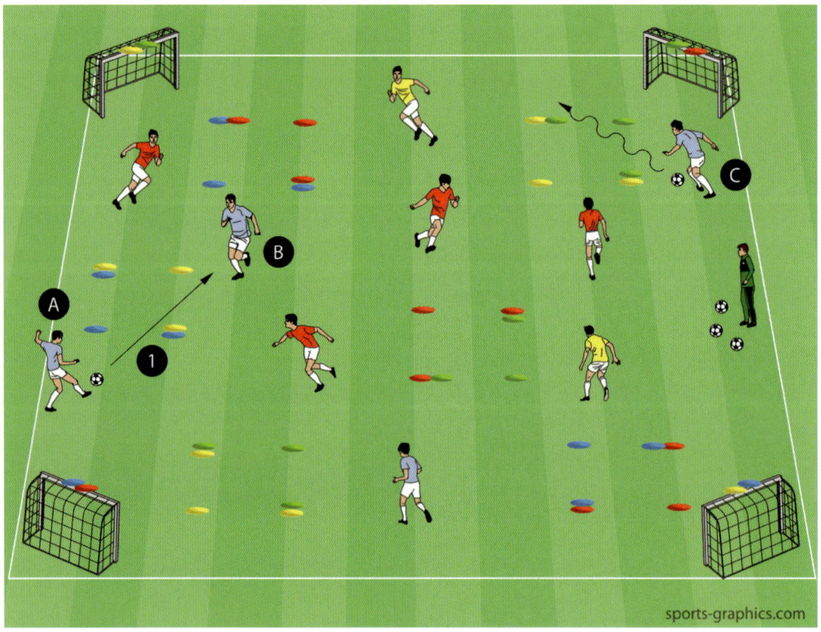

Aufbau/Organisation: 9–14 Spieler, 2 Teams, 4 Minitore, Leibchen, Floor-Marker, Bälle. An den Minitoren sind Leibchen mit den entsprechenden Farben befestigt.

Spielziel: In dieser Spielform agieren zwei Teams gegeneinander. Die beiden neutralen Spieler (hier gelb) gehören immer dem ballbesitzenden Team an. Die Spieler der ballbesitzenden Mannschaft spielen sich den Ball untereinander zu und versuchen, zu punkten. Das verteidigende Team will den Ball erobern. Es wird ohne Feldbegrenzung gespielt. Bei Bedarf spielt der Trainer einen neuen Ball ein. Das angreifende Team kann einen Punkt erzielen, indem zwei Spieler ein Quadrat durchpassen (siehe A, B und 1) oder ein Spieler durch ein Quadrat dribbelt (siehe C). Im Anschluss muss erfolgreich auf eines der Minitore abgeschlossen werden. Die Farben des bespielten Quadrates entscheiden, welche Tore geöffnet sind.

Beispiel: Spieler A und B durchpassen ein Quadrat. Der Ball überrollt dabei die blaue und gelbe Linie des Quadrats. Somit sind nun die Minitore geöffnet, an denen ein blaues oder gelbes Leibchen befestigt ist. Spieler C dribbelt durch das Quadrat. Dabei überdribbelt er zweimal die grüne Linie des Quadrats. Somit sind nun die Minitore geöffnet, an denen ein grünes Leibchen befestigt ist. Welches Team erzielt in zehn Minuten die meisten Punkte?

Variation 1: Die Quadrate dürfen ausschließlich durchpasst werden.

Variation 2: Es sind die Tore geöffnet, die nicht mit den überspielten Farben markiert sind.

Variation 3: Es ist nun auch möglich, mehrere Quadrate zu durchpassen oder zu durchdribbeln. Für jedes durchpasste bzw. durchdribbelte Quadrat gibt es einen Punkt. Die erspielten Punkte müssen jedoch durch einen erfolgreichen Torabschluss gesichert werden.

Beispiel: Hat das angreifende Team fünf Punkte in Folge erzielt, da fünf Quadrate hintereinander durchpasst bzw. durchdribbelt wurden, so kann das Team die erspielten Punkte sichern. Dafür muss ein Spieler des angreifenden Teams erfolgreich auf eines der geöffneten Minitore abschließen. Die Farben des zuletzt bespielten Quadrats entscheiden dabei, welche Tore geöffnet sind. Verteidigen die Gegner den Ball vor dem erfolgreichen Torabschluss, so sind die bisher erspielten Punkte verloren.

Abschlussspiel

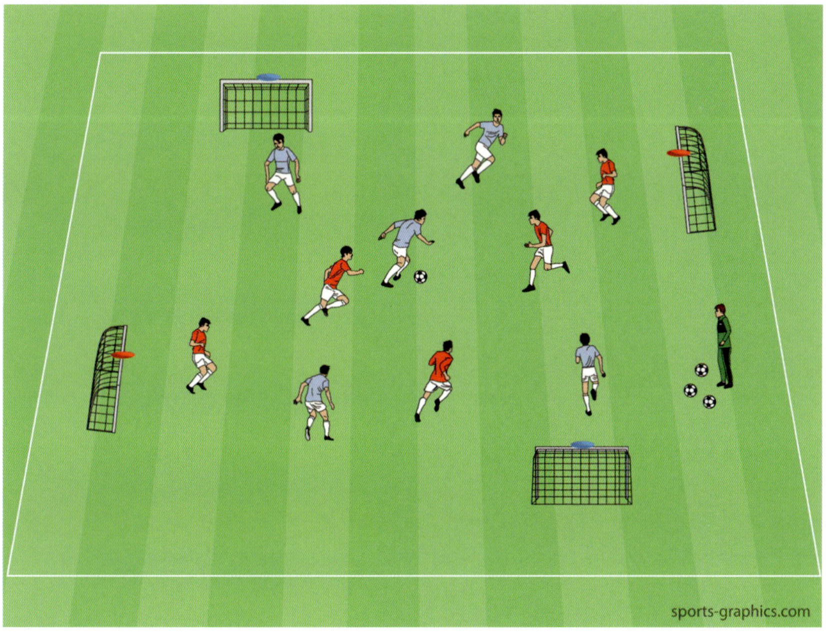

Aufbau/Organisation: 9–14 Spieler, 2 Teams, 4 Minitore, Leibchen, Bälle. An den Minitoren sind Leibchen mit den entsprechenden Farben befestigt.

Spielziel: In dieser Spielform agieren zwei Teams gegeneinander. Die Spieler des ballbesitzenden Teams spielen sich den Ball untereinander zu und versuchen, zu punkten. Das verteidigende Team will den Ball erobern. Das ballbesitzende Team kann einen Punkt erzielen, indem erfolgreich auf eines der beiden gegnerischen Tore abgeschlossen wird. Erzielt man ein Tor, so erhält das erfolgreiche Team einen neuen Ball vom Trainer. Welches Team erspielt in zehn Minuten die meisten Punkte?

Variation 1: Es wird mit zwei Bällen gleichzeitig gespielt.
Variation 2: Es dürfen auch Tore von hinten geschossen werden. Ein Punkt lässt sich folglich auch erzielen, indem der Spieler auf das Netz an der Rückseite des Minitores abschließt. Mit dem vom Netz abprallenden Ball darf sofort weitergespielt werden.
Variation 3: Es werden je zwei Minitore gegenübergestellt. Nun wird frei und ohne Zusatzregeln auf die Minitore gespielt. Jedes Team spielt folglich auf zwei Minitore mit fester Spielrichtung.

Trainingseinheit 32

Technikschwerpunkte: Dribbeln und Torschuss

Spielleitlinien der Trainingseinheit:

- Wir behaupten den Ball
- Wir jagen Ball und Gegner
- Wir rauben dem Gegner Spieloptionen
- Wir wollen immer den Ball und nehmen dabei die beste Spielposition ein

Aufwärmspiel

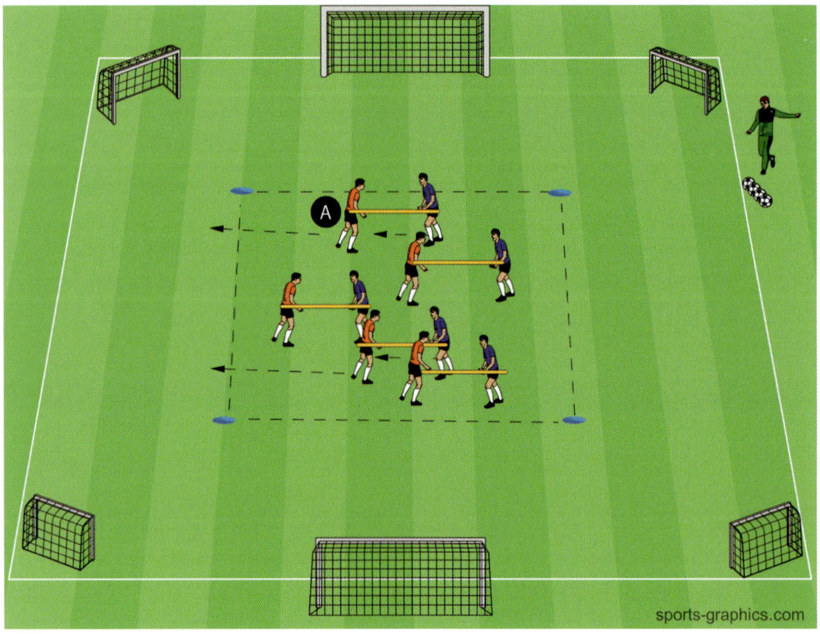

Aufbau/Organisation: 8–16 Spieler, 2 Teams, Minitore, Tore, Leibchen, Bälle, Floor-Marker.

Spielziel: In diesem Spiel spielen die orangen Spieler gegen die blauen Spieler. Die Spieler stehen mittig mit einer Stange in der Hand im blau markierten Feld. Jeder Spieler versucht, den anderen Spieler mithilfe der Stange rauszuziehen (nicht zu schieben!). Dafür wird die Stange seitlich neben dem Körper gehalten und der andere Spieler rausgezogen. Die Stange muss jederzeit von beiden Spielern festgehalten werden. Lässt ein Spieler die Stange los, bekommt der Gegenspieler automatisch einen Punkt.

Beispiel: Wenn Spieler A das Feld rückwärts zuerst verlässt und Spieler B die mit blauen Floor-Markern markierte Auslinie übertritt, bekommt der orange Spieler A einen Punkt. Welcher Spieler gewinnt zuerst vier Duelle? Es werden mehrere Runden gespielt.

Variation 1: Gegnerwechsel.

Variation 2 (4 gewinnt): Der Spieler, der zuerst vier Duelle gewonnen hat, bekommt vom Trainer einen Ball zugespielt und spielt im 1 vs. 1 einen weiteren Punkt auf die Minitore aus. Es werden mehrere Runden gespielt.

Hauptteil

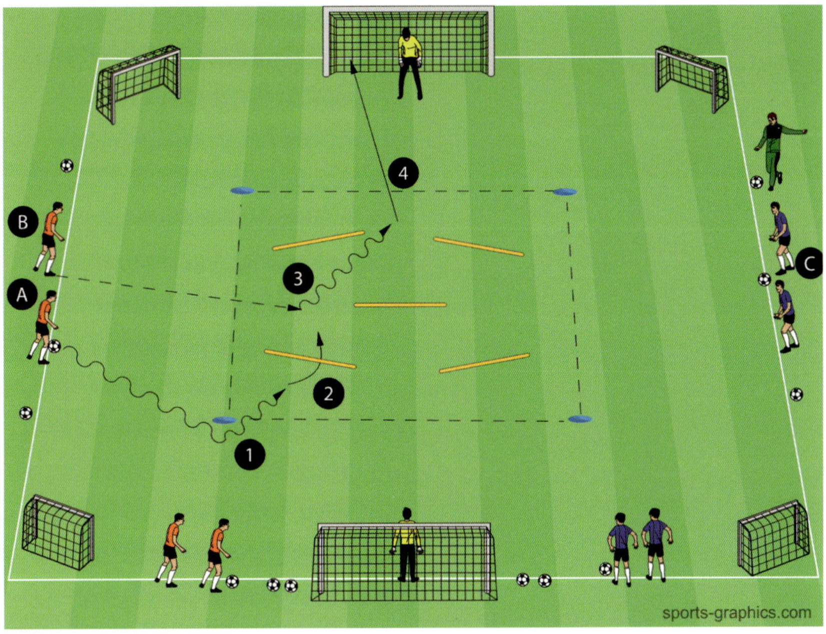

Aufbau/Organisation: 8–16 Spieler, 2 Teams, Minitore, Tore, Leibchen, Bälle, Floor-Marker.

Spielziel: In diesem Spiel agieren die orangen Spieler gegen die blauen Spieler. Zwei Spieler von Team Orange und Team Blau starten gleichzeitig mit einem Dribbling in das Feld (siehe A und C). Zuerst muss ein Floor-Marker umdribbelt (siehe 1) und dann eine Stange zum Mitspieler (per Lupfer) überspielt werden (siehe 2). Der Mitspieler nimmt den Ball an und entscheidet, auf welches Tor er (mit maximal drei Ballkontakten) schießt. Beide Tore sind für beide Teams geöffnet. Es zählt immer das schnellste Tor. Auf das Trainersignal starten die nächsten Spieler. Welches Team erzielt zuerst acht Tore?

Variation 1: Beide Spieler haben einen Ball am Fuß und tauschen dann per Lupfer die Bälle an einer Stange. Beide Spieler schließen auf die Tore ab. Das schnellste Tor zählt.

Variation 2: Die Spieler dribbeln und schießen mit ihrem zweitbesten Fuß. Das schnellste Tor zählt.

Abschlussspiel

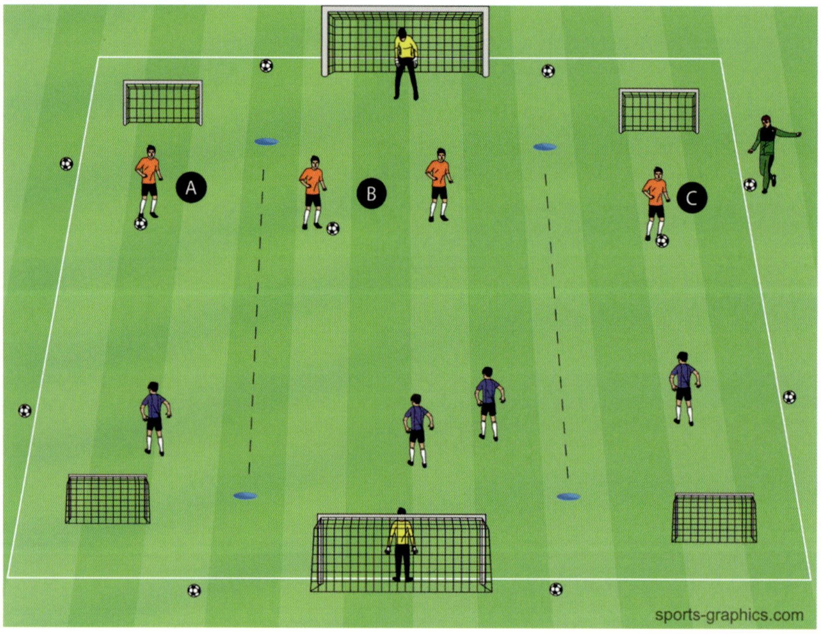

Aufbau/Organisation: 8-16 Spieler, 2 Teams, Minitore, Tore, Leibchen, Bälle, Floor-Marker.

Spielziel: In dieser Spielform finden drei Spielduelle statt. Es findet ein 1 vs.1 (siehe A) im linken Spielfeld, ein 2 vs. 2 (siehe B) im mittleren Spielfeld und ein 1 vs. 1 (siehe C) im rechten Spielfeld statt. Die geschossenen Tore aller orangen Spieler und aller blauen Spieler werden addiert. Welches Team gewinnt das Spiel? Es werden mehrere Runden gespielt.

Variation 1 (Herausforderer): Die blauen Spieler dürfen sich ihre orangen Gegenspieler aussuchen und diese herausfordern.

Variation 1.1: Die orangen Spieler dürfen sich ihre blauen Gegenspieler aussuchen und diese herausfordern.

Variation 2: Freies Spiel in eine Spielrichtung auf ein Tor und zwei Minitore. Der Torhüter kann beide Minitore und das Tor verteidigen.

Trainingseinheit 33

Technikschwerpunkte: Passen und Dribbeln

Spielleitlinien der Trainingseinheit:

- Wir wollen immer den Ball und nehmen dabei die beste Spielposition ein
- Wir starten Läufe in die Tiefe und zwischen die Ketten
- Wir coachen uns gegenseitig
- Wir behaupten den Ball

Aufwärmspiel

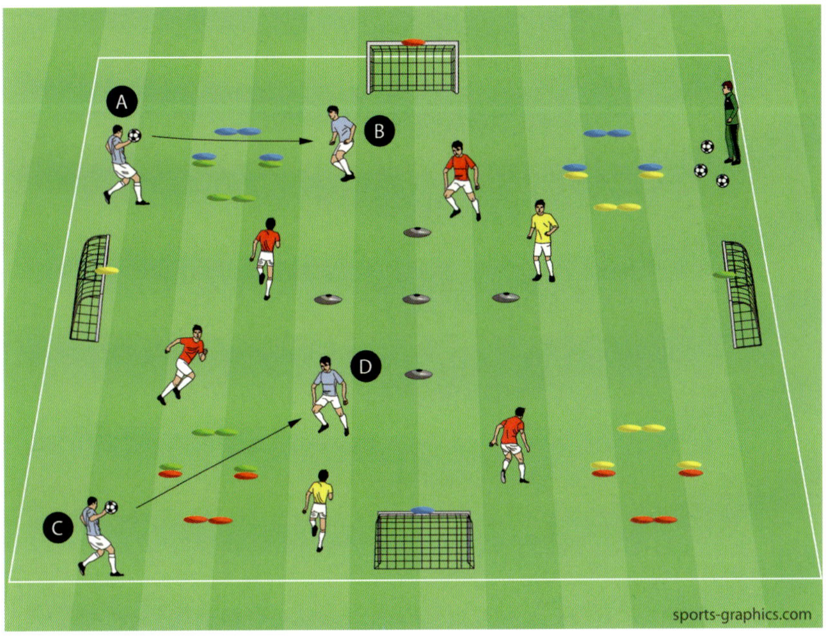

Aufbau/Organisation: 9-14 Spieler, 2 Teams, 4 Minitore, Leibchen, Floor-Marker, Bälle. An den Minitoren sind Leibchen mit den entsprechenden Farben befestigt.

Spielziel: In diesem Handballspiel agieren zwei Teams gegeneinander. Die beiden neutralen Spieler (hier gelb) gehören immer dem ballbesitzenden Team an. Die Spieler des ballbesitzenden Teams werfen sich den Ball untereinander zu und versuchen, zu punkten. Das verteidigende Team will den Ball erobern. Das angreifende Team kann einen Punkt erzielen, indem ein Spieler eine farbige Linie eines Kreises überwirft (siehe A und B) oder zwei farbige Linien überworfen werden (siehe C und D). Im Anschluss muss man den Ball erfolgreich in ein Minitor werfen. Die Farben des bespielten Kreises entscheiden dabei, welche Tore geöffnet sind.

Beispiel: Spieler A überwirft die blaue Linie des Kreises. Somit sind die drei Tore geöffnet, die eine andere Farbe tragen. Man kann folglich in das rote, grüne und gelbe Minitor werfen. Spieler C überwirft die rote und grüne Linie des Kreises. Somit sind die beiden Tore geöffnet, welche die überworfenen Farben des Kreises tragen. Es kann folglich in das rote und grüne Minitor geworfen werden, um einen Punkt zu erzielen. Der Trainer wirft nach einem erfolgreichen Torabschluss einen neuen Ball ein. Welches Team erzielt zuerst sieben Punkte?

Variation 1: Das Spielziel bleibt gleich, jedoch darf der Torabschluss nur per Kopf erfolgen.

Variation 2: Das Spielziel bleibt gleich, jedoch muss der Torabschluss nun mit einem „volley"-Schuss erfolgen.

Variation 3: Werden zwei Linien des grauen Kreuzes in der Mitte des Spielfeldes überworfen, so kann auf alle vier Minitore abgeschlossen werden.

Hauptteil

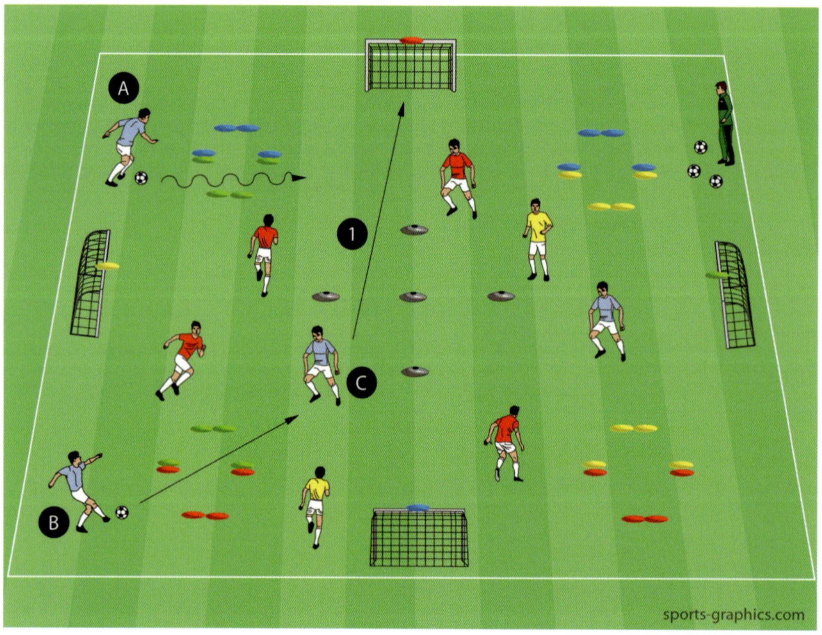

Aufbau/Organisation: 9-14 Spieler, 2 Teams, 4 Minitore, Leibchen, Floor-Marker, Bälle. An den Minitoren sind Leibchen mit den entsprechenden Farben befestigt.

Spielziel: In dieser Spielform agieren zwei Teams gegeneinander. Die beiden neutralen Spieler (hier gelb) gehören immer dem ballbesitzenden Team an. Die Spieler des ballbesitzenden Teams spielen sich den Ball untereinander zu und versuchen, zu punkten. Das verteidigende Team will den Ball erobern. Es wird ohne Feldbegrenzung gespielt. Bei Bedarf spielt der Trainer einen neuen Ball ein. Das angreifende Team kann einen Punkt erzielen, indem ein Spieler eine farbige Linie des Kreises überdribbelt (siehe A) oder zwei farbige Linien durchpasst werden (siehe B und C). Im Anschluss muss man erfolgreich auf ein Minitor abschließen. Die Farben des bespielten Kreises entscheiden, welche Minitore geöffnet sind.

Beispiel: Spieler A überdribbelt die grüne Linie des Kreises. Somit sind die drei Tore geöffnet, die eine andere Farbe tragen. Es kann folglich auf das rote, blaue und gelbe Minitor abgeschlossen werden. Spieler B und C durchpassen die rote und grüne Farbe des Kreises. Somit sind die beiden Tore geöffnet, welche die überpassten Farben des Kreises tragen. Es kann folglich auf das rote und grüne Minitor abgeschlossen werden. Welches Team erzielt in zehn Minuten die meisten Tore?

Variation 1: Werden zwei Linien des grauen Kreuzes in der Mitte des Spielfeldes überdribbelt, kann auf alle vier Minitore abgeschlossen und ein Punkt erzielt werden.

Variation 2: Nun muss man zwei Farben des Kreises überdribbeln oder eine Farbe des Kreises durchpassen. Es gilt, dass auf die Minitore mit den beiden überdribbelten Farben abgeschlossen werden darf. Durchpasst man eine farbige Linie des Kreises, so sind die drei Minitore geöffnet, die eine andere Farbe tragen.
Variation 3: Die Spieler entscheiden selbstständig, ob sie eine Linie oder zwei farbige Linien eines Kreises überdribbeln oder durchpassen wollen. Weiterhin gilt: Werden zwei Farben überdribbelt bzw. durchpasst, sind die Minitore mit diesen beiden Farben geöffnet. Überdribbelt bzw. durchpasst man nur eine Farbe des Kreises, sind die drei Minitore geöffnet, die eine andere Farbe tragen.
Variation 4: Das graue Kreuz bildet die Mittellinie. Wird der Ball vor der Mittellinie erfolgreich auf das Tor geschossen, erhält das Team zwei Punkte (siehe C und 1).

Abschlussspiel

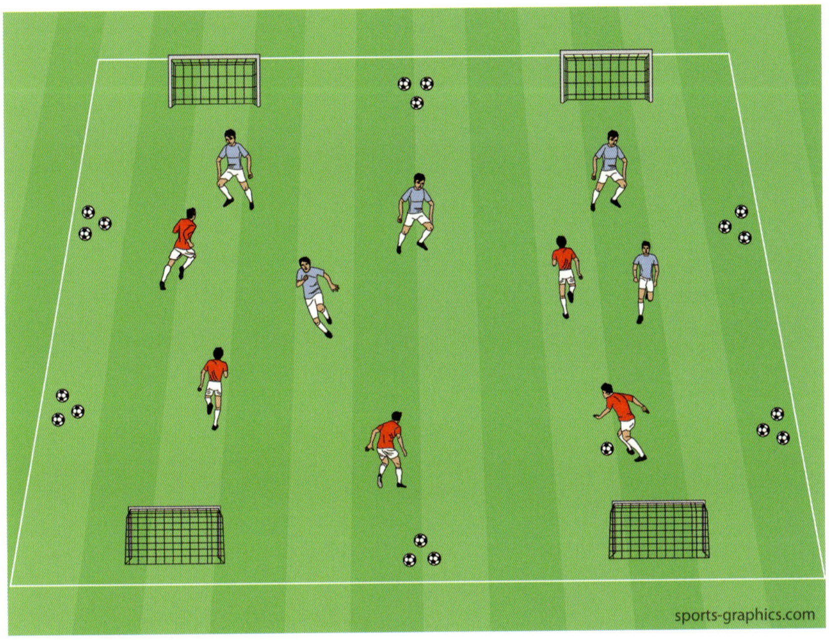

Aufbau/Organisation: 9-14 Spieler, 2 Teams, 4 Minitore, Leibchen, Bälle.

Spielziel: In dieser Spielform agieren zwei Teams gegeneinander. Die Spieler des ballbesitzenden Teams spielen sich den Ball untereinander zu und versuchen, zu punkten. Das verteidigende Team will den Ball erobern. Das ballbesitzende Team kann einen Punkt erzielen, indem erfolgreich auf eines der beiden gegnerischen Minitore abgeschlossen wird. Erzielt man ein Tor, so darf das Team, das ein Gegentor kassiert hat, einen neuen Ball von außen ins Feld bringen und einen Gegenangriff starten. Wichtig ist hierbei, dass man nur einen Ball ins Spiel bringen darf. Gelingt dies nicht und es werden mehrere Bälle ins Spiel gebracht, erhält das Team, das zuvor ein Tor geschossen hat, einen neuen Ball vom Trainer. Welches Team erspielt in zehn Minuten die meisten Punkte?

Variation 1: Nun darf das Team, das ein Tor geschossen hat, einen neuen Ball ins Spiel bringen. Auch hier gilt: Werden mehrere Bälle ins Spiel gebracht, erhält das gegnerische Team einen neuen Ball vom Trainer.
Variation 2: Es wird frei und ohne Zusatzregeln gespielt.

Trainingseinheit 34

Technikschwerpunkte: Passen und Dribbeln

Spielleitlinien der Trainingseinheit:

- Wir wollen immer den Ball und nehmen dabei die beste Spielposition ein
- Wir starten Läufe in die Tiefe und zwischen die Ketten
- Wir coachen uns gegenseitig
- Wir jagen Ball und Gegner

Aufwärmspiel

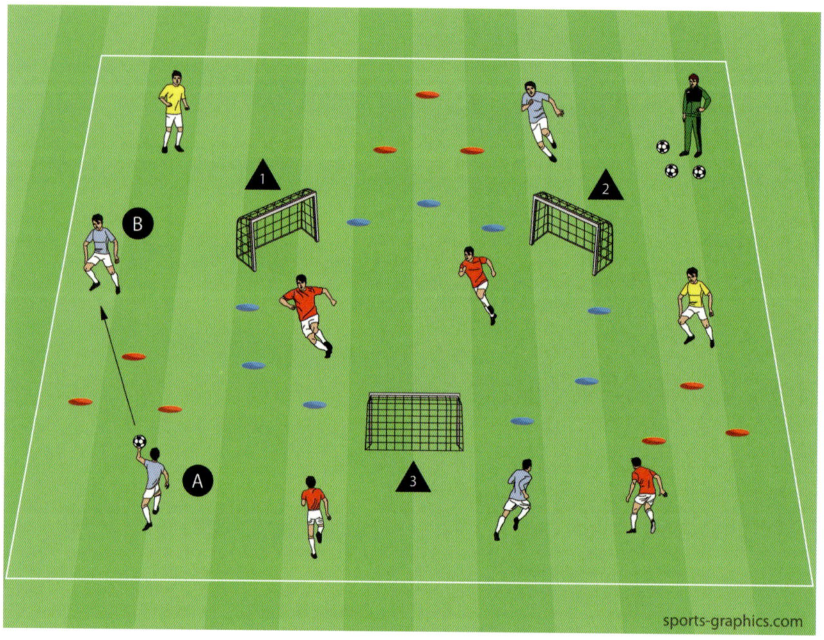

Aufbau/Organisation: 9–14 Spieler, 2 Teams, 3 Minitore, Leibchen, Floor-Marker, Bälle.

Spielziel: In diesem Handballspiel agieren zwei Teams gegeneinander. Die beiden neutralen Spieler (hier gelb) gehören immer dem ballbesitzenden Team an. Die Spieler des ballbesitzenden Teams werfen sich den Ball untereinander zu und versuchen, zu punkten. Das verteidigende Team will den Ball erobern. Das angreifende Team kann einen Punkt erzielen, indem ein Dreieck durchworfen wird (siehe A und B). Im Anschluss muss man den Ball erfolgreich in ein Minitor werfen. Das durchworfene Dreieck entscheidet, welche Minitore geöffnet sind.

Beispiel: Spieler A und B durchwerfen ein Dreieck. Nun ist das Minitor geschlossen, dass der Seite des Dreiecks am nächsten ist, an welcher der Ball das Dreieck verlassen hat. Somit ist das Minitor 1 geschlossen. Auf die Minitore 2 und 3 kann geworfen werden, um einen Punkt zu erzielen. Welches Team erzielt in sieben Minuten die meisten Tore?

Variation 1: Es müssen zwei Dreiecke durchworfen werden, bevor auf ein Minitor abgeschlossen werden kann. Das zuletzt durchworfene Dreieck entscheidet dabei, welche Minitore geöffnet sind.

Variation 2: Der Ball muss als Aufsetzer durch das Dreieck gepasst werden.

Variation 3: Es wird mit zwei Bällen gleichzeitig gespielt.

Hauptteil

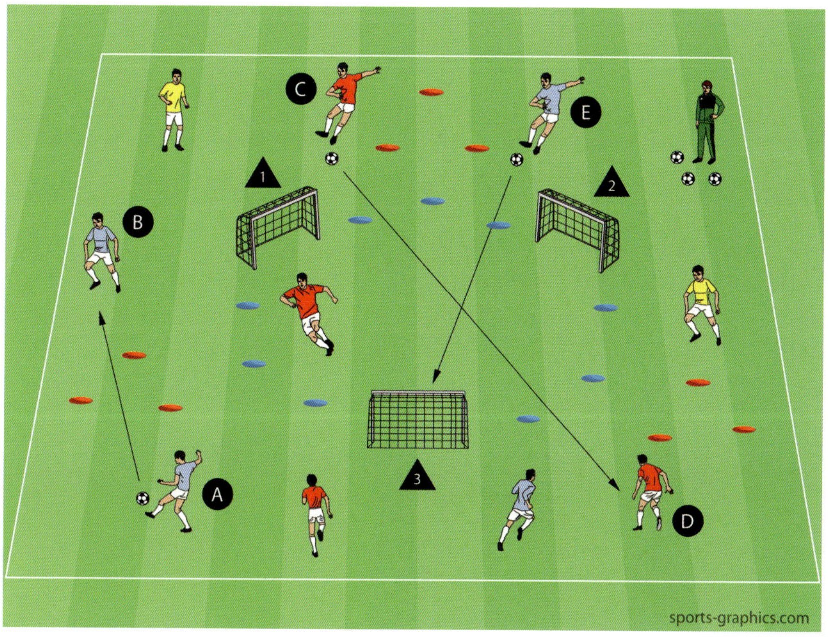

Aufbau/Organisation: 9–14 Spieler, 2 Teams, 3 Minitore, Leibchen, Floor-Marker, Bälle.

Spielziel: In dieser Spielform agieren zwei Teams gegeneinander. Die beiden neutralen Spieler (hier gelb) gehören immer dem ballbesitzenden Team an. Die Spieler des ballbesitzenden Teams spielen sich den Ball untereinander zu und versuchen, zu punkten. Das verteidigende Team will den Ball erobern. Es wird ohne Feldbegrenzung gespielt. Bei Bedarf spielt der Trainer einen neuen Ball ein. Das angreifende Team kann einen Punkt erzielen, indem ein Dreieck durchpasst wird (siehe A und B). Im Anschluss muss man erfolgreich auf eines der Minitore abschließen. Das durchpasste Dreieck entscheidet, welche Minitore geöffnet sind.

Beispiel: Spieler A und B durchpassen ein Dreieck. Nun ist das Minitor geschlossen, dass der Seite des Dreiecks am nächsten ist, an welcher der Ball das Dreieck verlassen hat. Somit ist das Minitor 1 geschlossen. Auf die Minitore 2 und 3 kann abgeschlossen werden, um einen Punkt zu erzielen. Welches Team erzielt in zehn Minuten die meisten Tore?

Variation 1: Die Dreiecke dürfen auch durchdribbelt werden. Es gilt weiterhin, dass immer nur die beiden Minitore geöffnet sind, die vom bespielten Dreieck aus betrachtet am weitesten entfernt sind.

Variation 2: Nun kann auch der Kreis in der Mitte des Spielfeldes durchpasst werden (siehe C und D). Gelingt dies, sind alle Minitore geöffnet.

Variation 3: Ist das Spielziel erreicht und es wird ein Mitspieler in dem Kreis angespielt, damit dieser auf ein Minitor abschließen kann, so darf der Ball den Kreis nicht mehr verlassen. Spielt das ballbesitzende Team den Ball dennoch wieder aus dem Kreis heraus, so muss das Spielziel neu erfüllt werden, um auf die Minitore abschließen zu können.

Variation 4: Gewinnt das verteidigende Team den Ball im Kreis, so darf sofort auf eines der drei Minitore abgeschlossen werden.
Variation 5: Ist das Spielziel erfüllt und es gelingt dem angreifenden Team ein erfolgreicher Torschuss außerhalb des Kreises (siehe E), so zählt das Tor doppelt.

Abschlussspiel

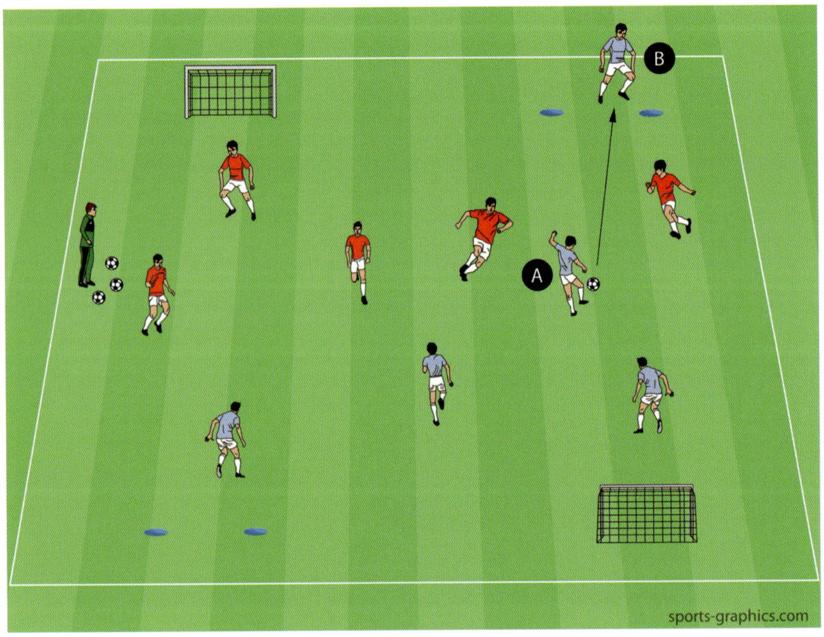

Aufbau/Organisation: 9–14 Spieler, 2 Teams, 2 Minitore, Leibchen, Floor-Marker, Bälle.

Spielziel: In dieser Spielform agieren zwei Teams gegeneinander. Die Spieler des ballbesitzenden Teams spielen sich den Ball untereinander zu und versuchen, zu punkten. Das verteidigende Team will den Ball erobern. Das ballbesitzende Team kann einen Punkt erzielen, indem erfolgreich auf das gegnerische Minitor abgeschlossen wird oder durch das gegnerische Floor-Marker-Tor ein Pass gespielt wird. Erzielt man ein Tor, erhält das erfolgreiche Team einen neuen Ball vom Trainer. Welches Team erspielt in zehn Minuten die meisten Punkte?

Variation 1: Das Floor-Marker-Tor darf auch durchdribbelt werden.
Variation 2: Ein Floor-Marker-Tor zählt doppelt, wenn ein Mitspieler den Pass hinter dem Tor annehmen kann (siehe A und B). Gelingt dies, bleibt die erfolgreiche Mannschaft auch im Ballbesitz.
Variation 3: Freies Spiel ohne Zusatzregeln.

Trainingseinheit 35

Technikschwerpunkte: Passen und Dribbeln

Spielleitlinien der Trainingseinheit:

- Wir spielen und lösen uns
- Wir rauben dem Gegner Spieloptionen
- Wir passen raumgreifend in Zielräume nach vorne
- Wir jagen Ball und Gegner

Aufwärmspiel

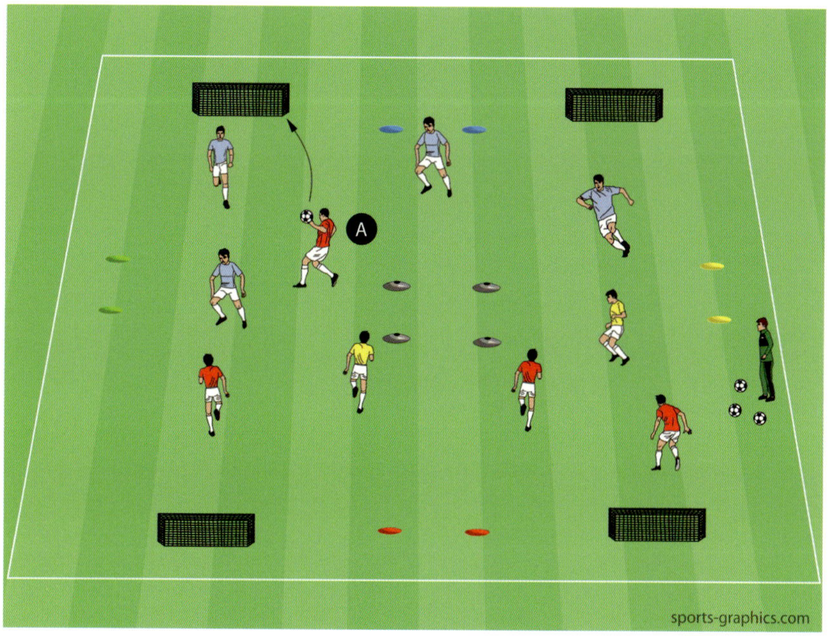

Aufbau/Organisation: 9-14 Spieler, 2 Teams, 4 Minitore, Leibchen, Floor-Marker, Bälle.

(Hinweis: Die Minitore liegen umgekippt, mit der Öffnung nach oben, auf dem Boden.)

Spielziel: In diesem Handballspiel agieren zwei Teams gegeneinander. Die beiden neutralen Spieler (hier gelb) gehören immer dem ballbesitzenden Team an. Die Spieler des ballbesitzenden Teams werfen sich den Ball untereinander zu und versuchen, zu punkten. Das verteidigende Team will den Ball erobern. Das angreifende Team kann einen Punkt erzielen, indem der Ball in eines der beiden gegnerischen Minitore geworfen wird (siehe A). Dabei ist wichtig, dass der Ball nicht wieder aus dem Tor herausspringen darf. Der ballbesitzende Spieler darf maximal drei Schritte mit dem Ball gehen. Wird ein Tor erzielt, so erhält das erfolgreiche Team einen neuen Ball vom Trainer. Welches Team erspielt in zehn Minuten die meisten Punkte?

Variation 1: Bevor der Ball ins Tor geworfen wird, muss er einmal den Boden berühren. Der Ball muss also per „Aufsetzer" in das Tor gespielt werden.
Variation 2: Es darf auf alle vier Tore gespielt werden.

Variation 3: Fällt den Angreifern der Ball während des Spiels auf den Boden, so erhält das bis dahin verteidigende Team einen neuen Ball vom Trainer.

Variation 4: Gelingt es dem verteidigenden Team, den ballbesitzenden Spieler abzuticken, so wechselt der Ballbesitz und das verteidigende Team erhält einen neuen Ball vom Trainer.

Hauptteil

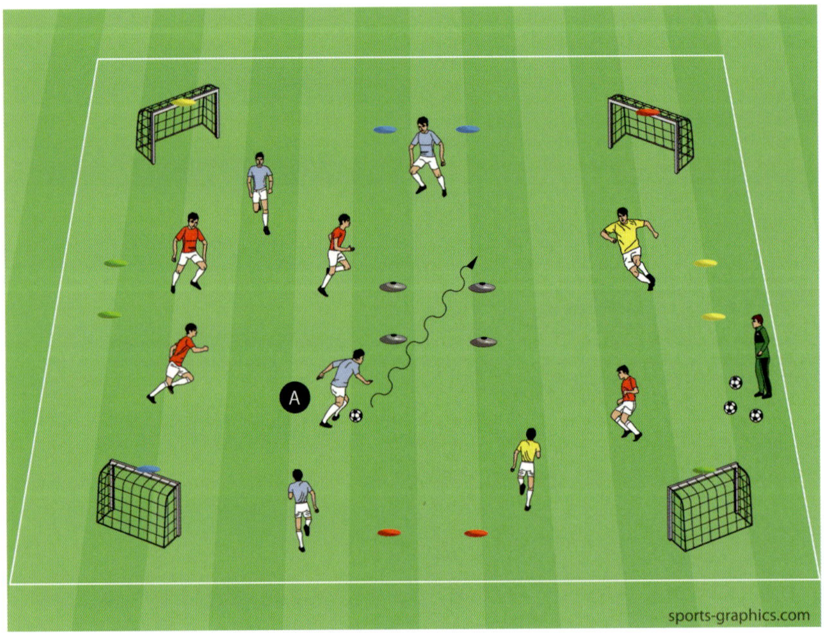

Aufbau/Organisation: 9–14 Spieler, 2 Teams, 4 Minitore, Leibchen, Floor-Marker, Bälle. An den Minitoren sind Leibchen mit den entsprechenden Farben befestigt.

Spielziel: In dieser Spielform agieren zwei Teams gegeneinander. Die beiden neutralen Spieler (hier gelb) gehören immer dem ballbesitzenden Team an. Die Spieler des ballbesitzenden Teams spielen sich den Ball untereinander zu und versuchen, zu punkten. Das verteidigende Team will den Ball erobern. Es wird ohne Feldbegrenzung gespielt. Bei Bedarf spielt der Trainer einen neuen Ball ein. Das angreifende Team kann einen Punkt erzielen, indem sich der Ball sechsmal hintereinander im Team zugespielt wurde. Im Anschluss muss man erfolgreich auf ein Minitor oder auf ein Floor-Marker-Tor abschließen. Der Trainer entscheidet dabei, welche Tore geöffnet sind, indem er nach den sechs Pässen die Farben der Tore ruft, die geöffnet sind.

Beispiel: Die Spieler des blauen Teams schaffen es, sich den Ball sechsmal hintereinander zuzuspielen, ohne dass der Gegner den Ball gewinnen konnte. Nun ruft der Trainer beispielsweise die Farben Blau und Grün. Das blaue Team kann nun auf das blaue und grüne Minitor abschließen oder durch das blaue und grüne Floor-Marker-Tor dribbeln, um einen Punkt zu erzielen. Welches Team erzielt in zehn Minuten die meisten Tore?

Variation 1: Wird ein Punkt auf dem Floor-Marker-Tor erzielt, so bleibt das Team im Ballbesitz.

Variation 2: Die Tore, welche die Farben tragen, die der Trainer ruft, darf man nicht bespielen.

Variation 3: Gelingt es dem ballbesitzenden Team, das graue Viereck in der Mitte des Spielfeldes zu durchdribbeln (siehe A), ruft der Trainer sofort die Farben der Tore, die bespielt werden dürfen.

Abschlussspiel

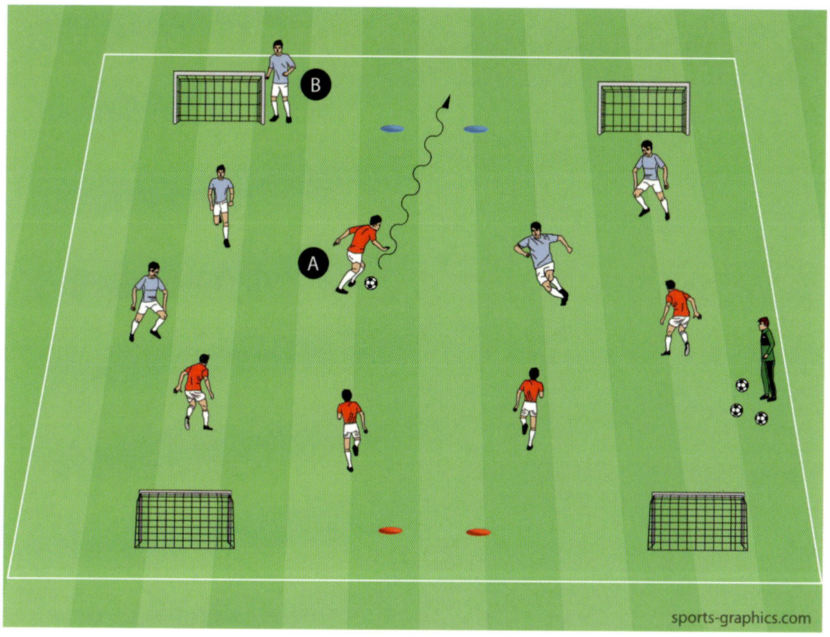

Aufbau/Organisation: 9–14 Spieler, 2 Teams, 4 Minitore, Leibchen, Floor-Marker, Bälle.

Spielziel: In dieser Spielform agieren zwei Teams gegeneinander. Die Spieler der ballbesitzenden Mannschaft spielen sich den Ball untereinander zu und versuchen, zu punkten. Das verteidigende Team will den Ball erobern. Das ballbesitzende Team kann einen Punkt erzielen, indem erfolgreich auf eines der beiden gegnerischen Minitore abgeschlossen oder durch das Floor-Marker-Tor gedribbelt wird (siehe A). Vor Spielbeginn bestimmt jedes Team einen „Helden". Der „Held" des verteidigenden Teams nimmt normal am Spiel teil. Er kann allerdings ein Tor für das gegnerische Team schließen, indem er ein Minitor mit seiner Hand berührt (siehe B). Das Floor-Marker-Tor kann der „Held" verschließen, indem er einen der Floor-Marker mit seinem Fuß berührt. Ist ein Tor geschlossen, kann das angreifende Team nicht mehr auf das verschlossene Tor abschließen, sondern muss auf die beiden übrigen Tore schießen. Sobald der „Held" die Hand bzw. den Fuß von dem Tor nimmt, ist das Tor wieder geöffnet. Berührt der „Held" bei einem Torschuss das Tor, bevor der Ball die Torlinie überquert hat, so zählt das Tor als verschlossen und das angreifende Team erhält keinen Punkt.

Bespiel: Der „Held" des blauen Teams hat das linke Minitor geschlossen, da er das Tor mit seiner Hand berührt (siehe B). Somit kann das rote Team nur noch auf das blaue Floor-Marker-Tor oder das rechte Minitor abschließen. Wird ein Tor erzielt, erhält das erfolgreiche Team einen neuen Ball vom Trainer. Welches Team erspielt in zehn Minuten die meisten Punkte?

Variation 1: Der „Held" wird gewechselt.
Variation 2: Das Floor-Marker-Tor darf auch durchpasst werden.
Variation 3: Freies Spiel ohne Zusatzregeln.

Trainingseinheit 36

Technikschwerpunkte: Passen und Torschuss

Spielleitlinien der Trainingseinheit:

- Wir behaupten den Ball
- Wir starten Läufe in die Tiefe
- Wir spielen und lösen uns
- Wir starten Heldenläufe

Aufwärmspiel

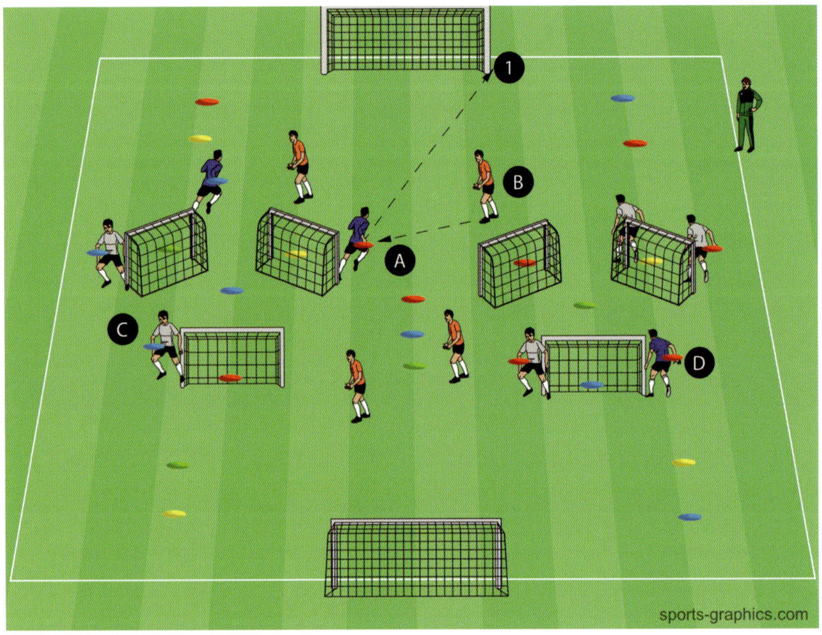

Aufbau/Organisation: 9-13 Spieler, Tore, Minitore, Leibchen, Floor-Marker, Bälle.

Spielziel: In diesem Spiel agieren die vier orangen Fänger gegen die Läufer, die ein Leibchen am Hosenbund befestigt haben. Die Fänger können Punkte erzielen, indem sie den Läufern das Leibchen vom Hosenbund ziehen und es auf den Boden werfen (siehe A und B). Anschließend darf der Läufer das Leibchen wieder am Hosenbund befestigen. Die Läufer können Punkte erspielen, indem sie einen Pfosten berühren (siehe A und 1) ohne, dass ein Fänger das Leibchen herauszieht. Die bunten Floor-Marker-Tore dienen als Tabulinie, auf der die Läufer für drei Sekunden sicher sind und das Leibchen nicht herausgezogen werden darf. Es darf immer nur ein Spieler auf der Floor-Marker-Linie stehen (siehe C und D). Wie viele Punkte erspielen die Fänger in zwei Minuten? Wie viele Punkte erlaufen die Läufer? Es werden mehrere Runden gespielt.

Variation 1: Fängerwechsel.

Variation 2: Die Läufer haben einen Ball am Fuß.

Hauptteil

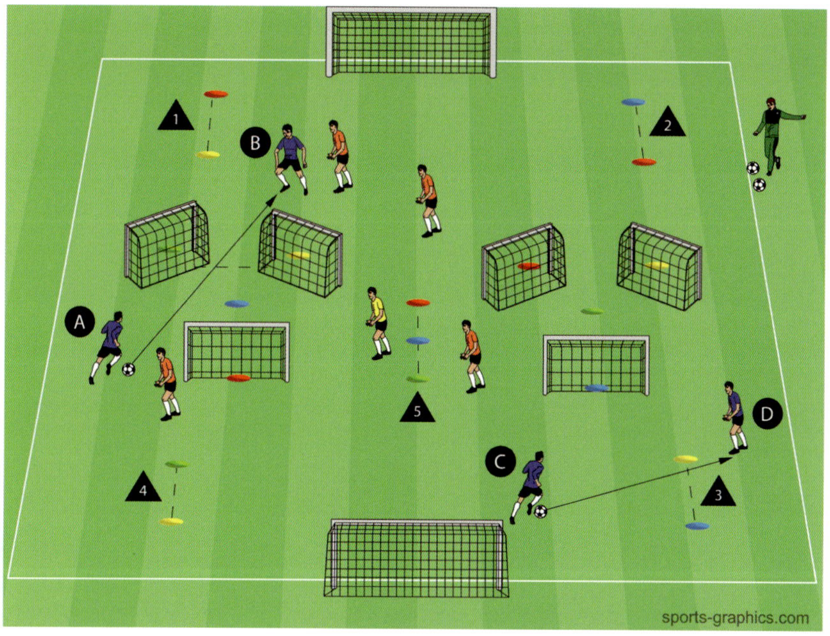

Aufbau/Organisation: 9-13 Spieler, Tore, Minitore, Leibchen, Floor-Marker, Bälle.

Spielziel: In dieser Spielform agieren zwei Teams gegeneinander. Der neutrale Spieler (hier gelb) gehört immer dem ballbesitzenden Team an. Die Spieler der ballbesitzenden Mannschaft spielen sich den Ball untereinander zu und versuchen, zu punkten. Das verteidigende Team will den Ball erobern. Es wird ohne Feldbegrenzung gespielt. Bei Bedarf spielt der Trainer einen neuen Ball ein. Das angreifende Team kann einen Punkt erzielen, indem der Ball durch die Minitore (siehe A und B) oder durch eines der Passtore 1-5 (siehe C, D und 3) zu einem Mitspieler gepasst wird.

Beispiel: Spieler A spielt Spieler B über zwei Linien durch die Minitore an. Das blaue Team erhält nun einen Punkt. Ein erfolgreiches Zuspiel durch eines der Passtore 1-5 ergibt ebenso einen Punkt (siehe C, D und 3).

Variation 1 (Torwechsel): Die Punkte müssen immer im Wechsel erspielt werden. Erzielt man einen Punkt durch die Minitore (siehe A und B) im Zentrum, so muss man anschließend auf eines der Passtore 1-5 punkten.
Variation 2 (Farbvorgabe): Nachdem ein Punkt zwischen den Minitoren per Pass erzielt wurde (siehe A und B), gibt die zuletzt überspielte Linie (hier grün und gelb) die Passtore vor, die anschließend durchspielt werden können. Man kann einen weiteren Punkt zwischen den Minitoren erzielen, um die Farbvorgabe zu ändern.

Beispiel: Spieler A passt den Ball zu Spieler B. Dabei überrollt der Ball die grüngelbe Linie. Folglich sind die Passtore 1, 3 und 4 für den nächsten Punkt geöffnet.

Abschlussspiel

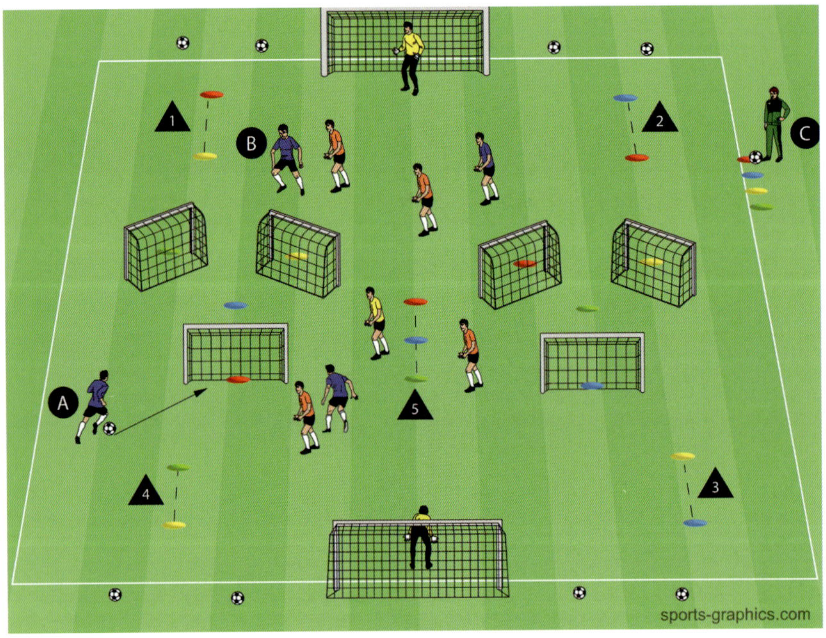

Aufbau/Organisation: 9–13 Spieler, Tore, Minitore, Leibchen, Floor-Marker, Bälle.

Spielziel: In diesem Abschlussspiel spielen zwei Teams auf jeweils ein Tor gegeneinander. Der neutrale Spieler (hier gelb) gehört immer dem ballbesitzenden Team an. Die Spieler der ballbesitzenden Mannschaft spielen sich den Ball untereinander zu und versuchen, auf das Tor abzuschließen. Das verteidigende Team will den Ball erobern. Ein Punkt kann erzielt werden, indem erfolgreich auf das große Tor abgeschlossen wird. Wenn der Trainer einen Ball auf einen Floor-Marker legt (siehe C), sind Zusatzpunkte möglich. Folglich sind für das ballbesitzende Team nun auch Treffer auf die rot markierten Minitore (siehe A) und Passtore 1, 2 und 5 möglich. Die Farbe der Tore, auf die Zusatzpunkte erzielt werden können, kann stets durch den Trainer verändert werden. Der Trainer kann den Ball auch in die Hand nehmen. Dies bedeutet, dass man nur auf das zugeordnete große Tor abschließen kann, um einen Punkt zu erzielen. Es sind dann keine Zusatzpunkte auf den Minitoren oder Passtoren möglich.

Variation 1: Freies Spiel mit fester Spielrichtung auf jeweils ein großes Tor.

Trainingseinheit 37

Technikschwerpunkte: Passen, Dribbeln und Torschuss

Spielleitlinien der Trainingseinheit:

- Wir rauben dem Gegner Spieloptionen
- Wir jagen Ball und Gegner
- Wir behaupten den Ball
- Wir wollen immer den Ball und nehmen die beste Spielposition ein

Aufwärmspiel

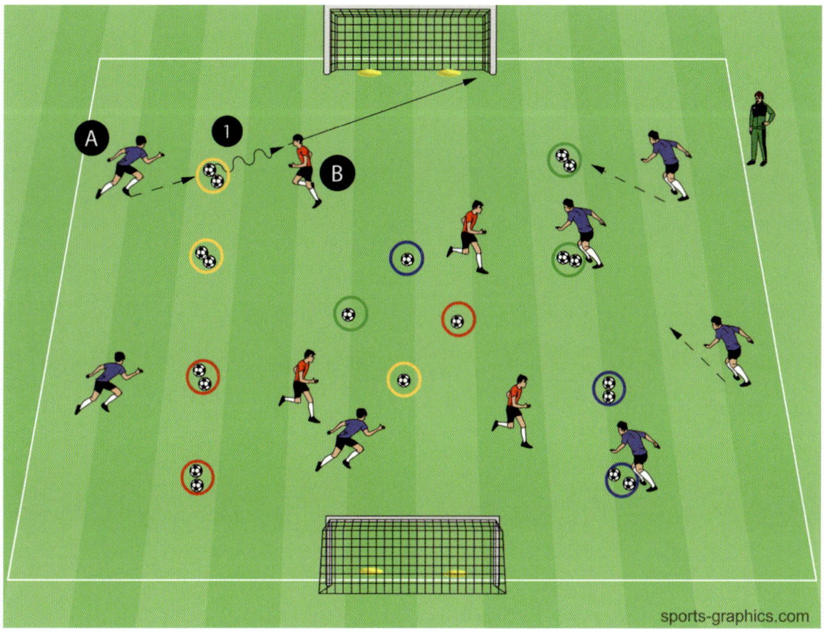

Aufbau/Organisation: 9–13 Spieler, 2 Teams, Tore, Leibchen, Ringe, Floor-Marker, Bälle.

Spielziel: In diesem Spiel agieren die roten Fänger gegen die blauen Läufer. Das Ziel der blauen Spieler ist es, einen Ball aus einem Ring zu nehmen und den Ball in eine gelb markierte Ecke im Tor zu schießen. Dabei darf der Läufer von keinem roten Spieler getickt werden (siehe A, B und 1). Trifft der Läufer die Ecke des Tores, ohne dass ein roter Spieler ihn getickt hat, so erhält der Läufer einen Punkt. Die roten Spieler (Fänger) erhalten pro abgeticktem Spieler einen Punkt. Ist ein Läufer getickt worden, muss dieser eine athletische Aufgabe (z. B. Liegestütz) durchführen und kann danach weiterspielen. Wie viele Punkte erspielen die Fänger in zwei Minuten? Wie viele Punkte erspielen die Läufer in zwei Minuten? Es werden mehrere Runden gespielt.

Variation 1: Fängerwechsel.
Variation 2 (Farbwechsel): Die Bälle müssen immer aus einem anders farbigen Ring genommen werden.

Beispiel: Der blaue Spieler A nimmt einen Ball aus dem gelben Ring und trifft anschließend das Tor. Der nächste Ball muss nun aus einem blauen, grünen oder roten Ring genommen werden.

Hauptteil

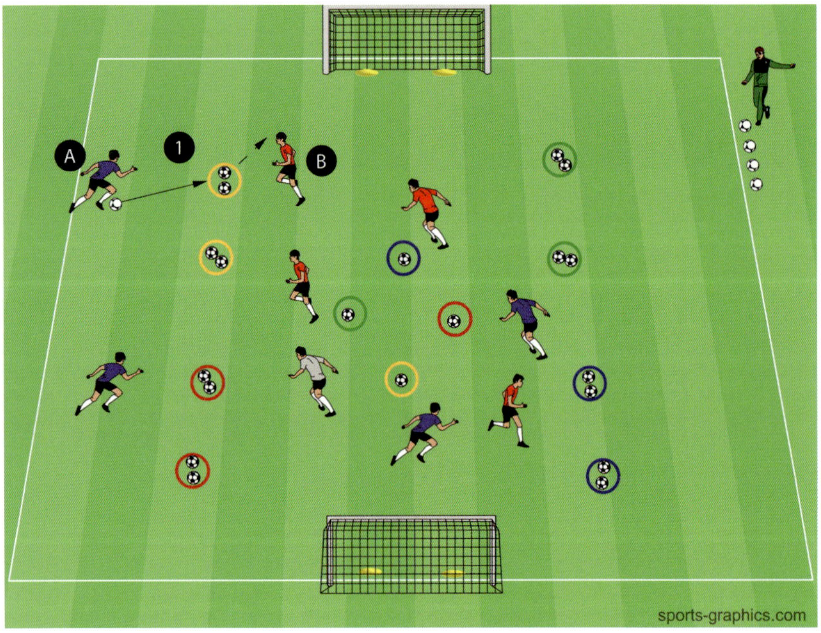

Aufbau/Organisation: 9-13 Spieler, 2 Teams, Tore, Leibchen, Ringe, Floor-Marker, Bälle.

Spielziel: In dieser Spielform spielen zwei Teams gegeneinander. Der neutrale Spieler (hier grau) gehört immer dem ballbesitzenden Team an. Die Spieler der ballbesitzenden Mannschaft spielen sich den Ball untereinander zu und versuchen, zu punkten. Das verteidigende Team will den Ball erobern. Es wird ohne Feldbegrenzung gespielt. Bei Bedarf spielt der Trainer einen neuen Ball ein. Das angreifende Team kann einen Punkt erzielen, indem ein Ball aus einem Ring herausgeschossen wird (siehe A und 1). Welches Team erspielt in zehn Minuten mehr Punkte? Es werden mehrere Runden gespielt.

Variation 1 (Farbwechsel): Es muss immer eine andere Ringfarbe bespielt werden.

Beispiel: Wird ein Punkt auf einem gelben Ring erspielt, muss der nächste Punkt auf einer anderen Ringfarbe erspielt werden (Grün, Rot oder Blau).

Variation 2 (Doppelpunkt): Der aus dem Ring herausgeschossene Ball darf zusätzlich verwertet werden. Trifft der Schütze mit dem Ball aus dem Ring in die gelb markierten Ecken eines Tores, erhält das Team einen weiteren Punkt.

Abschlussspiel

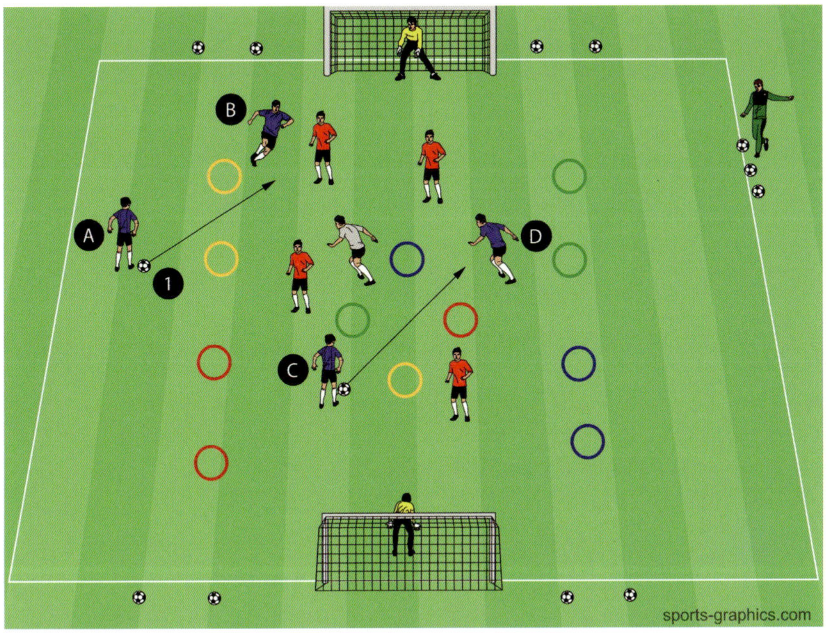

Aufbau/Organisation: 9-15 Spieler, 2 Teams, Tore, Leibchen, Ringe, Floor-Marker, Bälle.

Spielziel: In diesem Abschlussspiel spielen zwei Teams auf jeweils ein Tor und die Ringe gegeneinander. Der neutrale Spieler (hier grau) gehört immer dem ballbesitzenden Team an. Die Spieler der ballbesitzenden Mannschaft spielen sich den Ball untereinander zu und versuchen, auf das Tor abzuschließen. Das verteidigende Team will den Ball erobern. Ein Punkt kann erzielt werden, indem erfolgreich auf das Tor abgeschlossen wird. Tore lassen sich verdoppeln (siehe A, B und 1) oder vervierfachen (siehe C und D), wenn vor einem Torerfolg Ringe durchpasst werden.

Beispiel: Der blaue Spieler A spielt seinen Mitspieler B durch die zwei gelben Ringe an. Wenn der blaue Spieler jetzt auf das Tor trifft, verdoppelt sich die Punktwertung und das blaue Team bleibt im Ballbesitz. Dafür spielt der Torwart einen neuen Ball ein. Im Zentrum kann man eine Vervierfachung erspielen, wenn nach dem Pass (siehe C und D) erfolgreich auf ein Tor abgeschlossen wird.

Variation 1: Freies Spiel auf die Tore (eine Spielrichtung).

Trainingseinheit 38

Technikschwerpunkte: Passen, Dribbeln und Torschuss

Spielleitlinien der Trainingseinheit:

- Wir rauben dem Gegner Spieloptionen
- Wir jagen Ball und Gegner
- Wir behaupten den Ball
- Wir wollen immer den Ball und nehmen die beste Spielposition ein

Aufwärmspiel

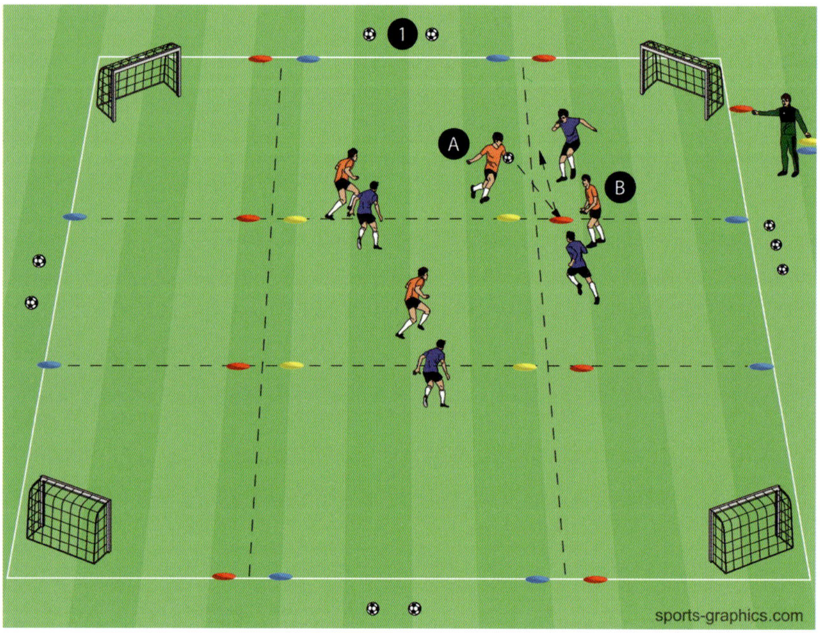

Aufbau/Organisation: 8-12 Spieler, 2 Teams, Minitore, Leibchen, Floor-Marker, Minibälle.

Spielziel: In dieser Spielform agieren zwei Teams gegeneinander. Ein Punkt lässt sich erzielen, indem der ballbesitzende Spieler den Miniball auf einen roten Floor-Marker wirft und den hochspringenden Ball dann selbst wieder fängt (siehe A). Der Miniball darf maximal vier Sekunden von einem Spieler gehalten werden, sonst wechselt der Ballbesitz. Der Trainer zeigt immer die Farbe der Floor-Marker an, auf denen sich Punkte erzielen lassen. Welches Team erspielt mehr Treffer? Es werden mehrere Runden gespielt.

Variation 1 (Ticken): Der ballbesitzende Spieler darf getickt werden. Wenn ein Gegenspieler diesen tickt, wechselt der Ballbesitz. Der erste Pass nach einem Ballbesitzwechsel ist frei.

Variation 2 (Minitore): Nach drei Punkten darf sich das Team, das den dritten Treffer auf die Floor-Marker erzielt hat, einen Ball (siehe 1) von außen holen und auf alle vier Minitore abschließen. Es werden nun erneut drei Punkte auf die Minitore ausgespielt (im Fußball- oder Handballspiel). Ist ein Punkt auf ein Minitor erzielt, bleibt das Team in Ballbesitz. Das Tor, das zuvor bespielt wurde, ist für drei Sekunden geschlossen. Hat ein Team drei Treffer erzielt, wird wieder auf die Floor-Marker gespielt.

Hauptteil

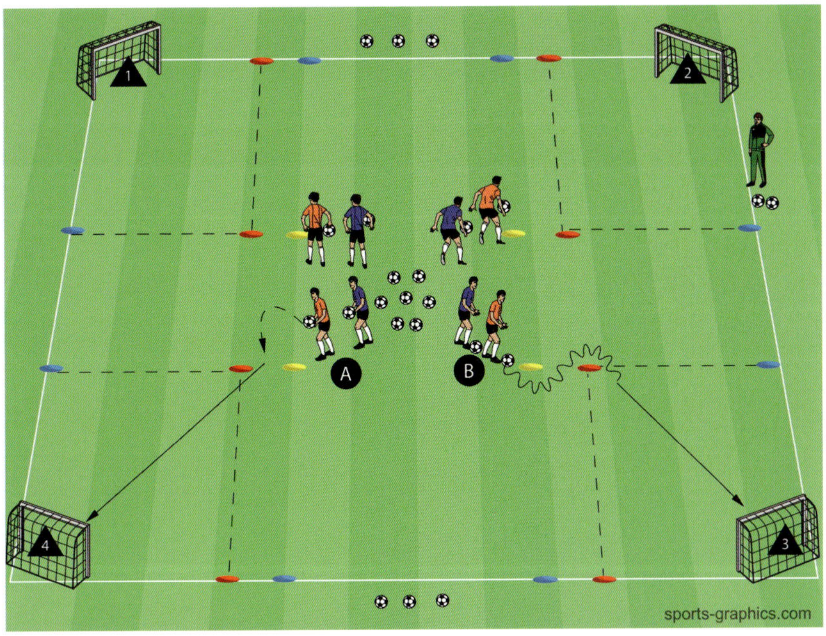

Aufbau/Organisation: 8-12 Spieler, 2 Teams, 4 Minitore, Leibchen, Floor-Marker, Bälle.

Spielziel: Zwei Teams (Orange vs. Blau) spielen einen Torschusswettkampf gegeneinander. Jeweils ein oranger Spieler startet am gelben Floor-Marker mit einem Ball in der Hand (siehe A). Der Ball wird in der ersten Spielrunde aus der Luft in das Minitor geschossen.

Beispiel: Spieler A wirft den Ball zwischen die gelben und roten Floor-Marker nach vorne und schließt direkt auf das Minitor 4 ab. Trifft der orange Spieler, erhält dieser einen Punkt. Schießt er vorbei, muss er den Ball wiederholen und sich hinter dem blauen Gegenspieler anstellen. Jetzt ist der blaue Spieler an der Reihe. Die Spieler schießen immer abwechselnd. Welches Team erzielt in drei Minuten die meisten Tore? Welcher Spieler erzielt in drei Minuten die meisten Tore? Es werden mehrere Runden gespielt.

Variation 1 (Drop-Kick): Die Spieler werfen den Ball auf die rot-gelbe Floor-Marker-Linie und schließen per Drop-Kick auf das Minitor ab.

Variation 2 (Dribbling): Die Spieler dribbeln beidfüßig durch die Floor-Marker und schließen auf das Minitor ab (siehe B).

Abschlussspiel

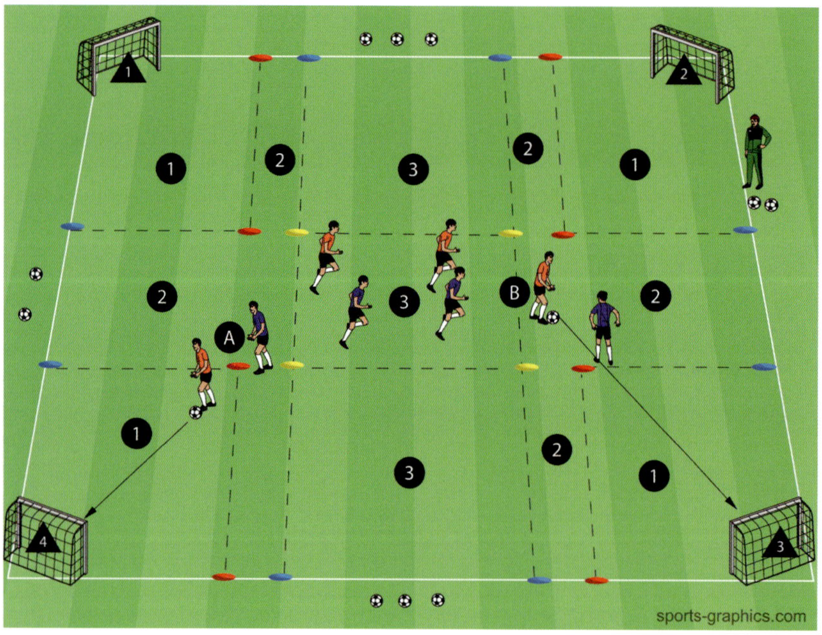

Aufbau/Organisation: 8-12 Spieler, 2 Teams, 4 Minitore, Leibchen, Floor-Marker, Bälle.

Spielziel: In diesem Abschlussspiel spielen zwei Teams auf die vier Minitore gegeneinander. Die Spieler der ballbesitzenden Mannschaft spielen sich den Ball untereinander zu und versuchen, auf die vier Minitore abzuschließen. Das verteidigende Team will den Ball erobern. Das Ziel ist, elf Punkte zu erzielen. Die Torwertung variiert. Je näher am Minitor ein erfolgreicher Torschuss erfolgt, desto geringer ist die Torwertung (siehe A, 1 und 4).

Beispiel: Spieler A trifft aus der rot-blauen Zone und erhält dafür einen Punkt. Spieler B trifft aus der Zwischenzone und erspielt damit zwei Punkte. Nach einem Torerfolg wechselt der Ballbesitz. Die Mannschaft, die ein Tor kassiert hat, ist nun im Ballbesitz. Die Spielrunde ist vorbei, wenn genau elf Punkte erspielt sind. Welches Team erzielt zuerst elf Punkte? Es werden mehrere Runden gespielt.

Variation 1: Freies Spiel ohne Zusatzregeln.

Trainingseinheit 39

Technikschwerpunkte: Passen und Dribbeln

Spielleitlinien der Trainingseinheit:

- Wir wollen immer den Ball und nehmen dabei die beste Spielposition ein
- Wir coachen uns gegenseitig
- Wir sind immer aktiv und anspielbar
- Wir spielen und lösen uns

Aufwärmspiel

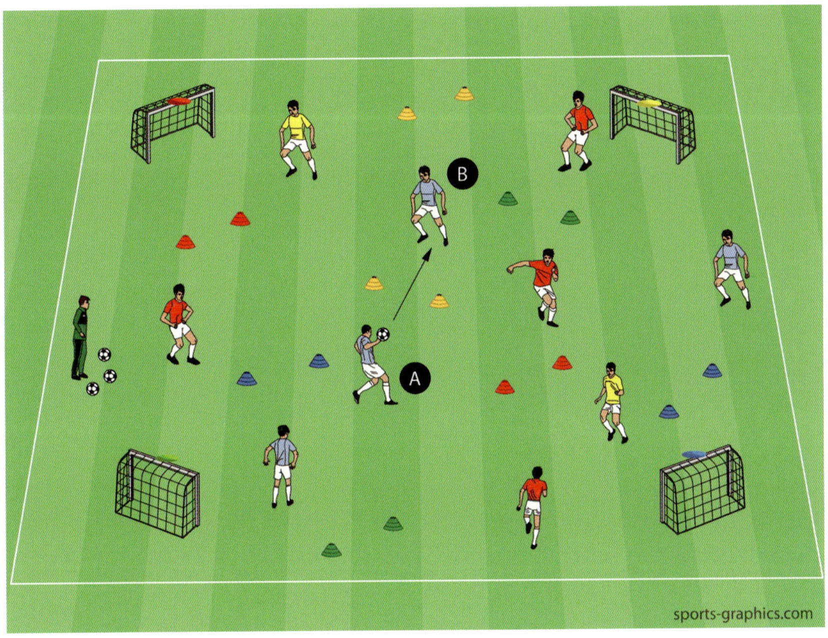

Aufbau/Organisation: 9-14 Spieler, 2 Teams, 4 Minitore, Leibchen, Hütchen, Bälle. An den Minitoren sind Leibchen mit den entsprechenden Farben befestigt.

Spielziel: In diesem Handballspiel agieren zwei Teams gegeneinander. Die beiden neutralen Spieler (hier gelb) gehören immer dem ballbesitzenden Team an. Die Spieler der ballbesitzenden Mannschaft werfen sich den Ball untereinander zu und versuchen, zu punkten. Das verteidigende Team will den Ball erobern. Das angreifende Team kann einen Punkt erzielen, indem ein Hütchentor durchworfen wird (siehe A und B). Im Anschluss muss man den Ball erfolgreich in ein Minitor werfen. Das durchworfene Hütchentor entscheidet, welche Minitore geöffnet sind.

Beispiel: Spieler A durchspielt mit Spieler B das gelbe Hütchentor. Somit sind nun die Minitore geöffnet, an denen kein gelbes Leibchen befestigt ist. Es kann folglich in das rote, grüne und blaue Minitor geworfen werden, um einen Punkt zu erzielen. Welches Team erspielt in sieben Minuten die meisten Punkte?

Variation 1: Es müssen zwei Hütchentore durchworfen werden, bevor auf ein Minitor abgeschlossen werden kann. Die Farbe des zuletzt durchworfenen Hütchentors entscheidet dabei, welche Minitore geöffnet sind.

Variation 2: Der Ball muss in ein Minitor geköpft werden.

Variation 3: Der Ball muss per Bodenpass, also als „Aufsetzer“, durch das Hütchentor gespielt werden.

Hauptteil

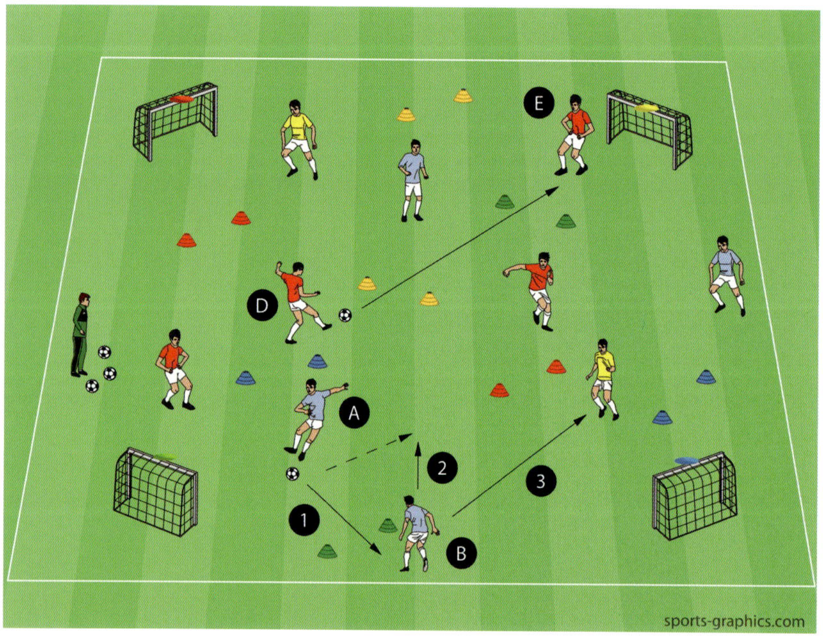

Aufbau/Organisation: 9-14 Spieler, 2 Teams, 4 Minitore, Leibchen, Hütchen, Bälle. An den Minitoren sind Leibchen mit den entsprechenden Farben befestigt.

Spielziel: In dieser Spielform agieren zwei Teams gegeneinander. Die beiden neutralen Spieler (hier gelb) gehören immer dem ballbesitzenden Team an. Die Spieler der ballbesitzenden Mannschaft spielen sich den Ball untereinander zu und versuchen, zu punkten. Das verteidigende Team will den Ball erobern. Es wird ohne Feldbegrenzung gespielt. Bei Bedarf spielt der Trainer einen neuen Ball ein. Das angreifende Team kann einen Punkt erzielen, indem ein Doppelpass durch ein Hütchentor gespielt wird (siehe A, B, 1 und 2) oder der angespielte Spieler den Ball direkt zu einem dritten Spieler passt (siehe A, B, 1 und 3). Wichtig ist, dass der Spieler, der den zweiten Pass spielt (hier Spieler B), maximal zwei Kontakte hat, um den Pass zu dem dritten Spieler zu spielen. Im Anschluss muss erfolgreich auf ein Minitor abgeschlossen werden. Die Farben des durchspielten Hütchentors entscheiden dabei, welche Tore geöffnet sind.

Beispiel: Spieler A spielt mit Spieler B einen Doppelpass durch das grüne Hütchentor (siehe A, B, 1 und 2). Somit sind nun die Minitore geöffnet, an denen kein grünes Leibchen befestigt ist. Es kann folglich auf das rote, gelbe und blaue Minitor abgeschlossen werden, um einen Punkt zu erzielen. Welches Team erspielt in zehn Minuten die meisten Punkte?

Variation 1: Wird nach dem Erreichen des Spielziels noch ein Hütchentor durchdribbelt und anschließend erfolgreich auf ein Minitor abgeschlossen, so erhält das angreifende Team zwei Punkte. Die Farbe des durch-

dribbelten Hütchentors entscheidet dabei, welche Minitore geöffnet sind. Wird beispielsweise nach dem Doppelpass ein blaues Hütchentor durchdribbelt, ist das blaue Minitor geschlossen und alle anderen geöffnet.
Variation 2: Gelingt es dem angreifenden Team, zwei Hütchentore zu durchpassen (siehe D und E), kann sofort auf alle vier Minitore abgeschlossen werden.

Abschlussspiel

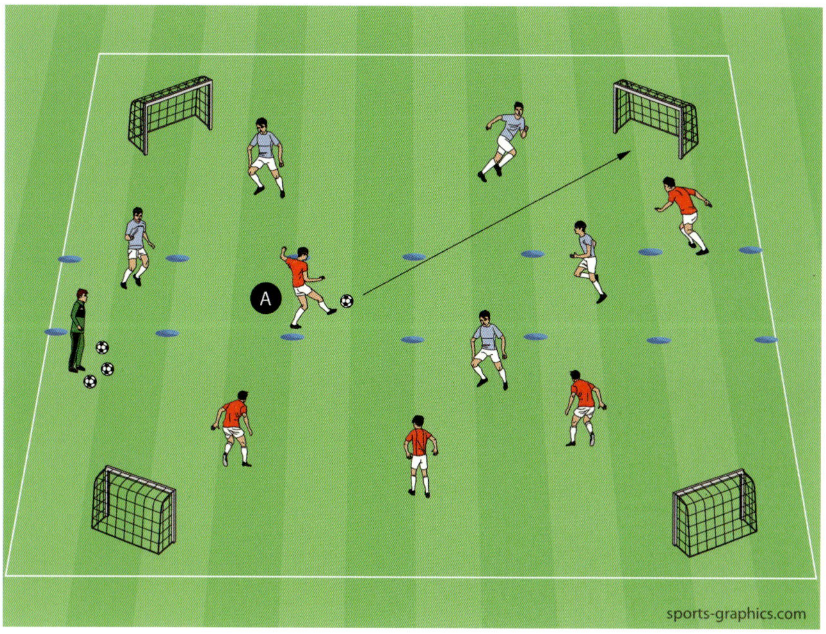

Aufbau/Organisation: 9-14 Spieler, 2 Teams, 4 Minitore, Leibchen, Floor-Marker, Bälle.

Spielziel: In dieser Spielform agieren zwei Teams gegeneinander. Die Spieler der ballbesitzenden Mannschaft spielen sich den Ball untereinander zu und versuchen, zu punkten. Das verteidigende Team will den Ball erobern. Das ballbesitzende Team kann einen Punkt erzielen, indem erfolgreich auf eines der beiden gegnerischen Minitore abgeschlossen wird. Gelingt es dem angreifenden Team, ein Tor aus der blauen Mittelzone zu schießen (siehe A), so zählt das Tor doppelt. Wird ein Tor erzielt, so erhält das erfolgreiche Team einen neuen Ball vom Trainer. Welches Team erspielt in zehn Minuten die meisten Punkte?

Variation 1: Gewinnt das verteidigende Team den Ball in der Mittelzone, so darf das Team auf alle vier Minitore abschließen.
Variation 2: In der Mittelzone darf der Ball von dem angreifenden Team nicht berührt werden. Sie gilt somit als „Tabu-Zone" für die angreifende Mannschaft und muss überspielt werden. Das verteidigende Team darf den Ball in der Mittelzone berühren, zum Beispiel indem ein Pass abgefangen wird.
Variation 3: Freies Spiel ohne Zusatzregeln.

Trainingseinheit 40

Technikschwerpunkte: Passen und Torschuss

Spielleitlinien der Trainingseinheit:

- Wir passen raumgreifend in Zielräume nach vorne
- Wir behaupten den Ball
- Wir finden den Torabschluss
- Wir jagen Ball und Gegner

Aufwärmspiel

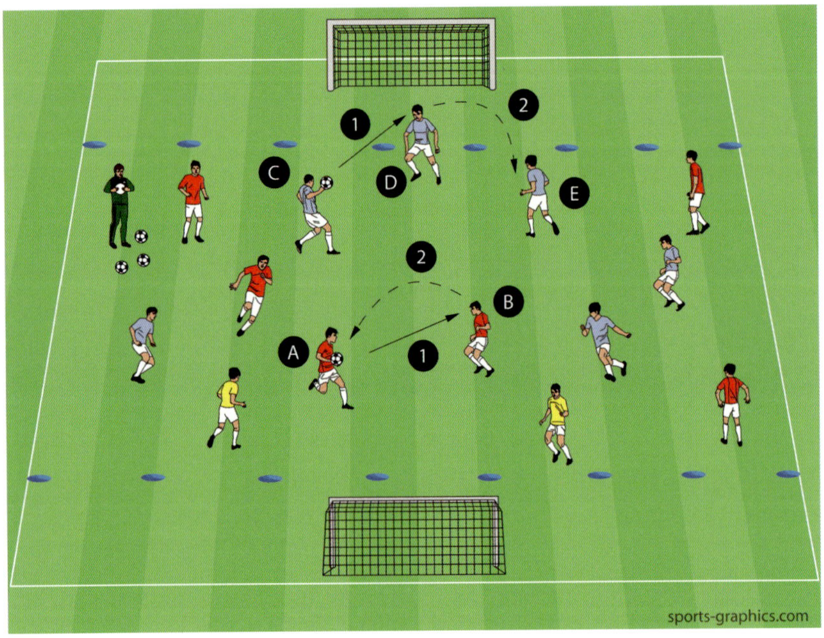

Aufbau/Organisation: 14–18 Spieler, 2 Teams, 2 Tore, Leibchen, Floor-Marker, Bälle.

Spielziel: In diesem Handballspiel agieren zwei Teams gegeneinander. Die beiden neutralen Spieler (hier gelb) gehören immer dem ballbesitzenden Team an. Die Spieler der ballbesitzenden Mannschaft werfen sich den Ball untereinander zu und versuchen, zu punkten. Das verteidigende Team will den Ball erobern. Das angreifende Team kann einen Punkt erzielen, indem einem Mitspieler der Ball auf Kopfhöhe zugeworfen wird (siehe A und 1) und der Mitspieler den Ball dann auf den werfenden Spieler zurückköpft (siehe B und 2). Fängt Spieler A den Ball auf, so erhält das Team einen Punkt. Die neutralen Spieler können jederzeit vom ballbesitzenden Team eingesetzt werden. Welches Team erzielt in sieben Minuten die meisten Punkte?

Variation 1: Ein Punkt lässt sich erzielen, indem einem Mitspieler der Ball auf Kopfhöhe zugeworfen (siehe C, D und 1) und dann einem dritten Spieler zugeköpft wird (siehe D, E und 2). Spieler E muss den Ball auffangen, um einen Punkt zu erhalten.

Variation 2: Fällt dem angreifenden Team der Ball während des Spiels auf den Boden, so erhält das bis dahin verteidigende Team einen neuen Ball vom Trainer.

Hauptteil

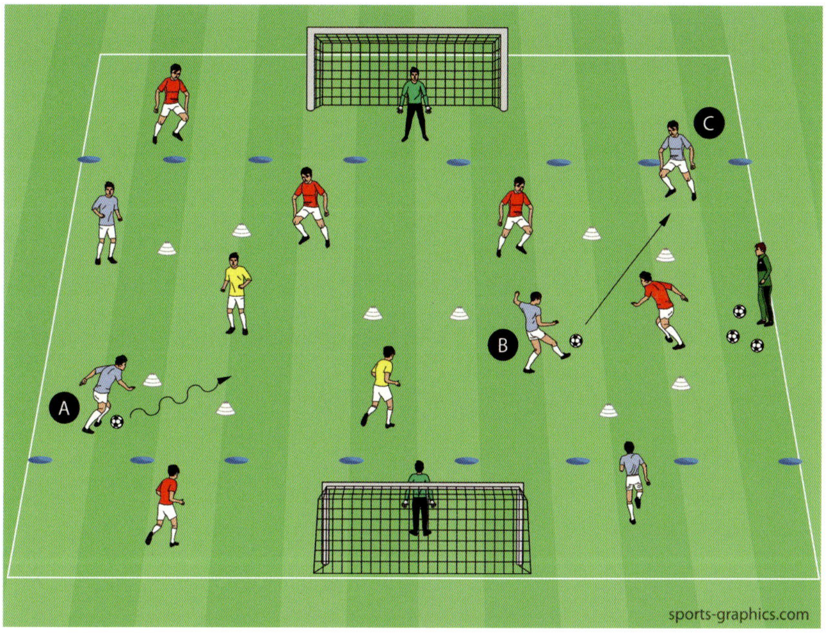

Aufbau/Organisation: 14–18 Spieler, 2 Teams, 2 Tore, Leibchen, Floor-Marker, Bälle.

Spielziel: In dieser Spielform agieren zwei Teams gegeneinander. Die beiden neutralen Spieler (hier gelb) gehören immer dem ballbesitzenden Team an. Die Spieler der ballbesitzenden Mannschaft spielen sich den Ball untereinander zu und versuchen, zu punkten. Das verteidigende Team will den Ball erobern. Es wird ohne Feldbegrenzung gespielt. Bei Bedarf spielt der Trainer einen neuen Ball ein. Das angreifende Team kann einen Punkt erzielen, indem der ballbesitzende Spieler durch ein Hütchentor dribbelt (siehe A) oder ein Hütchentor durchpasst wird (siehe B und C). Im Anschluss muss erfolgreich auf eines der beiden Tore abgeschlossen werden. Erzielt man ein Tor, so erhält das erfolgreiche Team einen neuen Ball vom Trainer. Welches Team erspielt in zehn Minuten die meisten Punkte?

Variation 1: Der Torabschluss muss vor der blauen Linie (Schusszone) erfolgen.

Variation 2: Man darf das mittlere Hütchentor durchpassen oder durchdribbeln. Die übrigen vier äußeren Hütchentore können nur durchdribbelt werden. Ist eines der Hütchentore erfolgreich abgespielt, öffnen sich wieder beide Tore.

Variation 3: Man darf das mittlere Hütchentor durchpassen oder durchdribbeln. Die übrigen vier äußeren Hütchentore können nur durchpasst werden. Ist eines der Hütchentore erfolgreich abgespielt, öffnen sich wieder beide Tore.

Variation 4: Hat das angreifende Team das Spielziel erfüllt und verliert vor dem Torabschluss den Ball an das verteidigende Team, so darf das bis dahin verteidigende Team sofort auf eines der beiden Tore abschließen.

Abschlussspiel

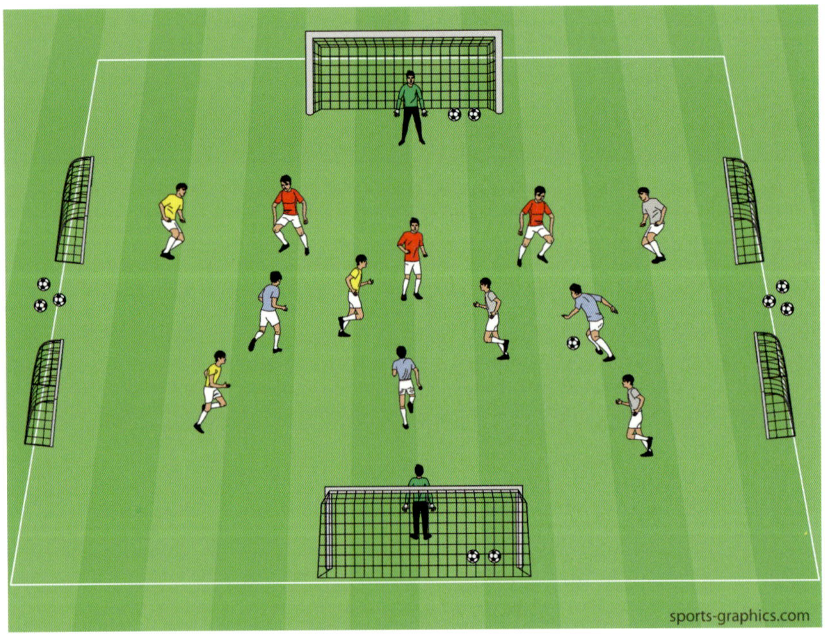

Aufbau/Organisation: 14-18 Spieler, 4 Teams, 2 Tore, 4 Minitore, Leibchen, Bälle.

Spielziel: In dieser Spielform agieren vier Teams gleichzeitig in einem Spielfeld. Dabei spielt das gelbe Team gegen das graue Team auf jeweils zwei Minitore. Das rote Team spielt gegen das blaue Team auf jeweils ein großes Tor. Folglich finden zwei Spielduelle gleichzeitig statt. Es kann ein Punkt erzielt werden, indem erfolgreich auf das gegnerische Tor abgeschlossen wird. Erzielt man ein Tor, so erhält das erfolgreiche Team einen neuen Ball aus dem Balldepot. Welches Team erspielt in sieben Minuten die meisten Punkte?

Variation 1: Die Teams werden getauscht, damit neue Spielpaarungen generiert werden.
Variation 2: Es wird ein Turnier gespielt. Das Spielfeld mit den Jugendtoren ist die 1. Bundesliga und das Spielfeld mit den Minitoren ist die Regionalliga. Das siegreiche Team aus der Regionalliga steigt nach dem Ende der Spielzeit (fünf Minuten) in die 1. Bundesliga auf und das erfolglose Team aus der 1. Bundesliga steigt in die Regionalliga ab. Welches Team hat am Ende des Turniers am häufigsten in der 1. Bundesliga gespielt?
Variation 3: Es werden zwei Teams gebildet und es wird nur noch auf die großen Tore gespielt. Es gibt keine Zusatzregeln.

Trainingseinheit 41

Technikschwerpunkte: Passen und Dribbeln

Spielleitlinien der Trainingseinheit:

- Wir sind immer aktiv und anspielbar
- Wir spielen und lösen uns
- Wir coachen uns gegenseitig
- Wir jagen Ball und Gegner

Aufwärmspiel

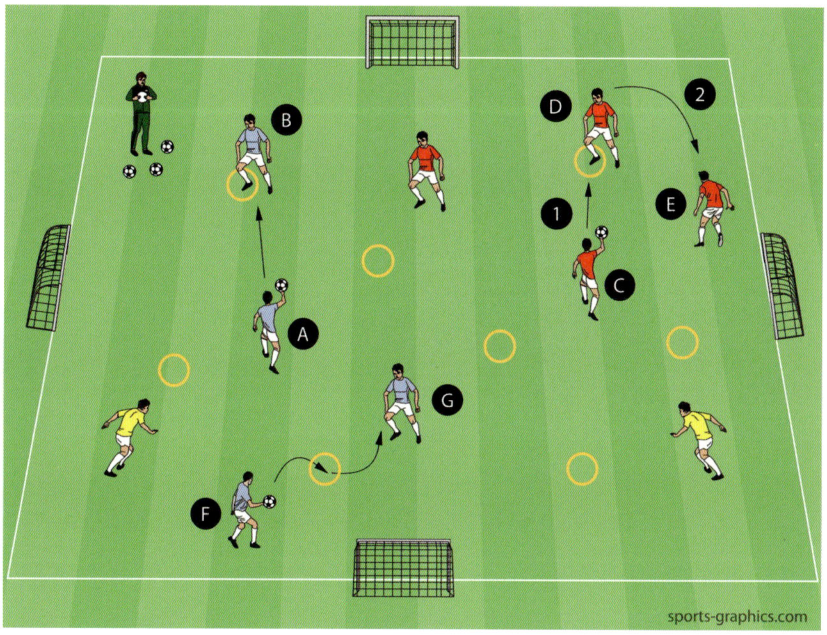

Aufbau/Organisation: 9–14 Spieler, 2 Teams, 4 Minitore, Leibchen, Reifen, Bälle.

Spielziel: In diesem Handballspiel agieren zwei Teams gegeneinander. Die beiden neutralen Spieler (hier gelb) gehören immer dem ballbesitzenden Team an. Die Spieler des ballbesitzenden Teams werfen sich den Ball untereinander zu und versuchen, zu punkten. Das verteidigende Team will den Ball erobern. Das angreifende Team kann einen Punkt erzielen, indem einem Mitspieler, der mit einem Bein in einem Reifen steht, der Ball zugeworfen wird (siehe A und B). Fängt Spieler B den Ball, so erhält das Team einen Punkt. Welches Team erzielt in fünf Minuten die meisten Punkte?

Variation 1: Ein Punkt lässt sich erzielen, indem einem Mitspieler, der mit einem Bein in einem Reifen steht, der Ball auf Kopfhöhe zugeworfen (siehe C, D und 1) und dann einem dritten Spieler zugeköpft wird (siehe D, E und 2). Fängt Spieler E den Ball, so erhält das Team einen Punkt.

Variation 2: Der Ball muss per Bodenpass, also als „Aufsetzer", durch den Reifen gespielt werden (siehe F und G). Fängt Spieler G den Ball, so erhält das Team einen Punkt.

Variation 3: Es gelten dieselben Regeln wie in Variation 2. Nachdem ein Reifen per Bodenpass bespielt wurde, muss man den Ball anschließend noch in eines der vier Minitore werfen. Gelingt dies, ohne dass ein Gegenspieler an den Ball kommt, erhält das angreifende Team einen Punkt.
Variation 4: Fällt dem angreifenden Team der Ball während des Spiels auf den Boden, so erhält das bis dahin verteidigende Team einen neuen Ball vom Trainer.

Hauptteil

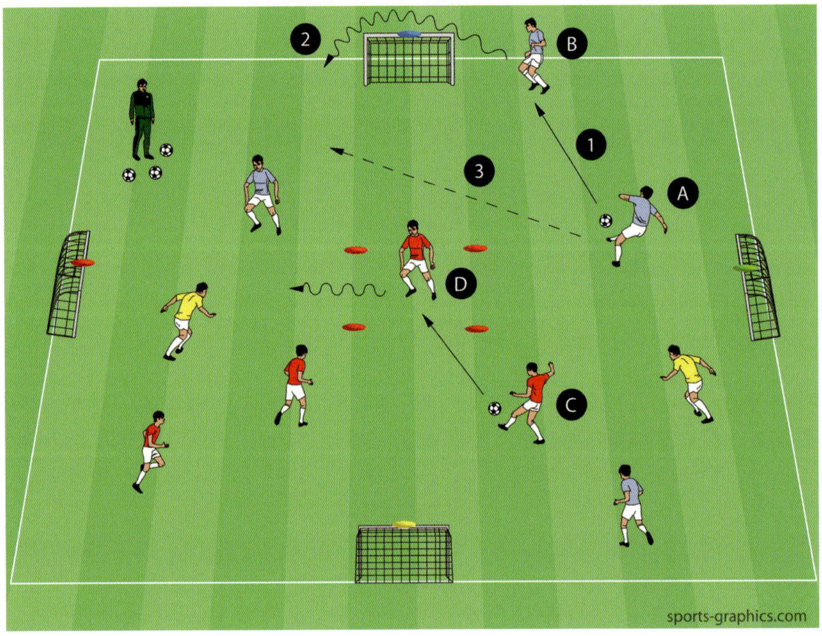

Aufbau/Organisation: 9-14 Spieler, 2 Teams, 4 Minitore, Leibchen, Floor-Marker, Bälle. An den Minitoren sind Leibchen mit den entsprechenden Farben befestigt.

Spielziel: In dieser Spielform agieren zwei Teams gegeneinander. Die beiden neutralen Spieler (hier gelb) gehören immer dem ballbesitzenden Team an. Die Spieler der ballbesitzenden Mannschaft spielen sich den Ball untereinander zu und versuchen, zu punkten. Das verteidigende Team will den Ball erobern. Es wird ohne Feldbegrenzung gespielt. Bei Bedarf spielt der Trainer einen neuen Ball ein. Das angreifende Team kann einen Punkt erzielen, indem ein Mitspieler neben einem Minitor angespielt wird, dieser dann mit maximal zwei Kontakten hinter dem Minitor entlangdribbelt (siehe A, B, 1 und 2) und der Ball dann sofort wieder auf den nachlaufenden Passgeber (Spieler A) zurückgespielt wird (siehe 3). Im Anschluss muss man erfolgreich auf eines der drei geöffneten Minitore abschließen. Es ist immer das Tor geschlossen, hinter dem entlanggedribbelt wurde.

Beispiel: Spieler A spielt einen Pass zu Spieler B, der neben einem Minitor positioniert ist. Im Anschluss dribbelt Spieler B hinter dem Minitor entlang. Spieler A läuft bereits weiter, um den Ball von Spieler B zugepasst zu bekommen, sobald dieser hinter dem Minitor entlanggedribbelt ist. Nun sind die Minitore Rot, Gelb und Grün geöffnet. Wird ein Tor erzielt, erhält das angreifende Team einen Punkt. Welches Team erzielt in zehn Minuten die meisten Punkte?

Variation 1: Es kann nun zusätzlich auch das Quadrat im Zentrum bespielt werden, um die Minitore zu öffnen. Dafür muss ein Mitspieler, der in dem Quadrat steht, angespielt werden und dann aus dem Quadrat herausdribbeln (siehe C und D). Gelingt dies, so sind alle Minitore geöffnet.
Variation 2: Der Trainer ruft nach dem Erreichen des Spielziels immer zwei Tor-Farben, auf die das angreifende Team abschließen kann. Gewinnt der Gegner den Ball, so kann sofort auf die beiden anderen Tore abgeschlossen werden.

Abschlussspiel

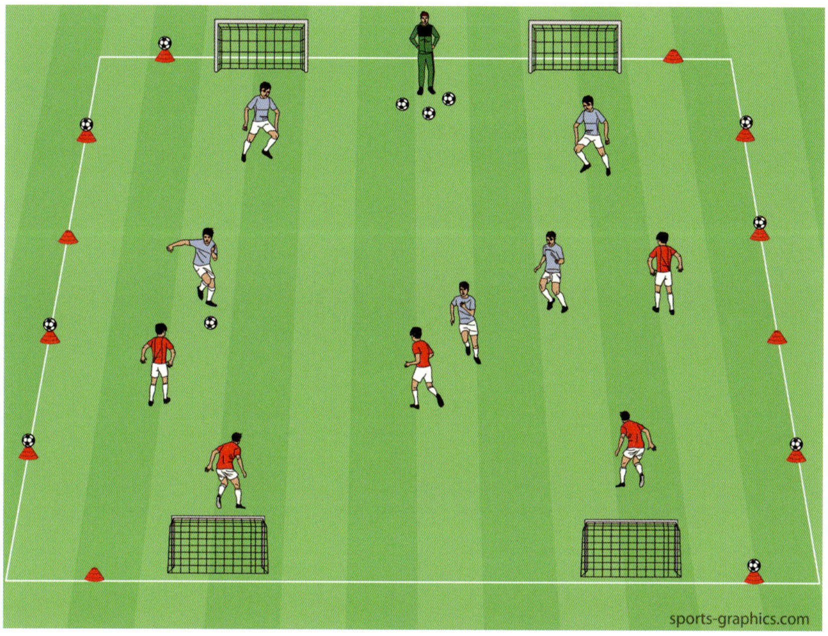

Aufbau/Organisation: 9-14 Spieler, 2 Teams, 4 Minitore, Leibchen, Hütchen, Bälle.

Spielziel: In dieser Spielform agieren zwei Teams gegeneinander. Die Spieler der ballbesitzenden Mannschaft spielen sich den Ball untereinander zu und versuchen, zu punkten. Das verteidigende Team will den Ball erobern. Das ballbesitzende Team kann einen Punkt erzielen, indem erfolgreich auf eines der beiden gegnerischen Minitore abgeschlossen wird. Rollt der Ball während des Spiels ins Seitenaus, so muss der Spieler, der den Ball zuletzt berührt hat, den Ball holen und auf ein unbesetztes Hütchen legen. Das gegnerische Team darf von irgendeinem Hütchen einen neuen Ball ins Spiel bringen. Wird ein Tor erzielt, erhält das erfolgreiche Team einen neuen Ball vom Trainer. Welches Team erspielt in zehn Minuten die meisten Punkte?

Variation 1: Wurden vor dem Torerfolg alle Spieler in das Spiel eingebunden und hatten einen Ballkontakt, so zählt das Tor fünffach. Hatten nur zwei Spieler vor dem Torerfolg einen Ballkontakt, so zählt das Tor doppelt.
Variation 2: Freies Spiel ohne Zusatzregeln.

Trainingseinheit 42

Technikschwerpunkte: Passen und Dribbeln

Spielleitlinien der Trainingseinheit:

- Wir wollen immer den Ball und nehmen dabei die beste Spielposition ein
- Wir coachen uns gegenseitig
- Wir sind immer aktiv und anspielbar
- Wir spielen und lösen uns

Aufwärmspiel

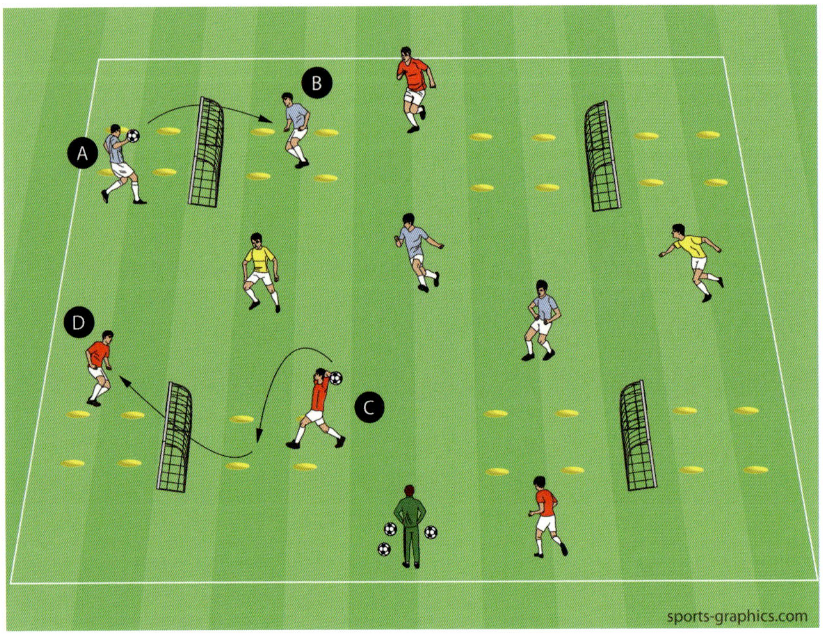

Aufbau/Organisation: 9-14 Spieler, 2 Teams, 4 Minitore, Leibchen, Floor-Marker, Bälle.

Spielziel: In diesem Handballspiel agieren zwei Teams gegeneinander. Die beiden neutralen Spieler (hier gelb) gehören immer dem ballbesitzenden Team an. Die Spieler der ballbesitzenden Mannschaft werfen sich den Ball untereinander zu und versuchen, zu punkten. Das verteidigende Team will den Ball erobern. Die angreifende Mannschaft kann einen Punkt erzielen, indem über ein Minitor geworfen wird (siehe A und B). Welches Team erspielt in sieben Minuten die meisten Punkte?

Variation 1: Wird der Ball erfolgreich über ein Minitor geworfen, so muss man den Ball nun im Anschluss in eines der vier Minitore werfen, um einen Punkt zu erzielen. Nach einem Punktgewinn spielt der Trainer einen neuen Ball ein.
Variation 2: Fällt den Angreifern der Ball während des Spiels auf den Boden, so erhält das bis dahin verteidigende Team einen neuen Ball vom Trainer.
Variation 3: Das angreifende Team kann zwei Punkte erzielen, wenn der Ball per Bodenpass über ein Minitor gespielt und der Ball anschließend von einem Mitspieler aufgefangen wird (siehe C und D).
Variation 4: Es wird mit zwei Bällen gleichzeitig gespielt.

Hauptteil

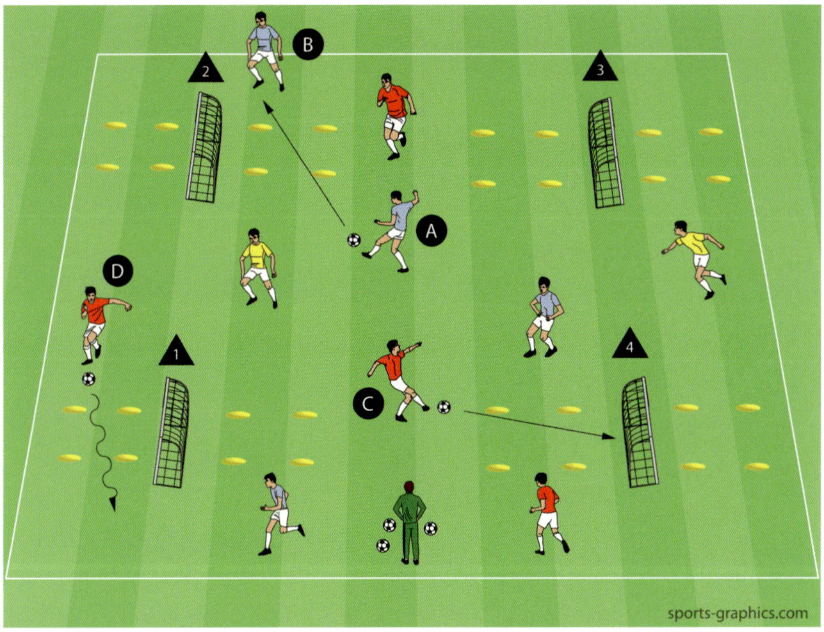

Aufbau/Organisation: 9–14 Spieler, 2 Teams, 4 Minitore, Leibchen, Floor-Marker, Bälle.

Spielziel: In dieser Spielform agieren zwei Teams gegeneinander. Die beiden neutralen Spieler (hier gelb) gehören immer dem ballbesitzenden Team an. Die Spieler der ballbesitzenden Mannschaft spielen sich den Ball untereinander zu und versuchen, zu punkten. Das verteidigende Team will den Ball erobern. Es wird ohne Feldbegrenzung gespielt. Bei Bedarf spielt der Trainer einen neuen Ball ein. Das angreifende Team kann einen Punkt erzielen, indem eines der vier Quadrate hinter einem Minitor durchpasst wird (siehe A und B) und anschließend erfolgreich auf eines der vier Minitore abgeschlossen wird. Nach einem Torerfolg spielt der Trainer einen neuen Ball von außen ein. Welches Team erzielt in zehn Minuten die meisten Punkte?

Variation 1: Nun dürfen auch die Quadrate vor den Minitoren durchpasst werden. Weiterhin gilt: Wenn man ein Quadrat hinter dem Tor durchpasst hat, dann muss man erfolgreich auf eines der vier Minitore abschließen, um einen Punkt zu erzielen. Wird nun das Quadrat vor einem Minitor durchpasst, so muss erfolgreich auf die Rückseite von einem der vier Minitore abgeschlossen werden (siehe C).
Variation 2: Die Quadrate dürfen auch durchdribbelt werden.
Variation 3: Es ist immer das Tor geschlossen, an dem ein Quadrat durchdribbelt oder durchpasst wurde.
Variation 4: Wird ein Quadrat durchdribbelt, dann spielt man mit fester Spielrichtung und es muss in 15 Sekunden der Torerfolg gelingen. Andernfalls schließen sich die Tore und das Spielziel muss neu erfüllt werden.

Beispiel: Spieler D durchdribbelt das Quadrat vor dem Tor 1. Nun wird mit fester Spielrichtung gespielt und das angreifende Team darf auf die Tor 3 und 4 abschließen. Gewinnt das verteidigende Team den Ball, so darf sofort auf die beiden gegnerischen Tore gekontert werden.

Abschlussspiel

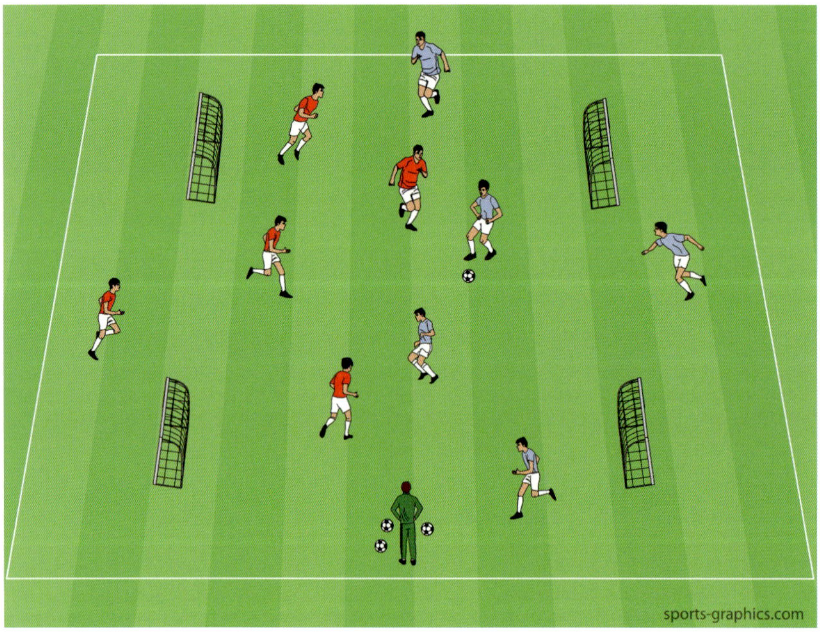

Aufbau/Organisation: 9-14 Spieler, 2 Teams, 4 Minitore, Leibchen, Floor-Marker, Bälle.

Spielziel: In dieser Spielform agieren zwei Teams gegeneinander. Die Spieler der ballbesitzenden Mannschaft spielen sich den Ball untereinander zu und versuchen, zu punkten. Das verteidigende Team will den Ball erobern. Das ballbesitzende Team kann einen Punkt erzielen, indem erfolgreich auf eines der beiden gegnerischen Minitore abgeschlossen wird. Dabei darf sowohl auf der Vorderseite des Tores als auch auf der Rückseite des Tores getroffen werden. Erzielt man ein Tor, erhält das erfolgreiche Team einen neuen Ball vom Trainer. Welches Team erspielt in zehn Minuten die meisten Punkte?

Variation 1: Die Minitore bleiben umgedreht stehen. Das angreifende Team kann einen Punkt erzielen, indem der Ball erfolgreich in ein Minitor geschossen wird. Auf der Rückseite des Minitores kann kein Punkt mehr erzielt werden.

Variation 2: Freies Spiel ohne Zusatzregeln.

Trainingseinheit 43

Technikschwerpunkte: Passen und Dribbeln

Spielleitlinien der Trainingseinheit:

- Wir wollen immer den Ball und nehmen dabei die beste Spielposition ein
- Wir coachen uns gegenseitig
- Wir sind immer aktiv und anspielbar
- Wir spielen und lösen uns

Aufwärmspiel

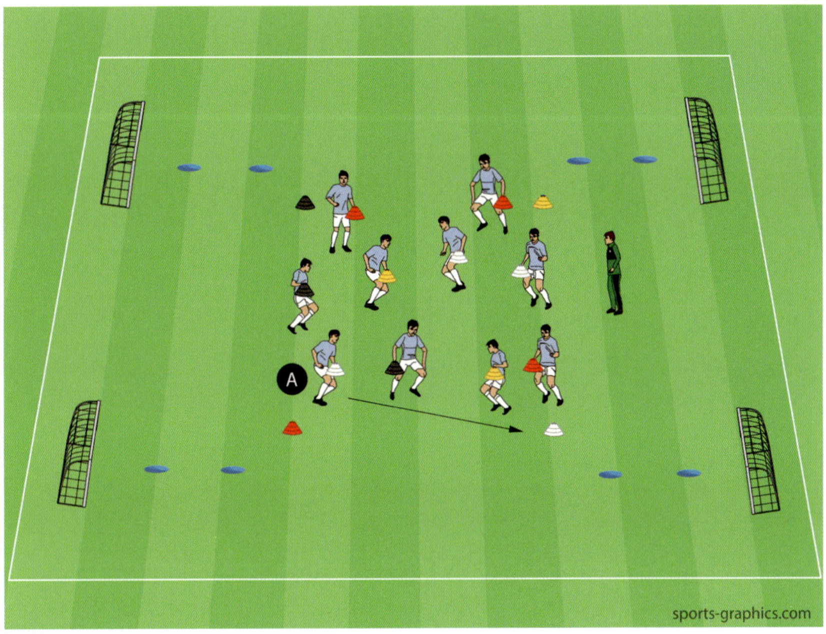

Aufbau/Organisation: 9-14 Spieler, 4 Minitore, Leibchen, Hütchen, Floor-Marker, Bälle.

Spielziel: In diesem Spiel agiert jeder gegen jeden. Das Spiel findet in dem Viereck statt, das mit den Hütchen abgesteckt ist. Jeder Spieler hat ein farbiges Hütchen – entsprechend der Feldmarkierung – in der Hand und läuft damit in dem abgesteckten Feld umher. Begegnen sich zwei Spieler, so tauschen sie ihre Hütchen miteinander. Sobald der Trainer „nach Hause" ruft, muss jeder Spieler so schnell wie möglich zu seiner Hütchenfarbe laufen (siehe A). Welche drei Teams schaffen es als erstes? Es werden mehrere Durchgänge gespielt.

Variation 1: Es müssen immer die Farben diagonal gegenüber angelaufen werden, wenn der Trainer „nach Hause" ruft. Hat ein Spieler beispielsweise ein weißes Hütchen in der Hand, so muss er zum schwarzen Hütchen laufen. Hat ein Spieler ein rotes Hütchen in der Hand, so muss er zum gelben Hütchen laufen.

Variation 2: Es müssen immer die Farben rechts daneben angelaufen werden, wenn der Trainer „nach Hause" ruft. Hat ein Spieler beispielsweise ein weißes Hütchen in der Hand, so muss er zum roten Hütchen laufen. Hat ein Spieler ein rotes Hütchen in der Hand, so muss er zum schwarzen Hütchen laufen.

Variation 3: Jeder Spieler hat zusätzlich einen Ball am Fuß und dribbelt damit durch das Feld. Die Hütchen werden weiterhin getauscht.

Hauptteil

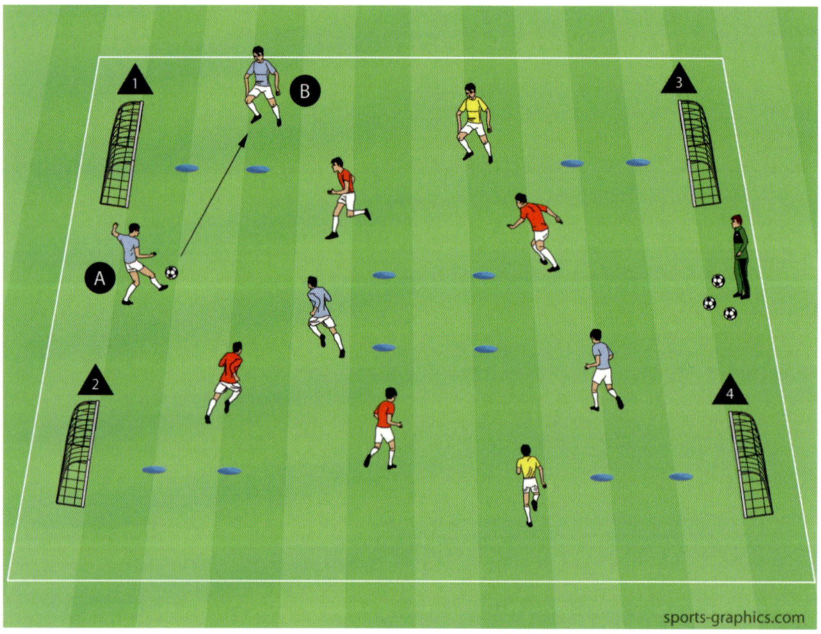

Aufbau/Organisation: 9-14 Spieler, 2 Teams, 4 Minitore, Leibchen, Floor-Marker, Bälle.

Spielziel: In dieser Spielform agieren zwei Teams gegeneinander. Die beiden neutralen Spieler (hier gelb) gehören immer dem ballbesitzenden Team an. Die Spieler der ballbesitzenden Mannschaft spielen sich den Ball untereinander zu und versuchen, zu punkten. Das verteidigende Team will den Ball erobern. Es wird ohne Feldbegrenzung gespielt. Bei Bedarf spielt der Trainer einen neuen Ball ein. Das angreifende Team kann einen Punkt erzielen, indem ein Floor-Marker-Tor durchpasst wird (siehe A und B) und anschließend erfolgreich auf eines der Minitore abgeschlossen wird. Dabei entscheidet das durchspielte Floor-Marker-Tor, welche Minitore geöffnet sind.

Beispiel: Spieler A spielt mit Spieler B einen Pass durch das Floor-Marker-Tor an Minitor 1 (siehe A und B). Somit sind nun die drei Minitore geöffnet, an denen das Floor-Marker-Tor nicht durchpasst wurde. Man kann folglich auf die Minitore 2, 3 und 4 abschließen, um einen Punkt zu erzielen. Welches Team erspielt in zehn Minuten die meisten Punkte?

Variation 1: Die Floor-Marker-Tore können auch durchdribbelt werden.
Variation 2: Wird das Quadrat in der Mitte des Spielfeldes durchdribbelt oder durchpasst, so kann auf alle Minitore abgeschlossen werden.
Variation 3: Wird ein Floor-Marker-Tor durchpasst oder durchdribbelt, so sind die beiden gegenüberliegenden Minitore geöffnet. Spieler A und B durchpassen das Floor-Marker-Tor an Minitor 1. Nun wird mit fester Spielrichtung gespielt, und das angreifende Team kann auf die Minitore 3 und 4 abschließen, um einen Punkt zu erzielen. Gewinnt das verteidigende Team den Ball, so darf sofort auf die beiden gegnerischen Minitore 1 und 2 gekontert werden.

Abschlussspiel

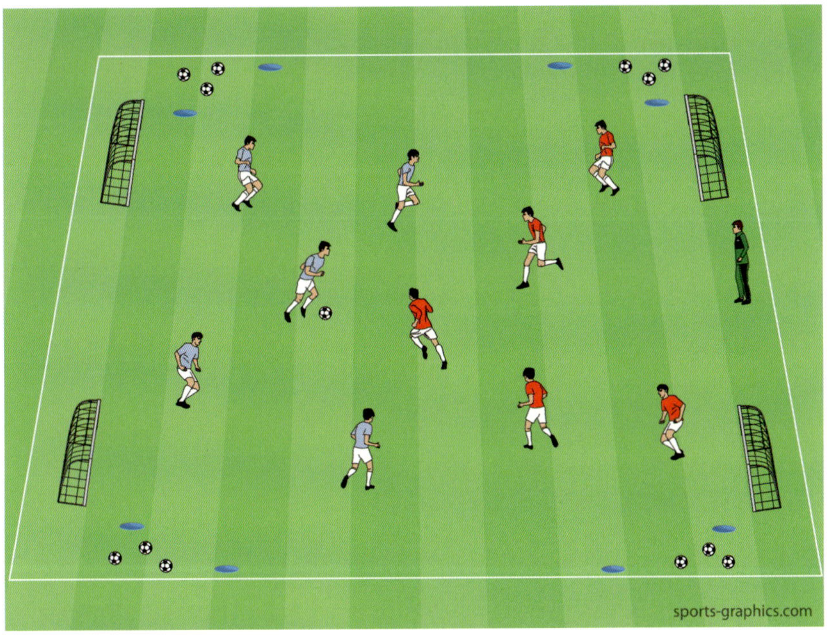

Aufbau/Organisation: 9–14 Spieler, 2 Teams, 4 Minitore, Leibchen, Floor-Marker, Bälle.

Spielziel: In dieser Spielform agieren zwei Teams gegeneinander. Die Spieler der ballbesitzenden Mannschaft spielen sich den Ball untereinander zu und versuchen, zu punkten. Das verteidigende Team will den Ball erobern. Das ballbesitzende Team kann einen Punkt erzielen, indem erfolgreich auf eines der beiden gegnerischen Minitore abgeschlossen wird. Wird ein Tor erzielt, so nimmt sich das erfolgreiche Team einen neuen Ball aus dem Balldepot neben seinem eigenen Tor. Welches Team erspielt in zehn Minuten die meisten Punkte?

Variation 1: Nach einem Torerfolg wird der Ball nun immer aus dem Balldepot genommen, welches diagonal gegenüber von dem Tor steht, auf das zuvor getroffen wurde. Das Team des Spielers, der den Ball am schnellsten ins Spiel gebracht hat, erhält den Ballbesitz.

Variation 2: Erzielt ein Team fünf Tore hintereinander, so ist dies der „Knock-out" für die Gegenspieler und das Spiel ist sofort gewonnen.

Variation 3: Freies Spiel ohne Zusatzregeln.

Trainingseinheit 44

Technikschwerpunkte: Passen und Dribbeln

Spielleitlinien der Trainingseinheit:

- Wir behaupten den Ball
- Wir passen raumgreifend in Zielräume nach vorne
- Wir sind immer aktiv und anspielbar
- Wir spielen und lösen uns

Aufwärmspiel

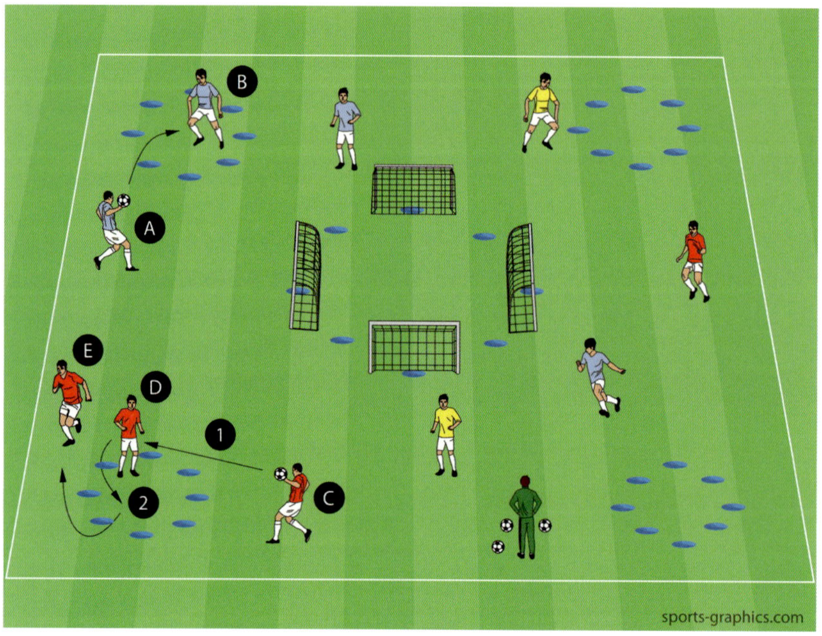

Aufbau/Organisation: 9-14 Spieler, 2 Teams, 4 Minitore, Leibchen, Floor-Marker, Bälle.

Spielziel: In diesem Handballspiel agieren zwei Teams gegeneinander. Die beiden neutralen Spieler (hier gelb) gehören immer dem ballbesitzenden Team an. Die Spieler der ballbesitzenden Mannschaft werfen sich den Ball untereinander zu und versuchen, zu punkten. Das verteidigende Team will den Ball erobern. Das angreifende Team kann einen Punkt erzielen, indem einem Mitspieler, der in einem Kreis steht, der Ball zugeworfen wird (siehe A und B). Fängt der Spieler in dem Kreis den Ball, so erhält das Team einen Punkt. Das ballbesitzende Team kann die neutralen Spieler jederzeit einsetzen. Welches Team erzielt in sieben Minuten die meisten Punkte?

Variation 1: Ein Punkt lässt sich erzielen, indem einem Mitspieler, der in einem Kreis steht, der Ball zugeworfen wird und der Ball dann per Bodenpass (als Aufsetzer) wieder aus dem Kreis gespielt wird (siehe C, D und E). Spieler E muss den Ball auffangen, um einen Punkt zu erhalten.

Variation 2: Fällt dem angreifenden Team der Ball während des Spiels auf den Boden, so erhält das bis dahin verteidigende Team einen neuen Ball vom Trainer.

Hauptteil

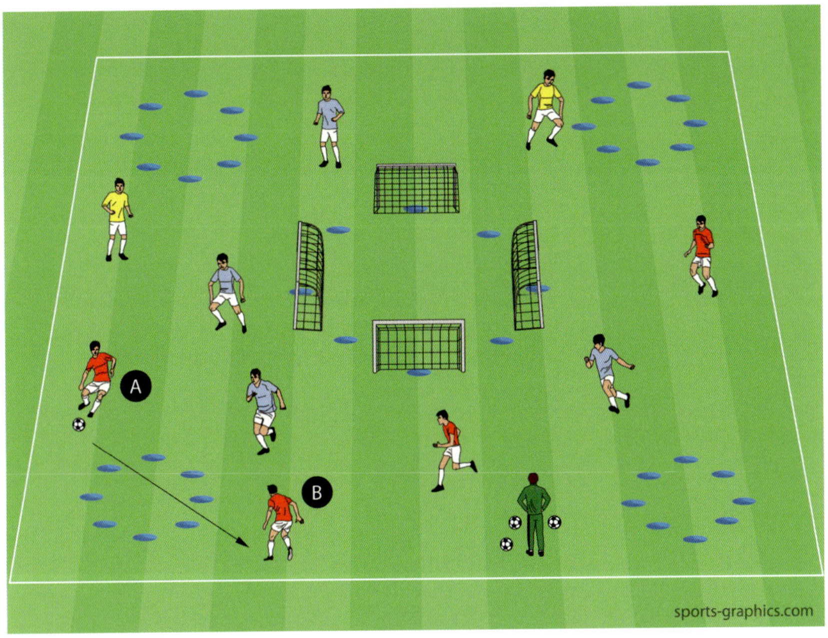

Aufbau/Organisation: 9–14 Spieler, 2 Teams, 4 Minitore, Leibchen, Floor-Marker, Bälle.

Spielziel: In dieser Spielform agieren zwei Teams gegeneinander. Die beiden neutralen Spieler (hier gelb) gehören immer dem ballbesitzenden Team an. Die Spieler der ballbesitzenden Mannschaft spielen sich den Ball untereinander zu und versuchen, zu punkten. Das verteidigende Team will den Ball erobern. Es wird ohne Feldbegrenzung gespielt. Bei Bedarf spielt der Trainer einen neuen Ball ein. Das angreifende Team kann einen Punkt erzielen, indem zwei äußere Kreise durchpasst werden (siehe A und B) oder der mittlere Kreis durchpasst wird. Im Anschluss muss man erfolgreich auf ein Minitor abschließen, um einen Punkt zu erzielen. Welches Team erspielt in zehn Minuten die meisten Punkte?

Variation 1: Die Kreise können auch durchdribbelt werden.
Variation 2: Die Minitore werden umgedreht, sodass die Öffnung des Tores innerhalb des Kreises ist. Wird nach dem Erreichen des Spielziels ein Pass zu einem Mitspieler, der in dem mittleren Kreis steht, gespielt, damit dieser auf eines der Minitore abschließen kann, so darf der Ball den Kreis nicht mehr verlassen. Verlässt der Ball dennoch den Kreis, bevor man ein Tor erzielt hat, so muss das Spielziel neu erfüllt werden.
Variation 3: Wird nach dem Erreichen des Spielziels von außerhalb des mittleren Kreises auf eines der Minitore erfolgreich abgeschlossen, so zählt das Tor doppelt.

Abschlussspiel

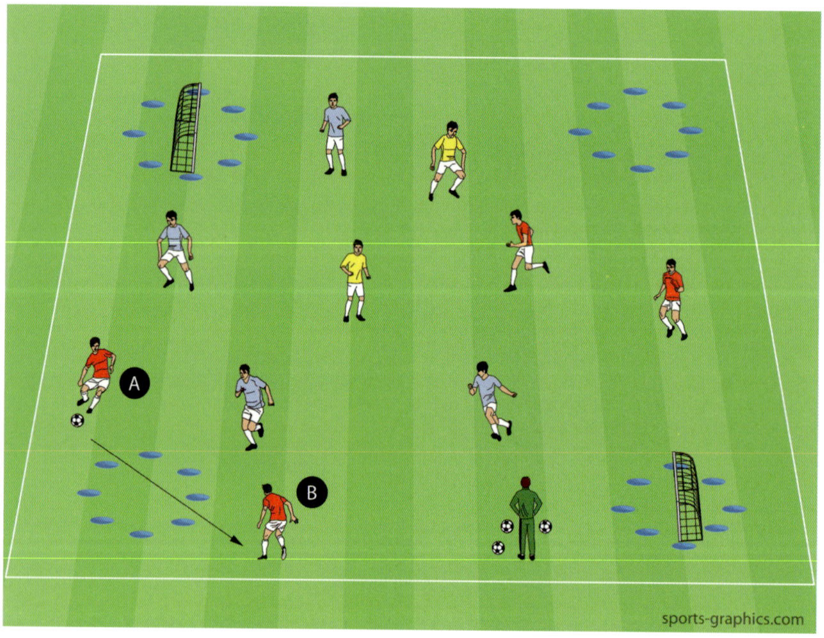

Aufbau/Organisation: 9–14 Spieler, 2 Teams, 4 Minitore, Leibchen, Floor-Marker, Bälle.

Spielziel: In dieser Spielform agieren zwei Teams gegeneinander. Die Spieler des ballbesitzenden Teams spielen sich den Ball untereinander zu und versuchen, zu punkten. Das verteidigende Team will den Ball erobern. Das ballbesitzende Team kann einen Punkt erzielen, indem man erfolgreich auf eines der beiden Minitore abschließt oder einen der beiden Kreise durchpasst (siehe A und B). Wird der Ball in ein Minitor geschossen, so spielt der Trainer einen neuen Ball ein. Welches Team erspielt in zehn Minuten die meisten Punkte?

Variation 1: Es wird mit fester Spielrichtung gespielt. Jedes Team kann somit ein Minitor und einen Kreis bespielen, um einen Punkt zu erzielen.
Variation 2: In die beiden freien Kreise wird nun auch jeweils ein Minitor gestellt. Die Kreise dienen nun als Tabu-Zone. Der Kreis darf folglich von keinem Spieler betreten werden.
Variation 3: Freies Spiel ohne Zusatzregeln.

Trainingseinheit 45

Technikschwerpunkte: Passen und Dribbeln

Spielleitlinien der Trainingseinheit:

- Wir wollen immer den Ball und nehmen dabei die beste Spielposition ein
- Wir coachen uns gegenseitig
- Wir sind immer aktiv und anspielbar
- Wir spielen und lösen uns

Aufwärmspiel

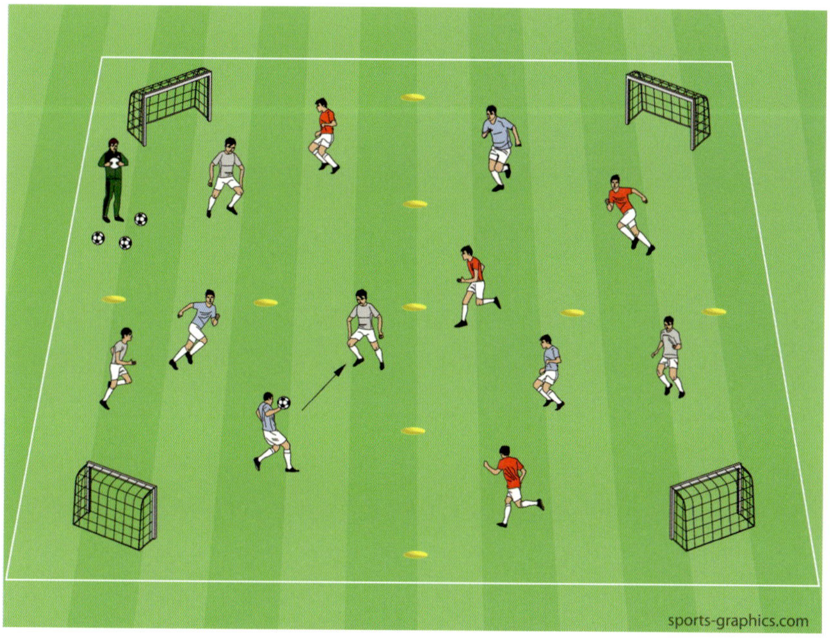

Aufbau/Organisation: 9-12 Spieler, 3 Teams, 4 Minitore, Leibchen, Floor-Marker, Bälle.

Spielziel: In diesem Handballspiel agieren immer zwei Teams gemeinsam (hier blau und grau) gegen das dritte Team (hier rot). Die Spieler der beiden ballbesitzenden Mannschaften werfen sich den Ball untereinander zu und versuchen, zu punkten. Das verteidigende Team will den Ball erobern. Die beiden angreifenden Teams können einen Punkt erzielen, indem sich die Mitspieler den Ball siebenmal hintereinander zuwerfen. Gewinnt das verteidigende Team den Ball, so wird das Team zu den Verteidigern, welches den Fehlpass gespielt hat. Das bisher verteidigende Team wird zum angreifenden Team. Welche beiden Teams erzielen in sieben Minuten die meisten Punkte?

Variation 1: Ein Punkt kann erzielt werden, indem sich die Mitspieler den Ball siebenmal hintereinander zuwerfen. Im Anschluss muss man den Ball erfolgreich in eines der Minitore werfen. Nach dem Torerfolg spielt der Trainer einen neuen Ball ein.

Variation 2: Fällt dem angreifenden Team der Ball während des Spiels auf den Boden, so erhält das bis dahin verteidigende Team einen neuen Ball vom Trainer.

Variation 3: Das Spiel wird als Fußballspiel gespielt.

Hauptteil

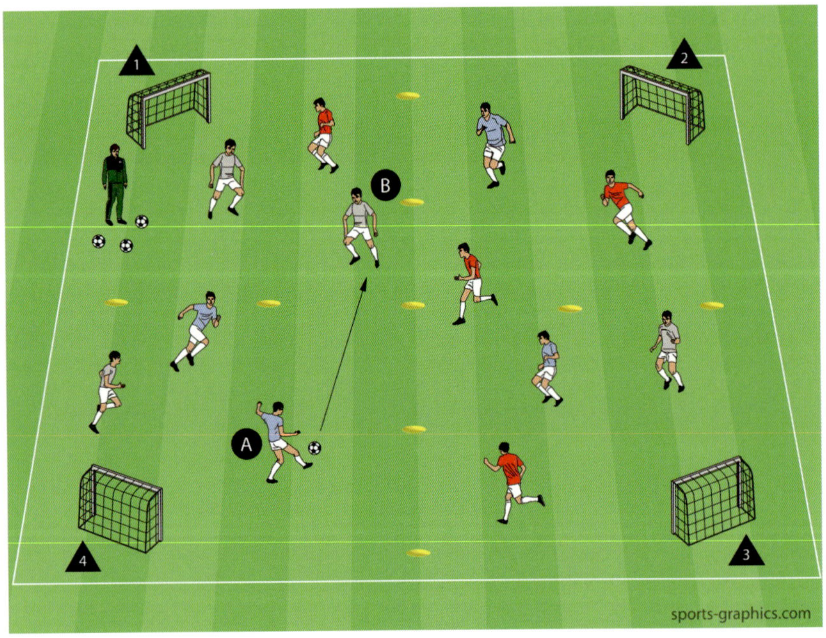

Aufbau/Organisation: 9–12 Spieler, 3 Teams, 4 Minitore, Leibchen, Floor-Marker, Bälle.

Spielziel: In dieser Spielform agieren immer zwei Teams gemeinsam (hier blau und grau) gegen das dritte Team (hier rot). Die Spieler der beiden ballbesitzenden Mannschaften spielen sich den Ball untereinander zu und versuchen, zu punkten. Das verteidigende Team will den Ball erobern. Es wird ohne Feldbegrenzung gespielt. Bei Bedarf spielt der Trainer einen neuen Ball ein. Die beiden angreifenden Teams können einen Punkt erzielen, indem sich die Mitspieler den Ball siebenmal hintereinander zupassen. Im Anschluss muss erfolgreich auf ein Minitor abgeschlossen werden, um einen Punkt zu erzielen. Gewinnt das verteidigende Team den Ball, so wird das Team zu den Verteidigern, welches den Fehlpass gespielt hat. Das bisher verteidigende Team wird zum angreifenden Team. Welche beiden Teams erzielen in sieben Minuten die meisten Punkte?

Variation 1: Das Spielfeld ist mit den Floor-Markern geviertelt. Wird nun der siebte Pass in das erste Viertel gespielt, so ist das Minitor in diesem Viertel geschlossen (siehe A und B). Auf die Minitore 2, 3 und 4 kann somit abgeschlossen werden, um einen Punkt zu erzielen.

Variation 2: Erzielen zwei Teams fünf Tore hintereinander, so ist dies der „Knock-out" für die Gegenspieler und das Spiel ist sofort gewonnen.

Abschlussspiel

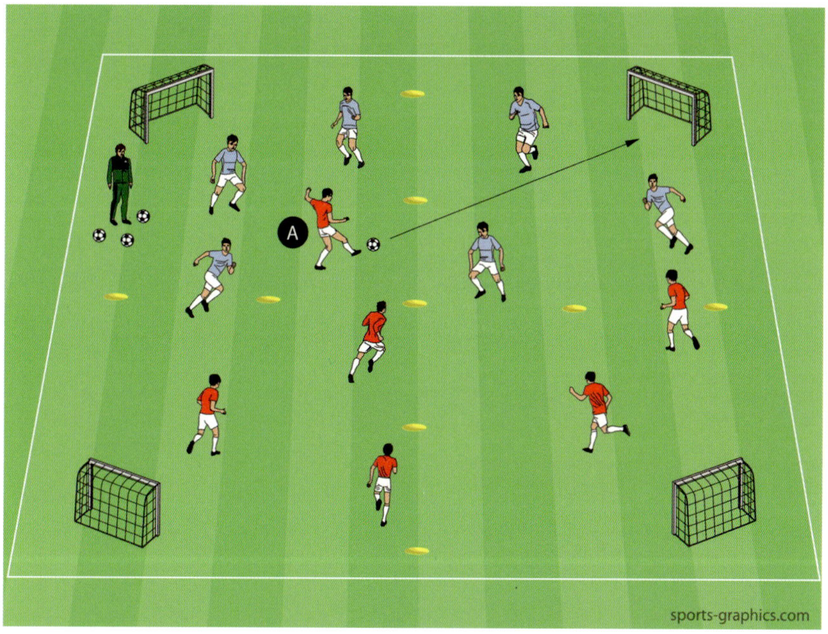

Aufbau/Organisation: 9–12 Spieler, 2 Teams, 4 Minitore, Leibchen, Floor-Marker, Bälle.

Spielziel: In dieser Spielform agieren zwei Teams gegeneinander. Die Spieler der ballbesitzenden Mannschaft spielen sich den Ball untereinander zu und versuchen, zu punkten. Das verteidigende Team will den Ball erobern. Das ballbesitzende Team kann einen Punkt erzielen, indem erfolgreich auf eines der beiden Minitore abgeschlossen wird. Schießt man den Ball aus der eigenen Hälfte erfolgreich in das Tor, so zählt es doppelt. Nach einem Torerfolg spielt der Trainer einen neuen Ball ein. Welches Team erspielt in zehn Minuten die meisten Punkte?

Variation 1: Wird ein Tor aus dem entfernten Viertel erzielt (siehe A), so zählt das Tor ebenfalls doppelt.
Variation 2: Freies Spiel ohne Zusatzregeln.

Trainingseinheit 46

Technikschwerpunkte: Passen und Dribbeln

Spielleitlinien der Trainingseinheit:

- Wir spielen und lösen uns
- Wir starten Läufe in die Tiefe und zwischen die Ketten
- Wir wollen immer den Ball und nehmen dabei die beste Spielposition ein
- Wir sind immer aktiv und anspielbar

Aufwärmspiel

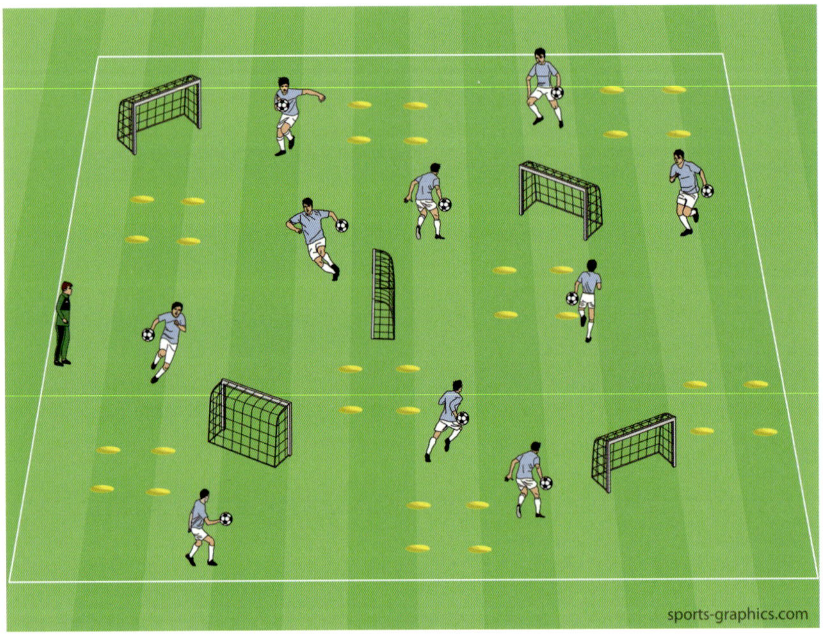

Aufbau/Organisation: 9–14 Spieler, 5 Minitore, Leibchen, Floor-Marker, Bälle.

Spielziel: In dieser Spielform agiert jeder gegen jeden. Dieses Aufwärmspiel folgt den Grundregeln des bekannten Spiels „Reise nach Jerusalem". Jeder Spieler hat einen Ball in der Hand und läuft damit im Feld umher. Auf Signal des Trainers (z. B. „ins Quadrat") laufen die Spieler so schnell wie möglich in ein gelbes Quadrat. Jedes Quadrat darf nur von einem Spieler besetzt werden. Die Spieler, die in kein Quadrat laufen konnten, machen fünf Kniebeugen. Es werden mehrere Runden gespielt. Nach jeder Runde nimmt der Trainer ein Quadrat aus dem Spiel, bis am Ende noch vier Quadrate übrig sind. Welchen Spielern gelingt es, immer in ein Quadrat zu laufen?

Variation 1: Der Ball wird beim Laufen im Feld auf den Boden geprellt.
Variation 2: Man wirft den Ball beim Laufen im Feld hoch und fängt ihn auf.
Variation 3: Der Ball wird beim Laufen im Feld um die Hüfte gekreist.
Variation 4: Es wird mit dem Ball am Fuß gedribbelt.

Hauptteil

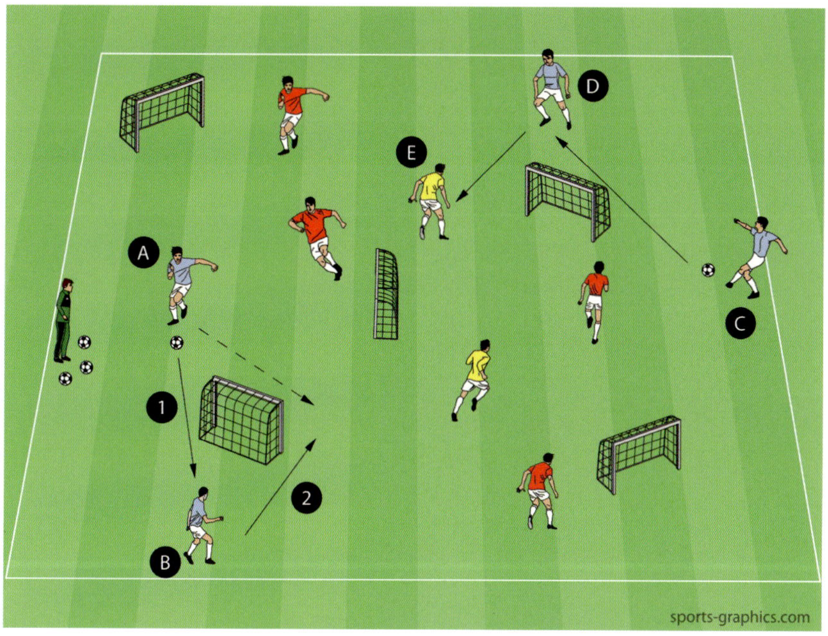

Aufbau/Organisation: 9–14 Spieler, 2 Teams, 5 Minitore, Leibchen, Bälle.

Spielziel: In dieser Spielform agieren zwei Teams gegeneinander. Die beiden neutralen Spieler (hier gelb) gehören immer dem ballbesitzenden Team an. Die Spieler der ballbesitzenden Mannschaft spielen sich den Ball untereinander zu und versuchen, zu punkten. Das verteidigende Team will den Ball erobern. Es wird ohne Feldbegrenzung gespielt. Bei Bedarf spielt der Trainer einen neuen Ball ein. Das angreifende Team kann einen Punkt erzielen, indem ein Doppelpass um ein Minitor gespielt wird (siehe A, B, 1 und 2) oder der angespielte Spieler den Ball direkt zu einem dritten Spieler passt (siehe C, D und E). Wichtig ist, dass der Spieler, der den zweiten Pass spielt (hier Spieler D), maximal zwei Kontakte hat, um den Pass zu dem dritten Spieler zu spielen. Im Anschluss muss erfolgreich auf ein Minitor abgeschlossen werden. Auf das umspielte Minitor darf nicht abgeschlossen werden. Welches Team erzielt in zehn Minuten die meisten Punkte?

Variation 1: Man darf die Minitore auch von hinten bespielen. Ein Punkt kann folglich auch erzielt werden, indem der Spieler auf das Netz an der Rückseite des Minitores abschließt. Mit dem vom Netz abprallenden Ball darf sofort weitergespielt werden.
Variation 2: Wird das Tor in der Mitte umspielt, so sind alle Minitore geöffnet.
Variation 3: Kann das Spielziel doppelt erfüllt werden, da zwei Minitore umspielt wurden, so zählt das Tor doppelt.

Abschlussspiel

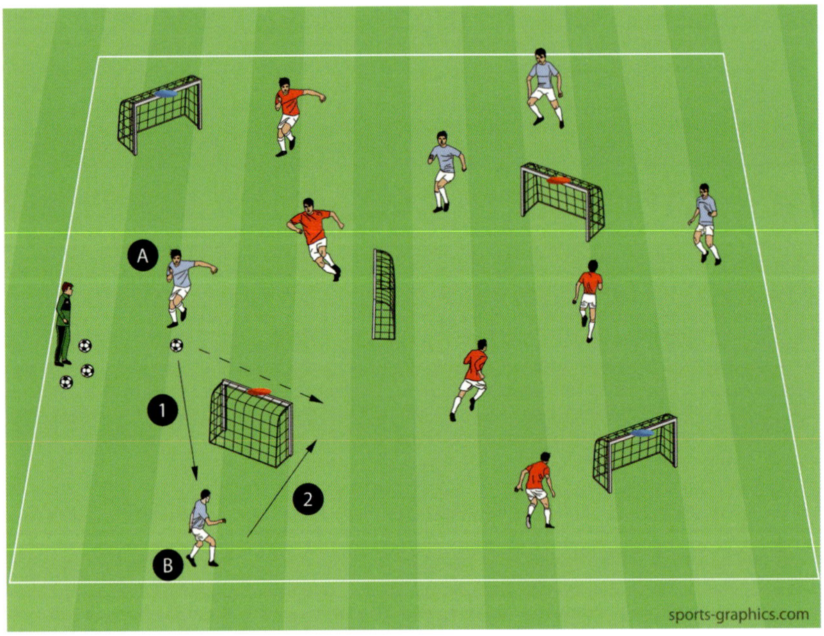

Aufbau/Organisation: 9-14 Spieler, 2 Teams, 5 Minitore, Leibchen, Bälle. An den Minitoren sind Leibchen mit den entsprechenden Farben befestigt.

Spielziel: In dieser Spielform agieren zwei Teams gegeneinander. Die Spieler der ballbesitzenden Mannschaft spielen sich den Ball untereinander zu und versuchen, zu punkten. Das verteidigende Team will den Ball erobern. Das ballbesitzende Team kann einen Punkt erzielen, indem erfolgreich auf eines der beiden Minitore abgeschlossen wird, welche die gegnerische Leibchenfarbe tragen. Auf das mittlere Minitor dürfen beide Teams abschließen. Nach einem Torerfolg spielt der Trainer einen neuen Ball ein. Welches Team erspielt in zehn Minuten die meisten Punkte?

Variation 1: Gelingt es dem angreifenden Team, einen Doppelpass um ein Minitor zu spielen (siehe A, B, 1 und 2) und im Anschluss auf einem gegnerischen Minitor oder auf dem Minitor in der Mitte des Spielfeldes ein Tor zu erzielen, so zählt das Tor doppelt. Um welches Minitor der Doppelpass gespielt wird, ist dabei egal.
Variation 2: Das Minitor in der Mitte des Spielfeldes wird aus dem Spiel genommen. Jedes Team spielt folglich nur noch auf zwei Minitore. Es wird frei und ohne weitere Zusatzregeln gespielt.

Trainingseinheit 47

Technikschwerpunkte: Passen und Dribbeln

Spielleitlinien der Trainingseinheit:

- Wir starten Läufe in die Tiefe und zwischen die Ketten
- Wir rauben dem Gegner Spieloptionen
- Wir sind immer aktiv und anspielbar
- Wir wollen immer den Ball und nehmen dabei die beste Spielposition ein

Aufwärmspiel

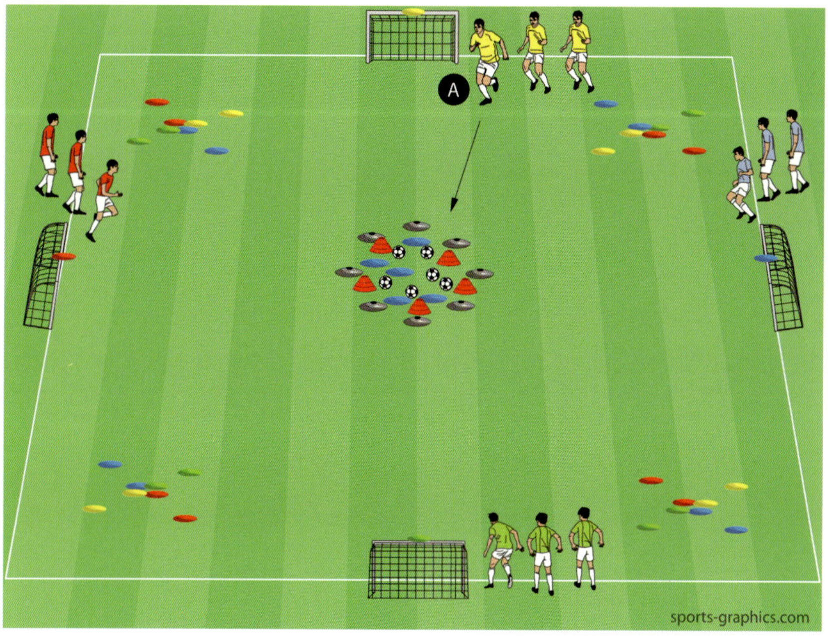

Aufbau/Organisation: 9–14 Spieler, 4 Teams, 4 Minitore, Leibchen, Floor-Marker, Hütchen, Bälle.

Spielziel: In diesem Spiel agieren alle vier Teams gleichzeitig gegeneinander. Das Team, das die meisten Gegenstände aus dem Zentrum an sich nehmen und in das eigene Tor bringen konnte, gewinnt. Aus jedem Team startet gleichzeitig ein Spieler von seinem Minitor in das Feld. Aus dem Zentrum wird ein Gegenstand genommen und zum eigenen Minitor transportiert. Wenn alle Gegenstände aus dem Zentrum genommen worden sind, zählen die Teams die Punkte ihrer „Beute" zusammen (jeder Gegenstand gibt einen Punkt). Welches Team hat die meisten Hütchen, Bälle, Floor-Marker und Leibchen einsammeln können?

Variation 1: Die Spieler haben einen Ball in der Hand und prellen diesen beim Laufen auf den Boden.
Variation 2: Die Spieler dribbeln mit dem Ball am Fuß ins Zentrum.
Variation 3: Die Gegenstände werden unterschiedlich gewertet (Hütchen = ein Punkt, Floor-Marker = zwei Punkte, Leibchen = drei Punkte, Ball = vier Punkte).

Hauptteil

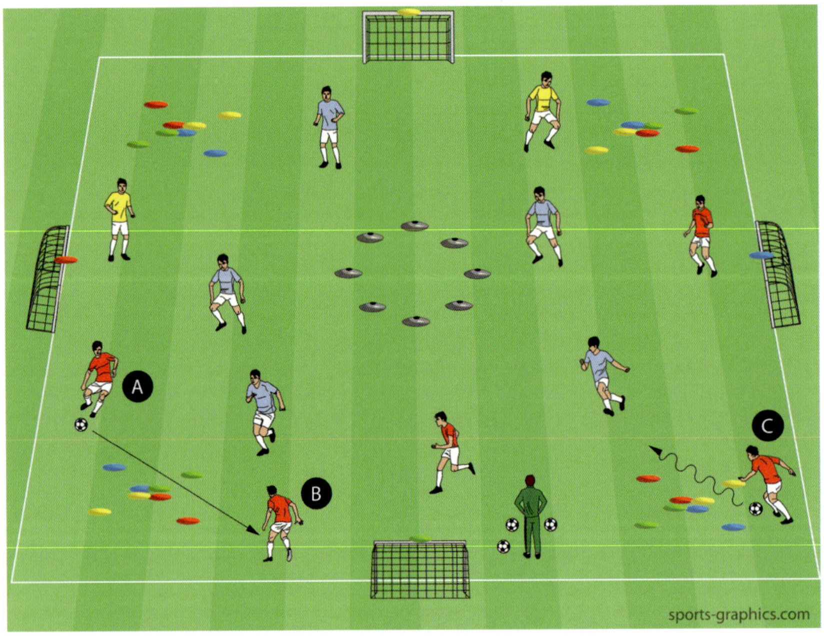

Aufbau/Organisation: 9–14 Spieler, 2 Teams, 4 Minitore, Leibchen, Floor-Marker, Bälle.

Spielziel: In dieser Spielform agieren zwei Teams gegeneinander. Die beiden neutralen Spieler (hier gelb) gehören immer dem ballbesitzenden Team an. Die Spieler der ballbesitzenden Mannschaft spielen sich den Ball untereinander zu und versuchen, zu punkten. Das verteidigende Team will den Ball erobern. Es wird ohne Feldbegrenzung gespielt. Bei Bedarf spielt der Trainer einen neuen Ball ein. Das angreifende Team kann einen Punkt erzielen, indem eine farbige Linie überpasst (siehe A und B) oder überdribbelt (siehe C) wird. Im Anschluss muss man erfolgreich auf eines der Minitore abschließen. Dabei entscheidet die Farbe der überpassten oder überdribbelten Linie, welche Minitore geöffnet sind.

Beispiel: Spieler A und B überspielen die grüne Linie. Somit ist das gelbe, blaue und rote Minitor geöffnet. Spieler C überdribbelt die gelbe Linie. Es kann folglich auf das rote, grüne oder blaue Minitor abgeschlossen werden, um einen Punkt zu erzielen. Welches Team erspielt in zehn Minuten die meisten Punkte?

Variation 1: Wird der Kreis in der Mitte des Spielfeldes durchpasst oder durchdribbelt, so sind alle Minitore geöffnet.
Variation 2: Es müssen immer zwei Farben überpasst oder überdribbelt werden, um die Tore freizuschalten. Weiterhin gilt, dass immer die Minitore geöffnet sind, die nicht die überspielten Farben tragen.

Abschlussspiel

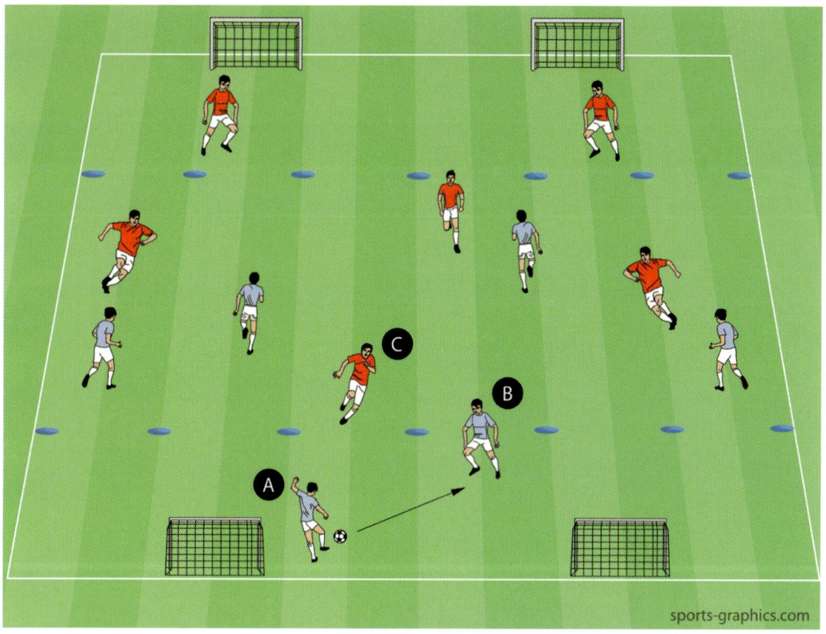

Aufbau/Organisation: 9-14 Spieler, 2 Teams, 4 Minitore, Leibchen, Floor-Marker, Bälle.

Spielziel: In dieser Spielform agieren zwei Teams gegeneinander. Die Spieler der ballbesitzenden Mannschaft spielen sich den Ball untereinander zu und versuchen, zu punkten. Das verteidigende Team will den Ball erobern. Das ballbesitzende Team kann einen Punkt erzielen, indem erfolgreich auf eines der beiden gegnerischen Minitore abgeschlossen wird. Den ersten Pass vor dem eigenen Tor muss man kurz in die erste Zone spielen (siehe A und B). Die Gegenspieler dürfen erst mit dem Pass in die erste Zone laufen (siehe C). Wird ein Tor erzielt, so spielt der Trainer einen neuen Ball für das erfolgreiche Team ein. Welches Team erspielt in zehn Minuten die meisten Punkte?

Variation 1: Gewinnt das verteidigende Team den Ball in der ersten Zone und erzielt ein Tor, so zählt das Tor doppelt.
Variation 2: Ist der Ball aus der ersten Zone herausgespielt, so darf der Ball nicht mehr in die erste Zone zurückgespielt werden.
Variation 3: Freies Spiel ohne Zusatzregeln.

Trainingseinheit 48

Technikschwerpunkte: Passen und Dribbeln

Spielleitlinien der Trainingseinheit:

- Wir wollen immer den Ball und nehmen dabei die beste Spielposition ein
- Wir starten Heldenläufe
- Wir sind immer aktiv und anspielbar
- Wir rauben dem Gegner Spieloptionen

Aufwärmspiel

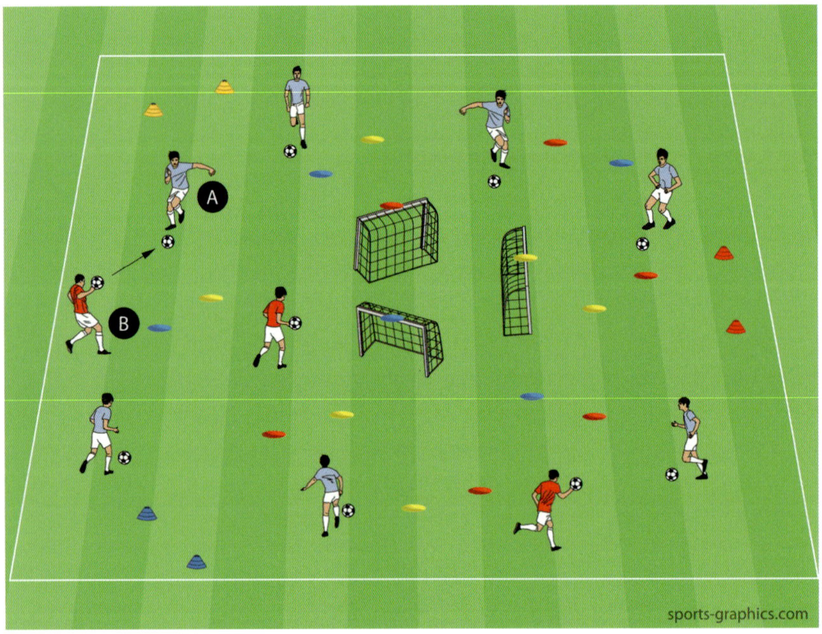

Aufbau/Organisation: 9-14 Spieler, 2 Teams, 3 Minitore, Leibchen, Hütchen, Floor-Marker, Bälle. An den Minitoren sind Leibchen mit den entsprechenden Farben befestigt.

Spielziel: In diesem Spiel agiert jeder gegen jeden. Es werden drei Ticker bestimmt (hier rot), die einen Ball in der Hand haben. Die anderen Spieler haben einen Ball am Fuß. Die Ticker versuchen, die Bälle der anderen Spieler abzuwerfen (siehe A und B). Gelingt es einem Ticker, einen Ball zu treffen, so bekommt er einen Punkt und versucht, den Ball des nächsten Spielers abzuwerfen. Welcher Ticker hat nach einer Minute die meisten Punkte? Es werden mehrere Runden gespielt.

Variation 1: Die Ticker werden gewechselt.
Variation 2: Die Ticker haben den Ball auch am Fuß und versuchen, die Bälle der anderen Spieler abzupassen.
Variation 3 (Jäger-Läufer-Duell): Die gejagten Spieler (Läufer) müssen zehn Floor-Marker-Tore durchdribbeln und dürfen dann in die Sicherheitszone in der Mitte des Spielfeldes (zwischen den Minitoren). Sind alle gejagten Spieler hier angekommen, bevor einer der Jäger fünf Punkte erzielen konnte, so haben die Läufer das Duell gewonnen. Hat einer der Jäger fünf Punkte erzielt, bevor alle Läufer in der Sicherheitszone angekommen sind, gewinnen die Jäger das Spiel.

Hauptteil

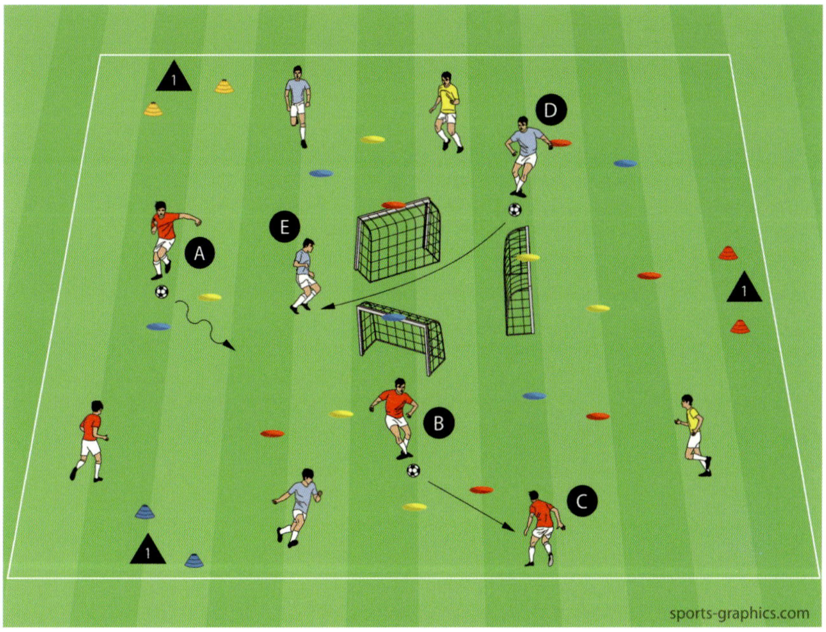

Aufbau/Organisation: 9-14 Spieler, 2 Teams, 3 Minitore, Leibchen, Hütchen, Floor-Marker, Bälle. An den Minitoren sind Leibchen mit den entsprechenden Farben befestigt.

Spielziel: In dieser Spielform agieren zwei Teams gegeneinander. Die beiden neutralen Spieler (hier gelb) gehören immer dem ballbesitzenden Team an. Die Spieler der ballbesitzenden Mannschaft spielen sich den Ball untereinander zu und versuchen, zu punkten. Das verteidigende Team will den Ball erobern. Es wird ohne Feldbegrenzung gespielt. Bei Bedarf spielt der Trainer einen neuen Ball ein. Das angreifende Team kann einen Punkt erzielen, indem zwei Floor-Marker-Tore durchdribbelt (siehe A) oder durchpasst (siehe B und C) werden. Im Anschluss muss man erfolgreich auf eines der Minitore oder auf eines der Dribbeltore (siehe 1) abschließen. Dabei entscheiden die Farben des zuletzt durchpassten oder durchdribbelten Floor-Marker-Tores, welche Tore geöffnet sind.

Beispiel: Das rote Team ist im Ballbesitz. Es wurde bereits ein Floor-Marker-Tor mit den Farben Blau und Gelb durchdribbelt. Spieler B und C durchpassen nun noch ein Floor-Marker-Tor mit den Farben Gelb und Rot. Nun sind immer die Tore geöffnet, welche die Farben des zuletzt durchpassten oder durchdribbelten Floor-Marker-Tores tragen. Somit kann jetzt auf das gelbe sowie das rote Minitor/Dribbeltor abgeschlossen werden, um einen Punkt zu erzielen. Welches Team erspielt in zehn Minuten die meisten Punkte?

Variation 1: Die Floor-Marker-Tore dürfen nur noch durchpasst werden.
Variation 2: Der erste Spieler entscheidet, ob die Floor-Marker-Tore durchpasst oder durchdribbelt werden. Durchdribbelt man das erste Floor-Marker-Tor, so muss man das zweite Floor-Marker-Tor ebenfalls durchdribbeln. Durchpasst man das erste Floor-Marker-Tor, so muss man das zweite Floor-Marker-Tor auch durchpassen. Weiterhin gilt, dass immer die Minitore und Dribbeltore geöffnet sind, welche die Farben des zuletzt bespielten Floor-Marker-Tores tragen.
Variation 3: Wird das Dreieck in der Mitte durchpasst (siehe D und E), sind alle Minitore und Dribbeltore geöffnet.

Abschlussspiel

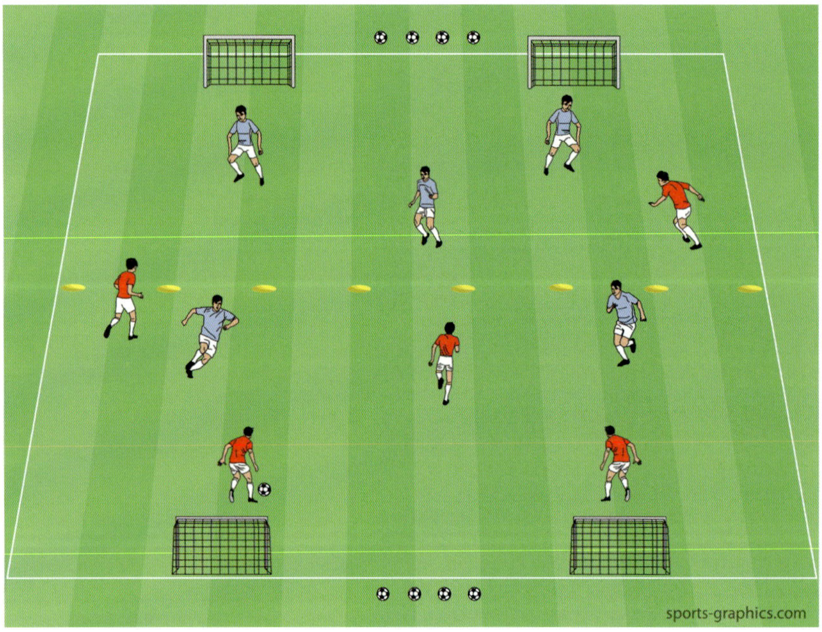

Aufbau/Organisation: 9–14 Spieler, 2 Teams, 4 Minitore, Leibchen, Floor-Marker, Bälle.

Spielziel: In dieser Spielform agieren zwei Teams gegeneinander. Die Spieler der ballbesitzenden Mannschaft spielen sich den Ball untereinander zu und versuchen, zu punkten. Das verteidigende Team will den Ball erobern. Das ballbesitzende Team kann einen Punkt erzielen, indem erfolgreich auf eines der beiden gegnerischen Minitore abgeschlossen wird. In der eigenen Spielfeldhälfte darf ein Spieler maximal zwei Ballkontakte nutzen. In der gegnerischen Spielfeldhälfte gibt es keine Kontaktbegrenzung. Wird ein Tor erzielt, so nimmt sich das erfolgreiche Team einen neuen Ball aus dem Ballpool zwischen den eigenen Minitoren. Welches Team erspielt in zehn Minuten die meisten Punkte?

Variation 1: In der eigenen Spielfeldhälfte gibt es keine Kontaktbegrenzung. In der gegnerischen Spielfeldhälfte darf ein Spieler maximal zwei Ballkontakte nutzen.
Variation 2: Tore dürfen nur direkt erzielt werden.
Variation 3: Freies Spiel ohne Zusatzregeln.

Trainingseinheit 49

Technikschwerpunkte: Passen und Dribbeln

Spielleitlinien der Trainingseinheit:

- Wir starten Läufe in die Tiefe und zwischen die Ketten
- Wir coachen uns gegenseitig
- Wir sind immer aktiv und anspielbar
- Wir spielen und lösen uns

Aufwärmspiel

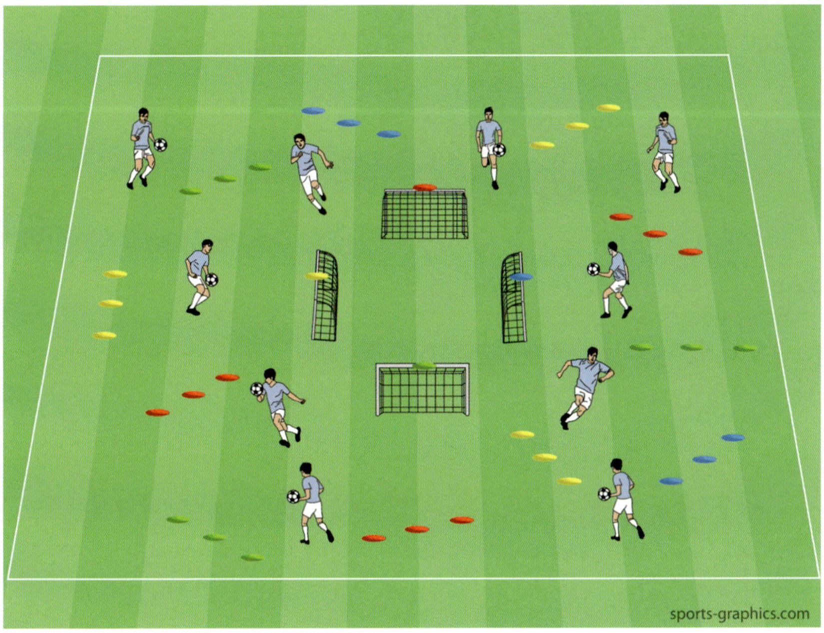

Aufbau/Organisation: 9–14 Spieler, 2 Teams, 4 Minitore, Leibchen, Floor-Marker, Bälle. An den Minitoren sind Leibchen mit den entsprechenden Farben befestigt.

Spielziel: In diesem Spiel agiert jeder gegen jeden. Alle Spieler – bis auf drei – haben einen Ball in der Hand und laufen damit im Feld umher. Begegnen sich ein Spieler mit Ball und ein Spieler ohne Ball, so wirft der Spieler mit Ball dem Spieler ohne Ball seinen Ball zu. Auf Signal des Trainers (z. B. „hepp") muss jeder Spieler, der einen Ball in der Hand hat, so schnell wie möglich über drei Floor-Marker-Linien laufen, ohne von den Spielern ohne Ball getickt zu werden. Welche drei Spieler schaffen dies? Es werden mehrere Durchgänge gespielt.

Variation 1: Die Bälle werden auf den Boden geprellt.

Variation 2: Die Spieler haben den Ball am Fuß. Auf Signal des Trainers müssen diese zwei Floor-Marker-Linien überdribbeln, ohne von den Spielern ohne Ball getickt zu werden.

Hauptteil

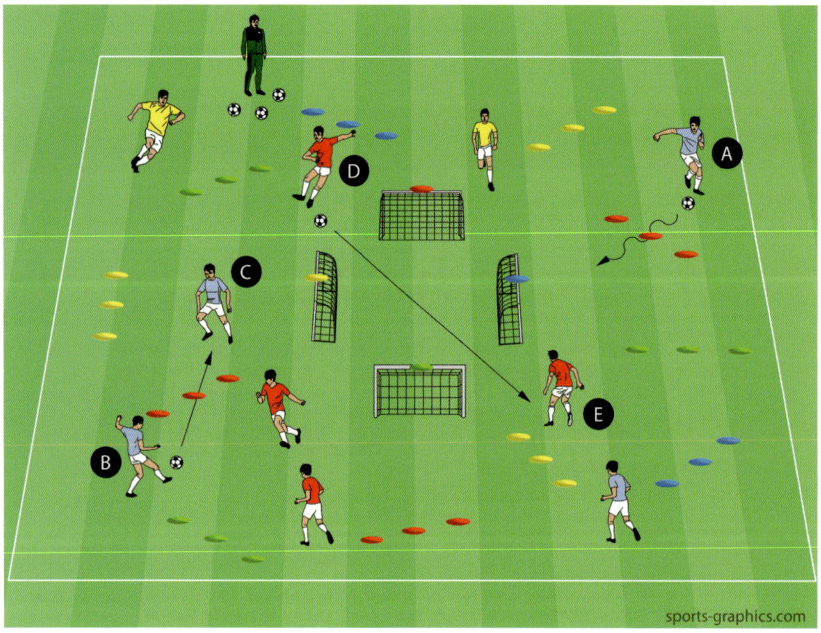

Aufbau/Organisation: 9–14 Spieler, 2 Teams, 4 Minitore, Leibchen, Floor-Marker, Bälle. An den Minitoren sind Leibchen mit den entsprechenden Farben befestigt.

Spielziel: In dieser Spielform agieren zwei Teams gegeneinander. Die beiden neutralen Spieler (hier gelb) gehören immer dem ballbesitzenden Team an. Die Spieler der ballbesitzenden Mannschaft spielen sich den Ball untereinander zu und versuchen, zu punkten. Das verteidigende Team will den Ball erobern. Es wird ohne Feldbegrenzung gespielt. Bei Bedarf spielt der Trainer einen neuen Ball ein. Das angreifende Team kann einen Punkt erzielen, indem zwei Floor-Marker-Linien überdribbelt (siehe A) oder überpasst (siehe B und C) werden. Im Anschluss muss erfolgreich auf eines der Minitore abgeschlossen werden. Dabei entscheiden die Farben der überpassten oder überdribbelten Floor-Marker-Linien, welche Tore geöffnet sind.

Beispiel: Das blaue Team ist im Ballbesitz. Es wurde bereits eine Floor-Marker-Linie mit der Farbe Blau überdribbelt. Spieler A überdribbelt nun noch die rote Floor-Marker-Linie. Nun sind immer die Minitore geöffnet, welche die Farben der beiden überdribbelten Linien tragen. Somit kann man jetzt auf das blaue und rote Minitor abschließen, um einen Punkt zu erzielen. Werden die Floor-Marker-Linien überpasst (siehe B und C), dann gilt die gleiche Regel. Welches Team erspielt in zehn Minuten die meisten Punkte?

Variation 1: Der erste Spieler entscheidet, ob die Floor-Marker-Linien überpasst oder überdribbelt werden. Überdribbelt man die erste Floor-Marker-Linie, so muss man die zweite Floor-Marker-Linie ebenfalls überdribbeln. Überpasst man die erste Floor-Marker-Linie, so muss man die zweite Floor-Marker-Linie auch überpassen. Weiterhin gilt, dass immer die Minitore geöffnet sind, welche die Farben der beiden überspielten Floor-Marker-Linien tragen.

Variation 2: Nun sind immer die Minitore geschlossen, welche die Farben der beiden überspielten Floor-Marker-Linien tragen.

Variation 3: Wird die Mitte zwischen den Minitoren durchpasst (siehe D und E), sind alle Minitore geöffnet.

Abschlussspiel

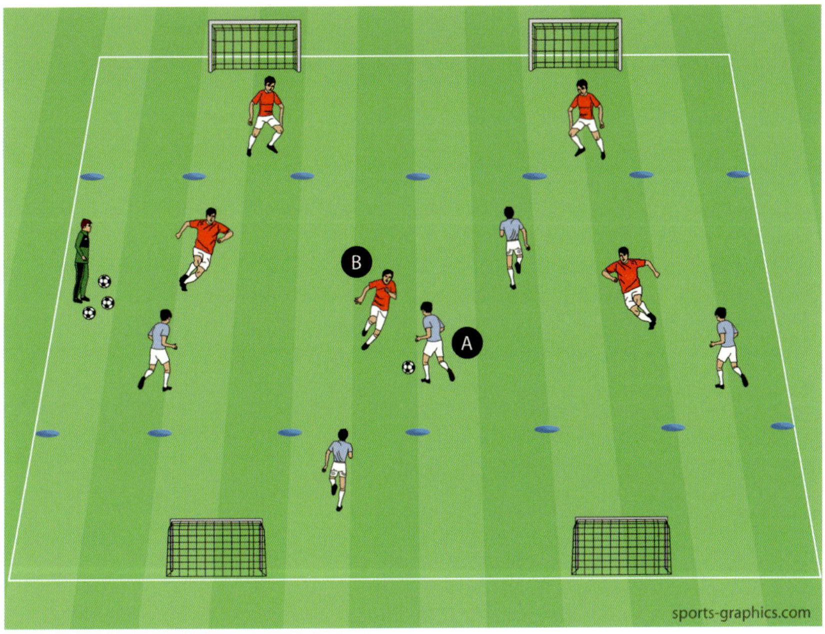

Aufbau/Organisation: 9-14 Spieler, 2 Teams, 4 Minitore, Leibchen, Floor-Marker, Bälle.

Spielziel: In dieser Spielform agieren zwei Teams gegeneinander. Die Spieler der ballbesitzenden Mannschaft spielen sich den Ball untereinander zu und versuchen, zu punkten. Das verteidigende Team will den Ball erobern. Das ballbesitzende Team kann einen Punkt erzielen, indem erfolgreich auf eines der beiden gegnerischen Minitore abgeschlossen wird. In der mittleren Spielfeldzone gilt: Wenn das verteidigende Team den Ball erobert (siehe A und B), dann muss Spieler B den gewonnenen Ball sofort (maximal zwei Ballkontakte) nach hinten in die eigene Verteidigungszone spielen oder innerhalb von fünf Sekunden auf eines der beiden gegnerischen Minitore abschließen. Gelingt dies nicht, so erhält das gegnerische Team einen neuen Ball vom Trainer. Wird ein Tor erzielt, so spielt der Trainer einen neuen Ball für das erfolgreiche Team ein. Welches Team erspielt in zehn Minuten die meisten Punkte?

Variation 1: Wenn das verteidigende Team den Ball in der mittleren Spielfeldzone gewinnt, muss der Ball sofort (maximal zwei Ballkontakte) nach vorne in die Angriffszone gespielt werden oder innerhalb von fünf Sekunden auf eines der beiden gegnerischen Minitore abgeschlossen werden.
Variation 2: Ist der Ball aus einer Zone herausgespielt, so darf der Ball nicht mehr in die vorherige Zone zurückgespielt werden.
Variation 3: Freies Spiel ohne Zusatzregeln.

Trainingseinheit 50

Technikschwerpunkte: Passen und Dribbeln

Spielleitlinien der Trainingseinheit:

- Wir behaupten den Ball
- Wir starten Läufe in die Tiefe und zwischen die Ketten
- Wir coachen uns gegenseitig
- Wir sind immer aktiv und anspielbar

Aufwärmspiel

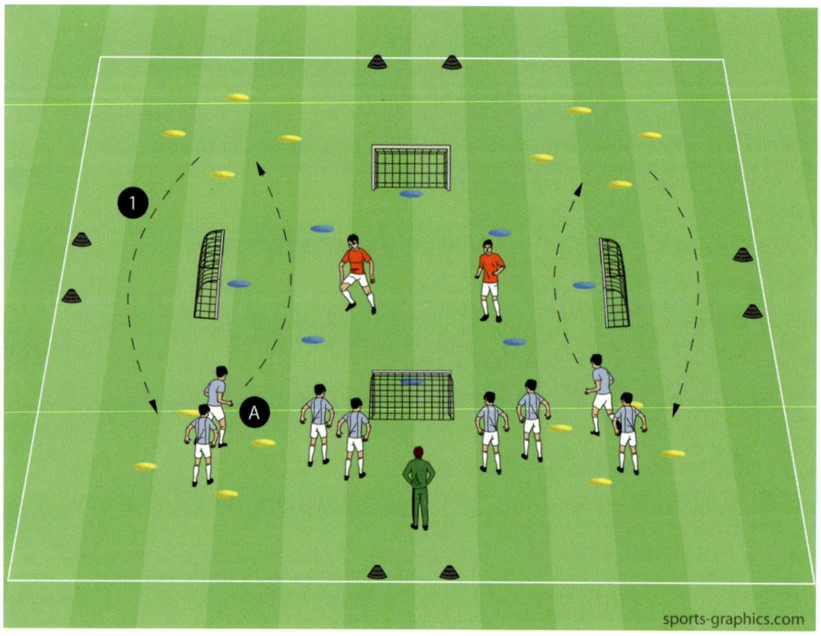

Aufbau/Organisation: 9-14 Spieler, 2 Teams, 4 Minitore, Leibchen, Hütchen, Floor-Marker, Bälle.

Spielziel: In diesem Spiel agiert jeder gegen jeden. Es werden zwei Ticker (hier rot) bestimmt, die in der blauen Raute stehen. Die Läufer (hier blau) können einen Punkt erzielen, indem sie durch die blaue Raute laufen (siehe A), ohne dass ein roter Spieler sie tickt. Sind die Läufer auf der anderen Seite der Raute angekommen, laufen sie zurück zum Startpunkt (siehe 1) und können dann erneut versuchen, einen Punkt zu erzielen. Die Läufer dürfen gleichzeitig in das Feld starten. Welche drei Spieler erspielen die meisten Punkte? Es werden mehrere Durchgänge gespielt.

Variation 1: Tickerwechsel. Gegebenenfalls können auch drei Ticker bestimmt werden.
Variation 2: Die Läufer haben einen Ball in der Hand und prellen diesen beim Laufen durch die Raute auf den Boden.
Variation 3: Die Läufer haben einen Ball am Fuß und versuchen nun, durch die Raute zu dribbeln, ohne getickt zu werden.

Hauptteil

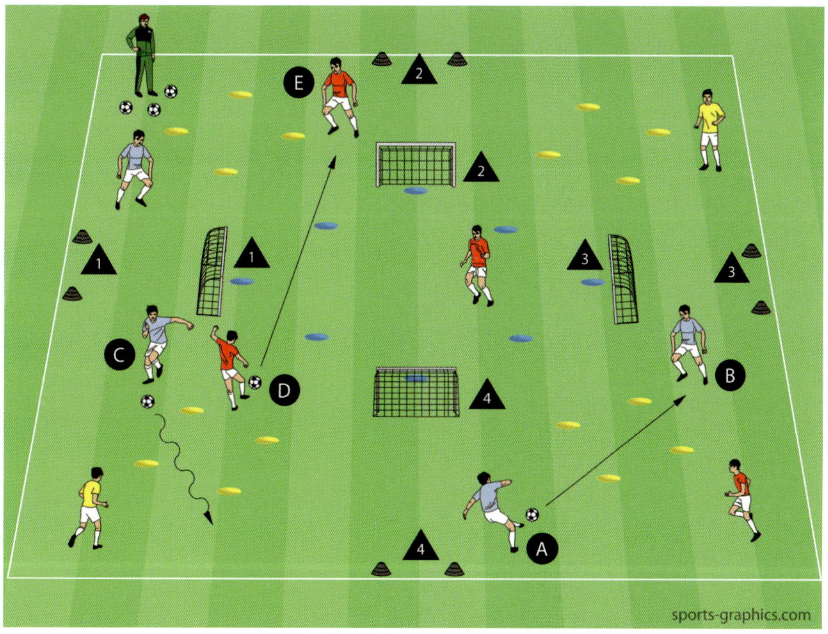

Aufbau/Organisation: 9-14 Spieler, 2 Teams, 4 Minitore, Leibchen, Hütchen, Floor-Marker, Bälle.

Spielziel: In dieser Spielform agieren zwei Teams gegeneinander. Die beiden neutralen Spieler (hier gelb) gehören immer dem ballbesitzenden Team an. Die Spieler der ballbesitzenden Mannschaft spielen sich den Ball untereinander zu und versuchen, zu punkten. Das verteidigende Team will den Ball erobern. Es wird ohne Feldbegrenzung gespielt. Bei Bedarf spielt der Trainer einen neuen Ball ein. Das angreifende Team kann einen Punkt erzielen, indem ein Quadrat durchpasst (siehe A und B) oder durchdribbelt (siehe C) wird. Im Anschluss muss erfolgreich auf eines der Minitore oder auf eines der Dribbeltore (siehe Hütchentore 1-4), abgeschlossen werden. Dabei entscheidet das durchpasste oder durchdribbelte Quadrat, welche Tore geöffnet sind.

Beispiel: Spieler A und B durchpassen ein Quadrat. Es sind nun immer die Tore geöffnet, die dem durchpassten Quadrat gegenüberliegen. Somit kann jetzt auf die Minitore und Dribbeltore 1 und 2 abgeschlossen werden, um einen Punkt zu erzielen. Spieler C durchdribbelt ein Quadrat. Hier sind ebenfalls die gegenüberliegenden Tore geöffnet. Folglich kann nun auf die Minitore und Dribbeltore 2 und 3 abgeschlossen werden, um einen Punkt zu erzielen. Welches Team erspielt in zehn Minuten die meisten Punkte?

Variation 1: Die Quadrate dürfen nur noch durchpasst werden.
Variation 2: Ist das Spielziel erfüllt und der Ball wurde in die blaue Raute gepasst, damit ein Tor erzielt werden kann, so muss das angreifende Team innerhalb der blauen Raute zum Torabschluss kommen. Spielt das angreifende Team den Ball wieder aus der Raute heraus, ohne dass ein Torabschluss erfolgt ist, so muss das Spielziel neu erfüllt werden. Erst dann darf man wieder auf die Tore abschließen, um einen Punkt zu erzielen.
Variation 3: Gewinnt das verteidigende Team den Ball in der blauen Raute, nachdem das angreifende Team zuvor das Spielziel erfüllt hat und auf eines der Tore abschließen wollte, so darf das verteidigende Team sofort

auf eines der vier Minitore abschließen. Passt das verteidigende Team den Ball aus der Raute heraus, so muss das Spielziel erfüllt werden, um auf eines der Tore abschließen zu können.

Variation 4: Wird die blaue Raute durchpasst (siehe D und E), sind alle Minitore und Dribbeltore geöffnet.

Abschlussspiel

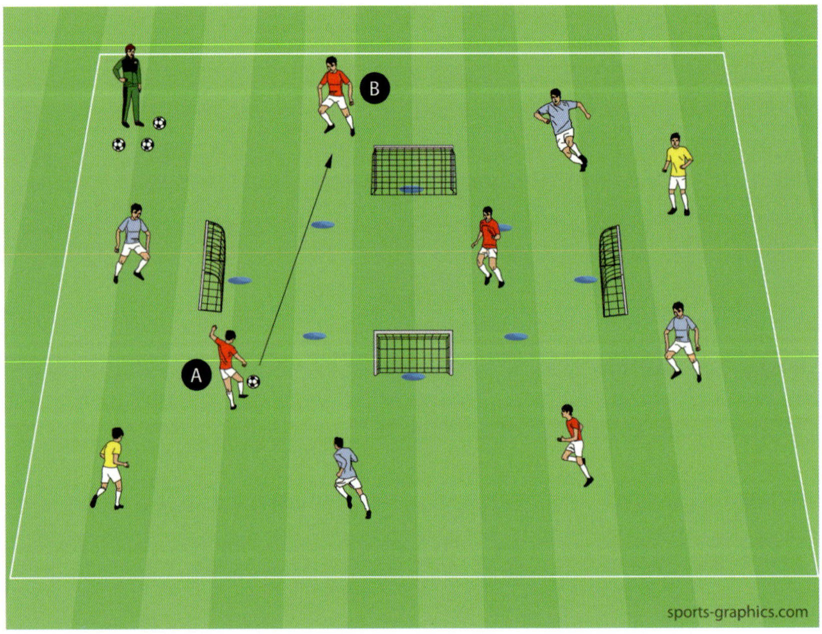

Aufbau/Organisation: 9–14 Spieler, 2 Teams, 4 Minitore, Leibchen, Floor-Marker, Bälle.

Spielziel: In dieser Spielform agieren zwei Teams gegeneinander. Die beiden neutralen Spieler (hier gelb) gehören immer dem ballbesitzenden Team an. Die Spieler der ballbesitzenden Mannschaft spielen sich den Ball untereinander zu und versuchen, zu punkten. Das verteidigende Team will den Ball erobern. Es wird ohne Feldbegrenzung gespielt. Bei Bedarf spielt der Trainer einen neuen Ball ein. Das ballbesitzende Team kann einen Punkt erzielen, indem die blaue Raute durchpasst (siehe A und B) oder durchdribbelt wird. Im Anschluss muss man erfolgreich auf eines der vier Minitore abschließen. Wird ein Tor erzielt, so spielt der Trainer einen neuen Ball für das erfolgreiche Team ein. Welches Team erspielt in zehn Minuten die meisten Punkte?

Variation 1: Wird der Ball von dem verteidigenden Team innerhalb der blauen Raute erobert, so darf das verteidigende Team sofort auf eines der vier Minitore abschließen.

Variation 2: Die Minitore werden einander gegenübergestellt, und die Raute wird aus dem Spiel genommen. Die neutralen Spieler ordnen sich jeweils einem Team zu. Freies Spiel ohne Zusatzregeln und mit fester Spielrichtung.

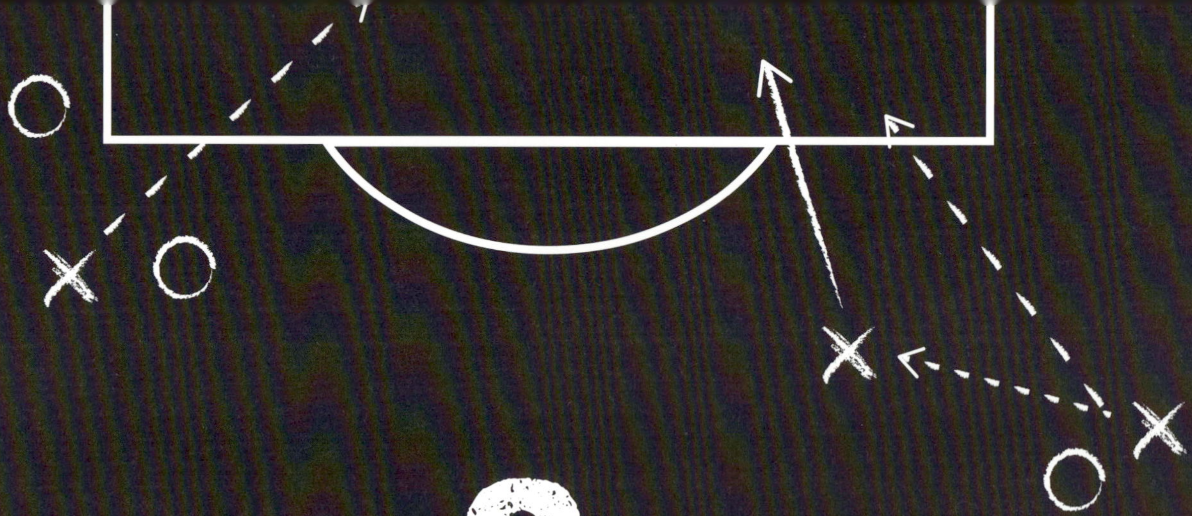

3

Teambildende und kooperative Spiele

Inhalt

Spiel 1: Eisschollen

Spiel 2: Decke drehen

Spiel 3: Roboter-Parcours

Spiel 4: Drillings-Fußball

Spiel 5: Ball- und Leibchenhüter

Spiel 6: Blinde Kuh

Spiel 7: Bienenkönig

Spiel 8: Piraten

Spiel 9: Knobeln mit Balltransport

Spiel 10: Pinguine

Spiel 11: Lokführer

Spiel 12: Alle durch den Ring

Spiel 1: Eisschollen

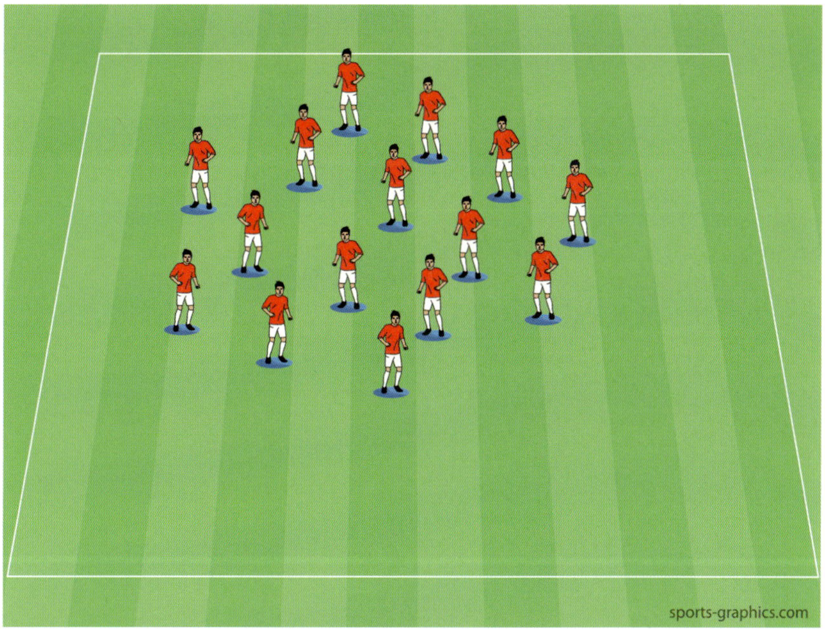

Schwerpunkte: Kooperation, Kommunikation

Aufbau/Organisation: Keine bestimmte Gruppengröße erforderlich. Es wird Zeitungspapier oder Papier in DIN-A3-Format benötigt. Das Spiel kann in einem Innenraum oder draußen gespielt werden. Dauer des Spiels: ca. 15 Minuten.

Inhalt: Es ist Winter, und es hat wahnsinnig gefroren. Deshalb haben sich viele Eisschollen (Zeitungspapier) gebildet, die den ganzen Boden bedecken. Die Spieler können sich ausschließlich auf den Eisschollen durch den Raum bewegen. Nun fängt es an, zu tauen, und es verschwinden Eisschollen vom Boden. Die Spieler haben kurz Zeit, um sich auf einer anderen Eisscholle in Sicherheit zu bringen. Es darf kein Spieler ins Wasser fallen, da er sonst ertrinken würde. Nach und nach tauen immer mehr Eisschollen, und die Spieler müssen sich eng aneinanderdrücken, damit die Spielergruppe überlebt. Die Trainer beobachten von außen genau, wie die Kommunikation und Kooperation in der Gruppe verläuft. Wo sind am Ende des Spiels die meisten Kinder auf einer Eisscholle? (Dies könnten die Sieger sein, wenn man welche benötigt.) Wie viele Eisschollen benötigt die Gruppe überhaupt, um alle Spieler zu retten?

Variation 1: Alle Spieler haben einen Ball in der Hand.

Spiel 2: Decke drehen

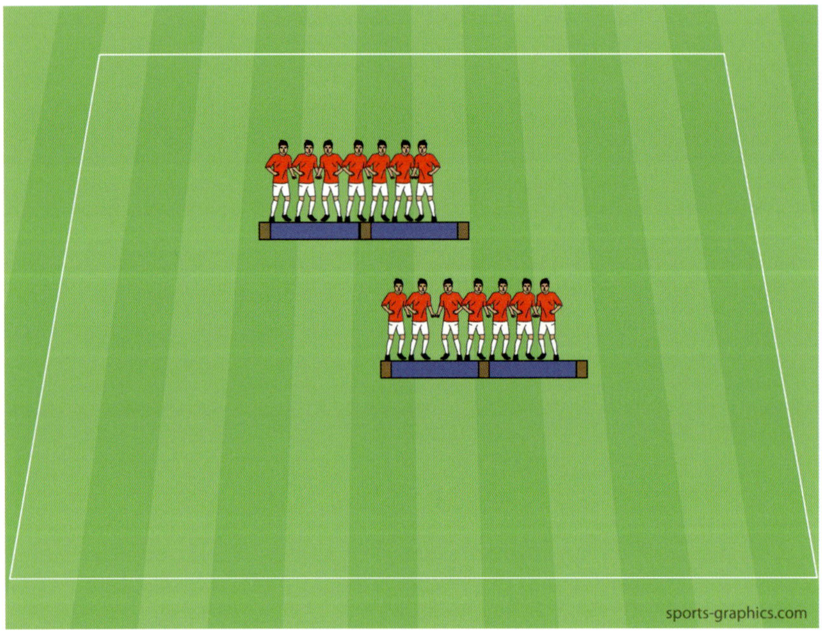

Schwerpunkte: Kooperation, Kommunikation

Aufbau/Organisation: Es werden 2-4 Gruppen gebildet. Jede Gruppe benötigt eine Decke. Auf einer Decke stehen - je nach Größe der Decke - ca. 7 Spieler. Das Spiel lässt sich in einem Innenraum oder draußen spielen. Dauer des Spiels: ca. 20 Minuten.

Inhalt: Die Spieler stehen auf einem gekenterten Boot (die Decke). Das Boot ist von Haien umzingelt. Im Inneren des Bootes befinden sich Nahrung und Wasser, woran die Spieler dringend heranmüssen, um zu überleben. Die Spieler müssen folglich versuchen, die Decke einmal komplett zu wenden, also die Unterseite der Decke nach oben zu drehen, ohne dass ein Spieler die Decke verlässt. Tritt ein Spieler mit dem Fuß auf den Boden, so muss das Spiel von vorne begonnen werden. Gewonnen hat die Mannschaft, welche die Decke als erste vollständig umgedreht hat. Die Trainer beobachten von außen genau, wie die Kommunikation und Kooperation in der Gruppe verläuft. Wie kommen die Gruppen zu einem Lösungsansatz? Welche Team-Leader gibt es in den Gruppen? Wie verläuft der Prozess innerhalb der Gruppe?

Lösungsansatz: Die Gruppe steht eng auf einer Hälfte der Decke. Ein Spieler nimmt die zwei freien Ecken der Decke in die Hand und vertauscht die Seiten (in Schmetterlingsform). Die freie Hälfte der Decke kann nun umgedreht auf dem Boden ausgebreitet werden. Die Spieler wechseln nach und nach auf die gedrehte Seite der Decke. Im Anschluss kann man die restliche Decke umdrehen.

Spiel 3: Roboter-Parcours

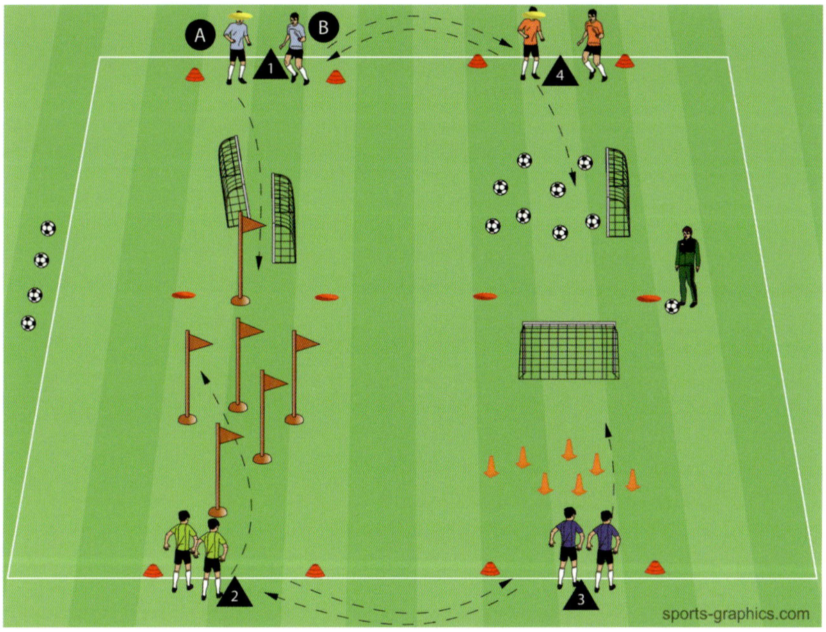

Schwerpunkte: Kooperation, Kommunikation, Vertrauen

Aufbau/Organisation: Es werden 2-4 Gruppen gebildet. Jede Gruppe benötigt ein Leibchen, um einem Spieler die Augen zu verbinden (siehe A, B und 1), sodass dieser nichts mehr sieht. Das Spiel lässt sich in einem Innenraum oder draußen spielen. Dauer des Spiels: ca. 15 Minuten.

Inhalt: Das Ziel ist, den Mitspieler von dem jeweils zugeordnetem Startpunkt (Hütchentor 1-4) eine Runde durch den Parcours zu führen, ohne dass dieser Material berührt, hinfällt oder Mitspieler touchiert.

Variation 1: Aufgabenwechsel.
Variation 2: Aufgabenwechsel. Der „blinde" Spieler führt einen Ball am Fuß.
Variation 3: Aufgabenwechsel. Die sehenden Spieler stellen nun den Parcours um.

Spiel 4: Drillings-Fußball

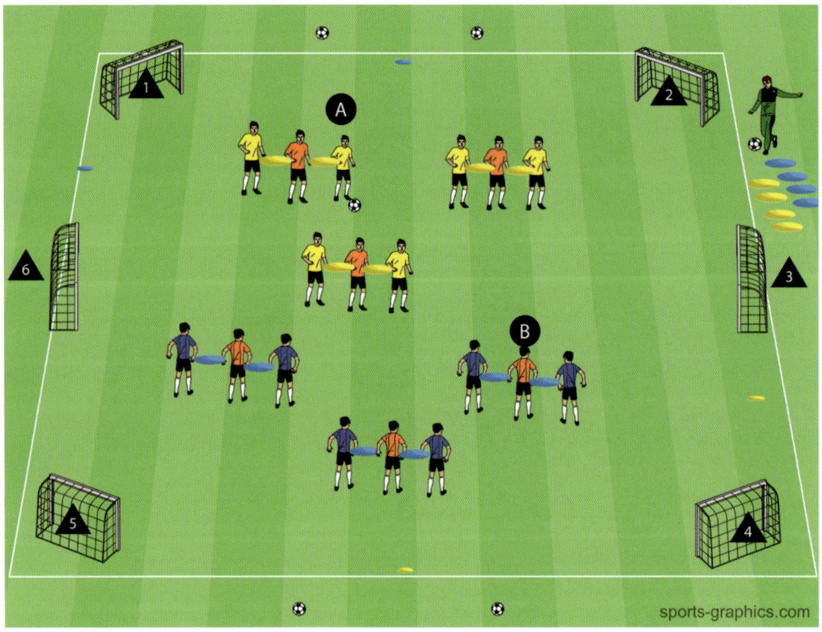

Schwerpunkte: Kooperation, Kommunikation

Aufbau/Organisation: Es werden 3 Teams gebildet. Die orangen Spieler stellen zunächst den mittleren Spieler dar. Dauer des Spiels: ca. 20 Minuten.

Inhalt: Zwei Teams spielen auf die Minitore gegeneinander. Ein Tor zählt nur, wenn alle drei Spieler fest mit zwei Leibchen in der Hand eine stabile Kette bilden. Reißt ein Spieler ab, zählt das Tor nicht. Das blaue Team spielt auf die Minitore 1, 2 und 6. Das gelbe Team spielt auf die Tore 3, 4 und 5.

Variation 1: Wechsel der mittleren Spieler.
Variation 2: Es wird mit zwei Bällen gespielt.
Variation 3: Tore des mittleren Spielers zählen doppelt.
Variation 4 (Verlängerung): Es werden mehrere Runden gespielt (z. B. 4 x 4 Minuten). Das Team, das eine Runde gewinnt, darf sich zwei weitere Leibchen nehmen, um die Fläche zu vergrößern, indem sie das neue Leibchen an ein anderes Leibchen knoten.

Spiel 5: Ball- und Leibchenhüter

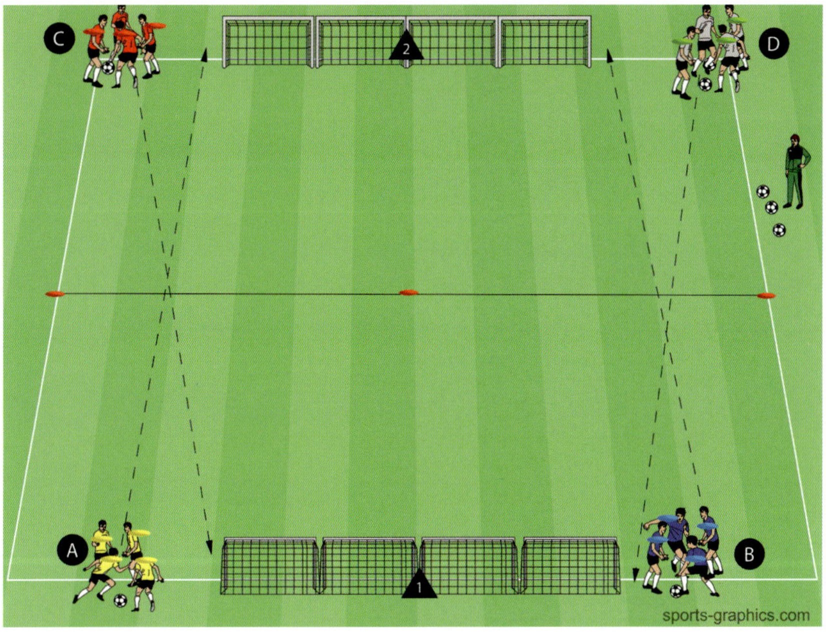

Schwerpunkte: Kooperation, Kommunikation

Aufbau/Organisation: Es werden 4 Teams gebildet, die jeweils einen Kreis mit einem Ball in der Mitte bilden. Jeder Spieler legt sich ein Leibchen auf die Schulter und hält die Hände des Mitspielers fest. Das Leibchen darf nicht von der Schulter fallen. Dauer des Spiels: ca. 15 Minuten.

Inhalt: Die vier Teams starten neben den Minitoren und dribbeln in einem stabilen Kreis um die gegenüber stehenden Minitore. Der Ball darf den Kreis nicht verlassen, und die Leibchen auf den Schultern der Spieler dürfen nicht herunterfallen. Auf dem Rückweg darf das Team den Ball ab der rot markierten Mittellinie auf die Minitore schießen. Welches Team schießt das schnellste Tor und hat am wenigsten „Fehler" gemacht?

Variation 1: Es wird mit zwei Bällen im Kreis um die gegenüber stehenden Minitore gedribbelt.
Variation 2 (Großer Kreis): Das blaue und gelbe Team bilden einen großen Kreis. Das rote und graue Team startet ebenso in einem großen Kreis.
Variation 3 (Teamwechsel, großer Kreis): Zwei neue Teams bilden einen großen Kreis.
Variation 4 (Chaos-Spielform): Das gelbe Team spielt gegen das graue Team auf jeweils vier Minitore mit einer klaren Spielrichtung. Das blaue Team spielt gegen das rote Team. Die erzielten Tore des gelben und blauen Teams werden addiert. Die erzielten Tore des grauen und roten Teams addiert man ebenso. Am Ende entsteht ein Ergebnis.

Spiel 6: Blinde Kuh

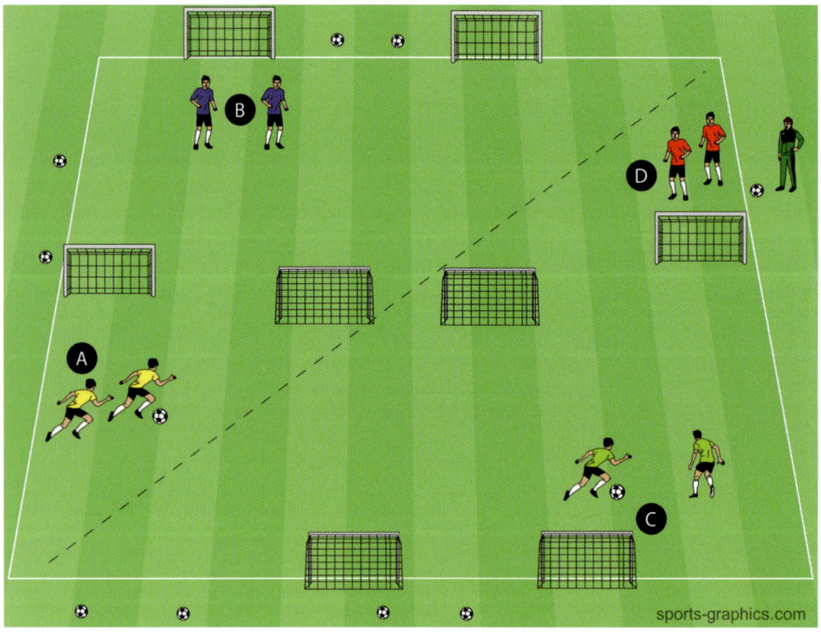

Schwerpunkte: Kooperation, Kommunikation, Vertrauen

Aufbau/Organisation: Es werden 4 Teams gebildet. Jede Gruppe benötigt ein Leibchen, um einem Spieler die Augen zu verbinden (siehe A), sodass dieser nichts mehr sieht. Der zweite Spieler coacht seinen „blinden" Mitspieler. Dauer des Spiels: ca. 15 Minuten.

Inhalt: Die vier Teams starten gleichzeitig in den Ecken des Spielfeldes. Der „blinde" Spieler legt den Ball auf die Linie, dribbelt los und versucht (nach maximal drei Ballkontakten) das Minitor zu treffen. Anschließend versucht er, ein Leibchen seiner Farbe aus dem Leibchenpool in der Mitte (siehe 1) zu ziehen. Der Spieler hat jeweils einen Versuch. Der zweite Spieler coacht den „blinden" Spieler. Pro Runde kann ein Team zwei Punkte erspielen. Einen Punkt bekommt das Team für einen Treffer auf das Minitor und einen weiteren Punkt für das „blind" gezogene Leibchen. Jeder „blinde" Spieler spielt drei Runden, dann wechselt die Aufgabe. Welches Team erspielt die meisten Punkte?

Variation 1: Aufgabenwechsel.
Variation 2: Partnerwechsel. Es werden neue Zweierteams gebildet.
Variation 3 (Chaos-Spielform): Fußballspiel auf jeweils zwei Minitore. Das Spielfeld wird diagonal mit Hütchen geteilt. Das gelbe Team spielt gegen das blaue Team auf der linken Seite des Spielfeldes. Das rote Team spielt gegen das grüne Team auf der rechten Seite des Spielfeldes.

Spiel 7: Bienenkönig

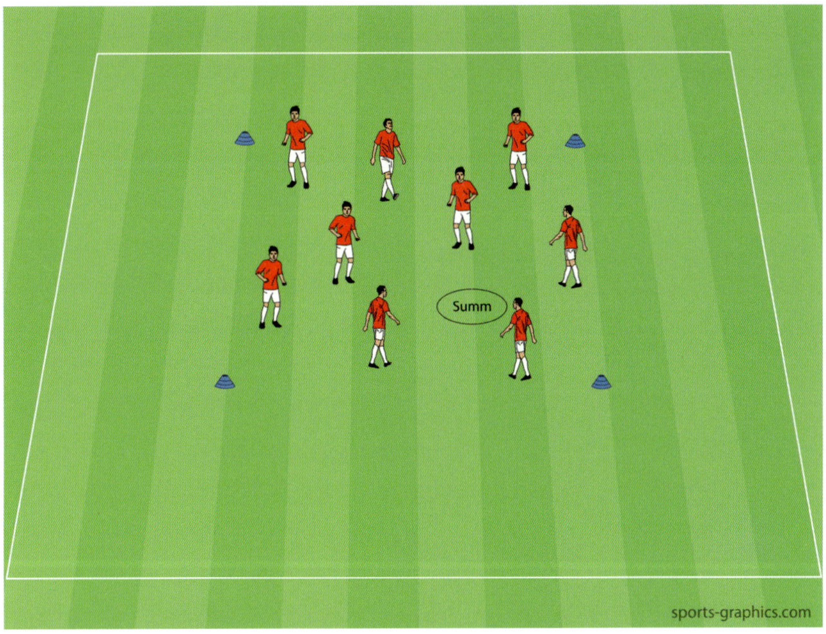

Schwerpunkte: Vertrauen, Kommunikation

Aufbau/Organisation: Keine bestimmte Gruppengröße erforderlich. Das Spiel kann in einem Innenraum oder draußen gespielt werden. Dauer des Spiels: ca. 10 Minuten.

Inhalt: Alle Spieler bewegen sich langsam mit geschlossenen Augen und vorsichtig ausgestreckten Armen umher. Der Trainer legt einer Person die Hand auf die Schulter und macht sie zum Bienenkönig. Daraufhin fängt dieser Spieler an, wie eine Biene zu summen und bleibt stehen. Die anderen Spieler müssen nun versuchen, den Bienenkönig zu finden und ihn anticken. Die Augen der Spieler sind dabei weiterhin geschlossen. Wenn die ersten fünf Spieler den Bienenkönig gefunden haben, gibt der Trainer das verabredete Signal (zum Beispiel Klatschen) und die Spieler dürfen ihre Augen öffnen. Die Trainer beobachten von außen genau, wie die Kommunikation und Kooperation in der Gruppe verläuft. Wie verhalten sich die Spieler in dem Spiel? Welche fünf Spieler schaffen es als erste, den Bienenkönig zu finden?

Variation 1: Im nächsten Schritt werden zwei Bienenkönige durch den Trainer bestimmt.

Spiel 8: Piraten

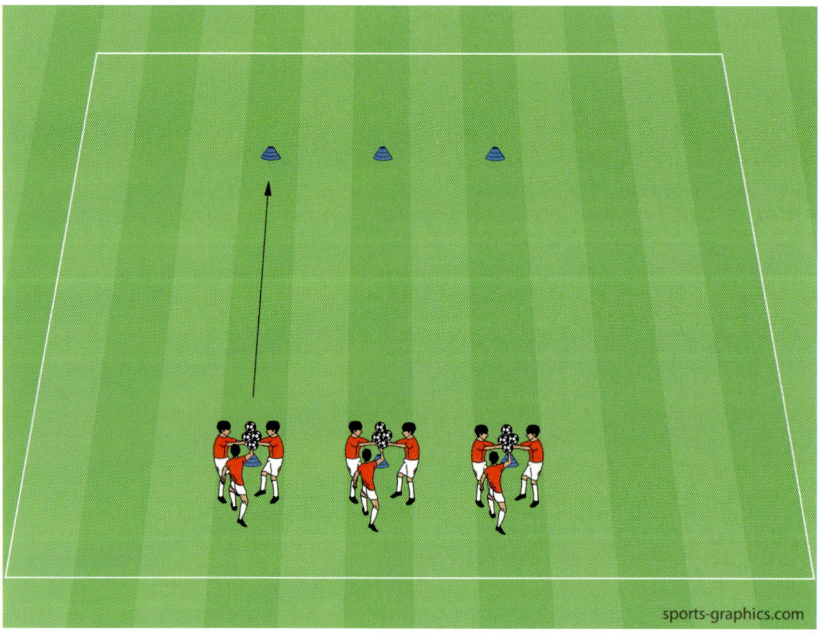

Schwerpunkte: Kooperation, Kommunikation

Aufbau/Organisation: Es werden 2-4 Gruppen gebildet. Jede Gruppe benötigt 3 Spieler und 4 Bälle. Es werden Hütchen (Inseln) benötigt, die ca. 10 Meter voneinander entfernt stehen. Das Spiel lässt sich in einem Innenraum oder draußen spielen. Dauer des Spiels: ca. 15 Minuten.

Inhalt: Drei Piraten haben vier große Diamanten (vier Bälle) geklaut und wollen diese nun sicher auf die eigene Insel bringen. Da die Piraten natürlich eine Hakenhand haben, können sie den Transport nur mit der rechten Hand durchführen. Fällt ein Diamant während des Transports auf den Boden, so muss von vorne begonnen werden. Im ersten Schritt dürfen die Piraten die Diamanten mit beiden Händen auf den drei Händen positionieren. Sobald sie loslaufen, darf jedoch nur noch die rechte Hand den Ball berühren. Das Piratenteam, das zuerst an der eigenen Insel ankommt, gewinnt das Spiel. Die Trainer beobachten von außen genau, wie die Kommunikation und Kooperation in der Gruppe verläuft.

Wie kommen die Gruppen zu einem Lösungsansatz? Welche Team-Leader gibt es in den Gruppen? Wie verläuft der Prozess innerhalb der Gruppe?

Variation 1: Um den Schwierigkeitsgrad zu erhöhen, müssen im nächsten Schritt die Schätze zuerst vom Boden aufgehoben werden und dürfen erst dann zur eigenen Insel transportiert werden. Dabei darf man ausschließlich die rechte Hand benutzen.
Variation 2: Es darf nur die linke Hand benutzt werden.

Spiel 9: Knobeln mit Balltransport

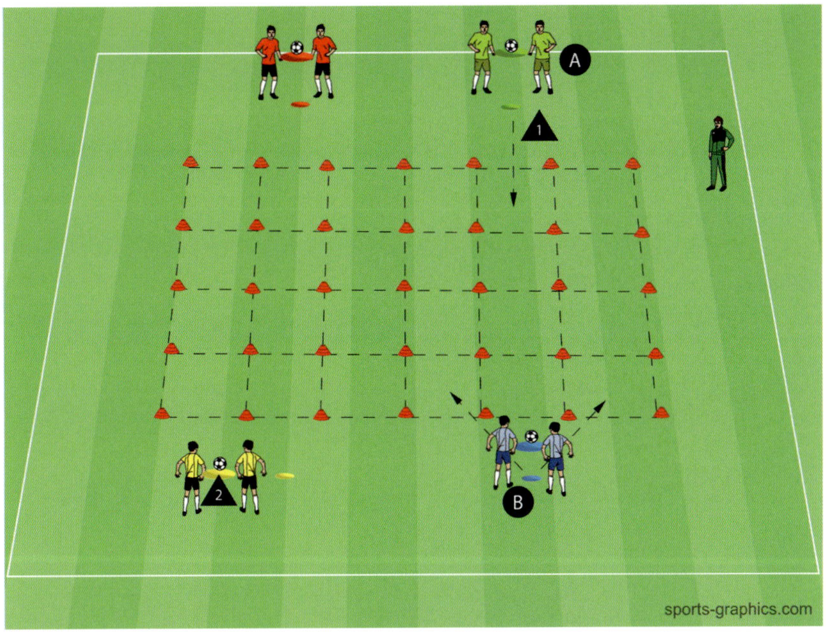

Schwerpunkte: Kooperation, Kommunikation

Aufbau/Organisation: Der Trainer baut 24 Quadrate auf. Es werden 4 Gruppen gebildet. Jede Gruppe benötigt einen Würfel, einen Ball und ein Leibchen. Der Ball wird auf das stramm gespannte Leibchen gelegt und darf nicht runterfallen. Das Spiel lässt sich in einem Innenraum oder draußen spielen. Dauer des Spiels: ca. 15 Minuten.

Inhalt: Ein Spieler der Zweiergruppe würfelt eine Zahl. Bei einer ungeraden Zahl darf das Team ein Feld vor oder zurück gehen. Bei einer geraden Zahl seitlich nach links oder rechts. Ist ein Quadrat belegt, darf dieses nicht durch eine zweite Gruppe belaufen werden. Die Spieler betreten das Quadrat von ihrem Startpunkt aus, der mit einem Floor-Marker markiert ist.

Welches Team ist zuerst auf der anderen Seite? Welches Team ist am schnellsten wieder an seinem Startpunkt?

Spiel 10: Pinguine

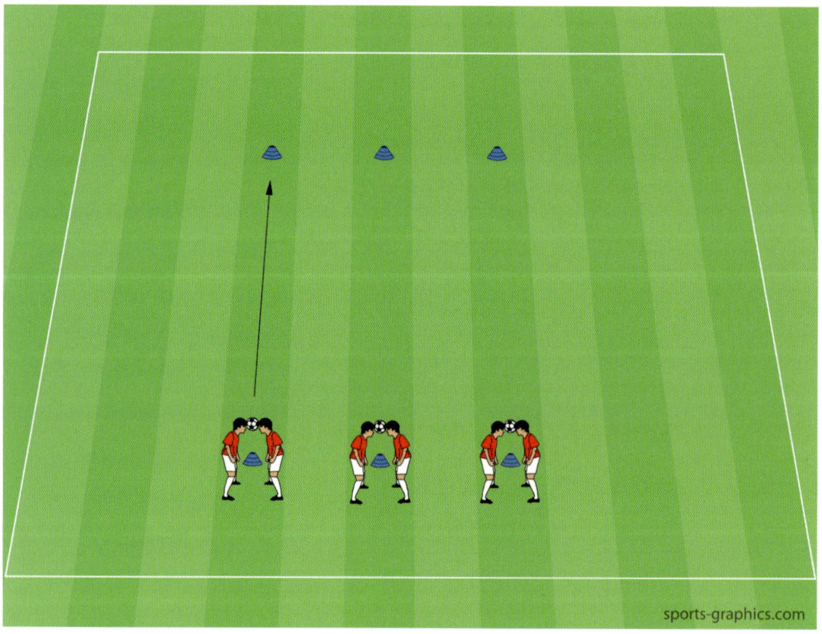

Schwerpunkte: Kooperation, Kommunikation

Aufbau/Organisation: Es werden 2-12 Gruppen gebildet. Jede Gruppe benötigt 2 Spieler und einen Ball. Es werden Hütchen (Nester) benötigt, die ca. 10 Meter voneinander entfernt stehen. Das Spiel kann in einem Innenraum oder draußen gespielt werden. Dauer des Spiels: ca. 15 Minuten.

Inhalt: Zwei Pinguine beschützen ihr Ei (den Ball). Da nun eine große Flutwelle droht, wollen die beiden Pinguine ihr Ei zu ihrem neu gebauten Nest bringen. Da die Pinguine ihre beiden Flossen für den Transport des Eies nicht nutzen können, versuchen sie es mit ihrem Kopf bzw. ihrer Stirn. Fällt ein Ei während des Transports auf den Boden, so muss von vorne begonnen werden. Im ersten Schritt dürfen die beiden Pinguine das Ei mit beiden Händen zwischen ihrem Kopf einklemmen. Sobald sie loslaufen, dürfen sie jedoch nur noch die Stirn nutzen, um den Ball sicher ins andere Nest zu transportieren. Das Pinguinteam, das zuerst an dem neuen Nest angekommen ist, gewinnt das Spiel. Die Trainer beobachten von außen genau, wie die Kommunikation und Kooperation in der Gruppe verläuft. Wie verläuft der Prozess in dem Team? Wie kommunizieren die Spieler miteinander?

Variation 1: Um den Schwierigkeitsgrad zu erhöhen, muss man im nächsten Schritt das Ei vom Boden aufheben. Dabei dürfen die Hände nicht benutzt werden.

Variation 2: Partnerwechsel. Es werden neue Zweierteams gebildet.

Spiel 11: Lokführer

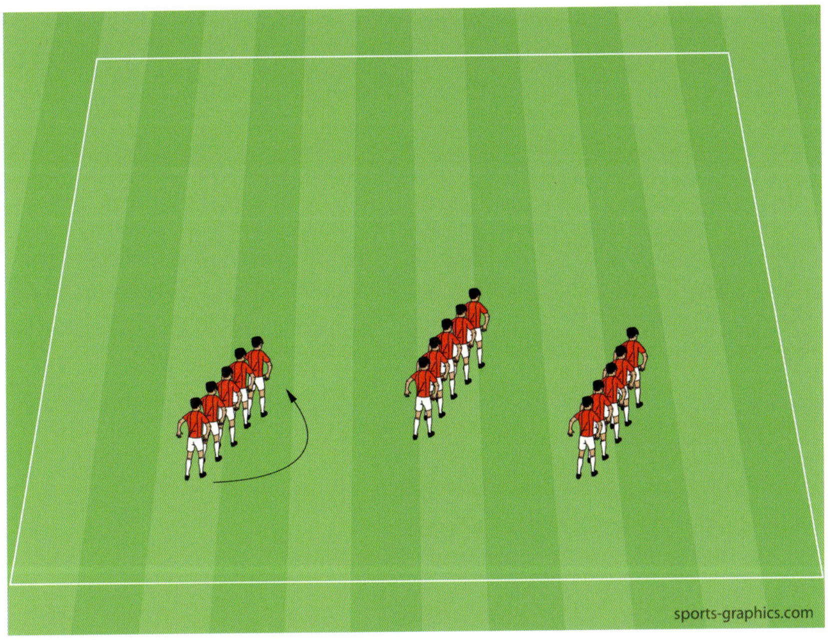

Schwerpunkte: Kooperation, Wahrnehmung

Aufbau/Organisation: Es werden 2-8 Gruppen gebildet. Jede Gruppe benötigt 5-7 Spieler. Zudem wird eine Musikbox benötigt. Das Spiel lässt sich in einem Innenraum oder draußen spielen. Dauer des Spiels: ca. 15 Minuten.

Inhalt: Ein Spieler ist der Lokführer und versammelt hinter sich eine Reihe von Mitspielern, welche die Waggons sind. Die Mitspieler haben ihre Augen geschlossen und halten sich gegenseitig an den Schultern fest. Der Lokführer hat seine Augen geöffnet. Der Lokführer bewegt sich mit den Waggons (seinen Mitspielern) zur Musik durch den Raum. Sobald die Musik pausiert, stoppt auch die gesamte Lok. Der letzte Waggon muss nun versuchen, sich vorsichtig an den vorderen Waggons vorbeizutasten. Dabei darf man nicht sprechen oder die Augen öffnen. Hat sich der Mitspieler bis ganz nach vorne vorgetastet, so wird er selbst zum Lokführer und darf nun die Augen öffnen. Der bisherige Lokführer wird zum Waggon und schließt seine Augen. Nun beginnt die Musik wieder. Wenn alle Waggons einmal Lokführer waren, ist das Spiel beendet. Die Trainer beobachten von außen genau, wie die Kooperation in der Gruppe verläuft. Wie verläuft der Prozess in dem Team?

Variation 1: Gruppenwechsel. Es werden neue Gruppen gebildet.
Variation 2 (Wettbewerb): In welcher Gruppe ist der Lokführer als Erstes vorne angekommen?

Spiel 12: Alle durch den Ring

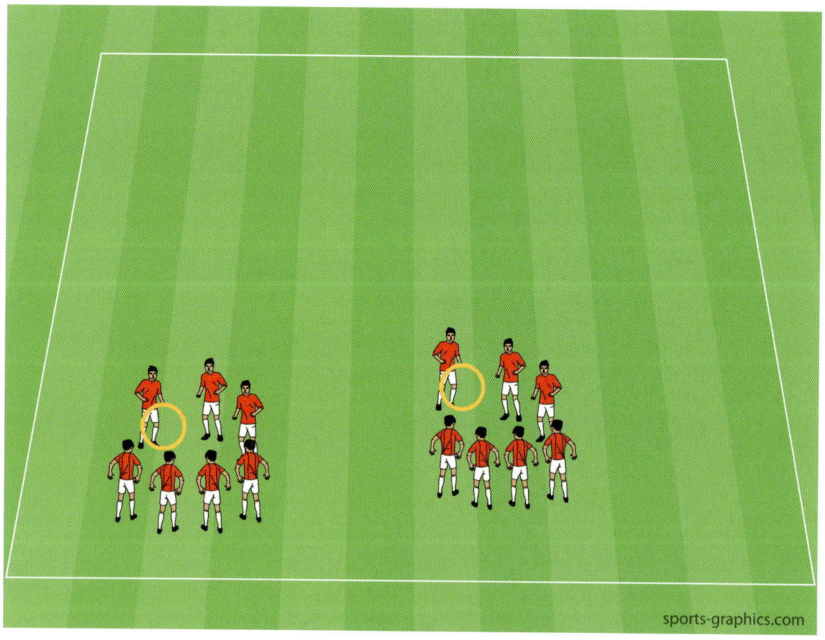

Schwerpunkte: Kooperation, Kommunikation

Aufbau/Organisation: Es werden 2-5 Gruppen gebildet. Jede Gruppe benötigt 7-10 Spieler und einen Hula-Hoop-Reifen. Das Spiel lässt sich in einem Innenraum oder draußen spielen. Dauer des Spiels: ca. 15 Minuten.

Inhalt: Die Aufgabe der Gruppe ist es, dass alle Spieler innerhalb von 20 Sekunden durch den Reifen kommen. Alle Spieler müssen also von Kopf bis Fuß durch den Reifen. Die Gruppen haben kurz Zeit, zu überlegen, wie sie die Aufgabe erfüllen können. Auf Signal des Trainers starten alle Gruppen gleichzeitig. Der Trainer stoppt die Zeit. Ist die Aufgabe von den Gruppen geschafft, so wird im nächsten Schritt die Zeit auf 15 Sekunden, verringert. Im dritten Durchgang wird die Zeit auf zehn Sekunden verringert. Im vierten Durchgang verringert man die Zeit auf fünf Sekunden. Die Trainer beobachten von außen genau, wie die Kommunikation und Kooperation in der Gruppe verläuft. Wie verläuft der Prozess in dem Team? Wie kommunizieren die Spieler miteinander? Schaffen alle Gruppen die Aufgabe innerhalb der Zeit?

Variation 1: Jeder Spieler hat zusätzlich einen Ball in der Hand. Dieser muss ebenfalls durch den Reifen.
Variation 2: Gruppenwechsel. Es werden neue Teams gebildet.

Anhang

1 Literaturverzeichnis

Hannes Wolf. (03.2023). *Wolfs Idee vom Nachwuchs: „Wir brauchen keine 5000 Hütchen"*. www.kicker.de/ich-hoere-nie-dribbel-dribbel-dribbel-942111/artikel (Stand: 01.08.2023)

2 Bildnachweis

Umschlaggrafiken: © AdobeStock

Autorenbild: © Michael Müller, www.mumblemade.de

Foto S.9: Hamburger Fußball-Verband e.V. (2022)

Umschlag- und Covergestaltung: Katerina Georgieva

Innenlayout: Katerina Georgieva

Grafiken: Alle Grafiken zu den Spiel- und Übungsformen wurden mit easy Sport-Graphics (www.easy-sports-software.com) erstellt. Mit freundlicher Genehmigung von Peter Schreiner.

Satz: Katerina Georgieva

Lektorat: Claus Denker, info@denker-verlagsservice.de